人的前景

И. Т. Фролов

[苏] 伊万·季莫费耶维奇·弗罗洛夫 著

王思斌 潘信之 译

中国社会科学出版社

图字:01-2018-4635 号

图书在版编目(CIP)数据

人的前景/(苏)伊万·季莫费耶维奇·弗罗洛夫著;王思斌,潘信之译.—北京:中国社会科学出版社,2018.8(2018.10 加印)

ISBN 978-7-5203-2851-7

Ⅰ.①人… Ⅱ.①伊…②王…③潘… Ⅲ.①人学 Ⅳ.①C912.4

中国版本图书馆 CIP 数据核字(2018)第 154495 号

出 版 人	赵剑英
责任编辑	朱华彬
责任校对	邢俊华
责任印制	郝美娜

出　　版	中国社会科学出版社
社　　址	北京鼓楼西大街甲 158 号
邮　　编	100720
网　　址	http://www.csspw.cn
发 行 部	010-84083685
门 市 部	010-84029450
经　　销	新华书店及其他书店

印刷装订	环球东方(北京)印务有限公司
版　　次	2018 年 8 月第 1 版
印　　次	2018 年 10 月第 2 次印刷
开　　本	710×1000　1/16
印　　张	18.75
插　　页	2
字　　数	296 千字
定　　价	108.00 元

凡购买中国社会科学出版社图书,如有质量问题请与本社营销中心联系调换
电话:010-84083683
版权所有　侵权必究

目　　录

译者的话 …………………………………………………………（1）

作者的话 …………………………………………………………（3）

绪论　人及其未来是现代的一个全球性问题；综合的观点和
　　　哲学的三位一体的任务 …………………………………（1）

第一章　人的社会本质及其自然生物存在，个体的发展和
　　　　历史的发展 ……………………………………………（14）
　一　什么是人？哲学史上的提法和马克思主义的回答；人的
　　　社会本质的形成，人的自然生物因素以其社会因素为
　　　媒介并被其改造，人的本质与存在在其发展中的统一 ………（15）
　二　现代人本主义和关于人、人的本质及其未来的社会生物论；
　　　社会生物学的假设是有意义的东西还是无意义的东西？
　　　关于人类发展的社会因素与生物因素相互关系的
　　　科学争论 …………………………………………………（26）
　三　作为人类社会文化经验占有者和再生产者的人的个体和
　　　历史发展的辩证法；人的本质力量及其未来实现的
　　　社会条件和手段 …………………………………………（57）

第二章　科学技术革命、文明和人：全球性问题和未来的选择 ………（66）

2　人的前景

一　当代世界的科学:变为直接的生产力和社会力量,
　　全球问题的发生与激化;全球问题条件下的人与
　　人类,未来的选择 …………………………………………(68)
二　人类文明面临着灾难吗?全球性预测与现实的解决方法。
　　崇拜"科学魔鬼"还是崇拜人?唯科学主义与人本
　　主义的困境,"技术统治乐观主义"和"对科学的批判" ………(79)
三　科学是为人服务的,人是"一切科学的尺度":通向新型
　　科学之路,科学问题及其得以解决的全球化,按照新的
　　方式思维和行动的必要性,未来科学的新特质 ……………(107)

第三章　人、自然和人类:相互作用和增长的协调化前景 …………(118)

一　人与自然:相互作用的历史形式和现代的矛盾。自然资源
　　和人类:增长的社会本质、趋势、极限和后果 ………………(119)
二　人类面临着怎样的抉择?关于人类和自然的未来以及
　　协调它们的相互作用和增长的途径与方法的争论:
　　恐怖主义、技术统治主义和新卢梭主义;新马尔萨斯主义、
　　人口虚无主义和抽象—空想的乐观主义 ……………………(132)
三　保障人、自然和人类未来的科学战略和社会战略:生态和
　　人口的控制、教育和培养;生态学—世界观—文化;人—
　　家庭—社会的现在和未来 ……………………………………(150)

第四章　作为个体与个性的人的未来:新的潜力和新生活方式、
　　人性财富的发展是目的本身 …………………………………(165)

一　"生物学世纪"中人的前景:认识和实践的新途径——
　　基因工程学和生物工程学、人类遗传学和新医学、大脑的
　　潜力和"人工智能"、人类工程学和人的生理心理的发展……(166)
二　科学预测和改造人的生物本性的空想的方案:"被大规模
　　制造出来的超人"——Homo sapientissimus 还是"生物控制
　　有机体"——Machina sapiens?关于新优生学与未来生物
　　控制论的争论;无意识问题;心理分析和心灵学:神话和现实。
　　Homo sapiens ethumanus——未来人 ……………………(179)

三 具有新式文明的新人：未来人的社会理想和通向理想之路——
造就全面而和谐发展的个性，改变社会中的社会关系、
劳动活动和生活方式，个性的意识和自我意识 ……………（207）

四 人道主义文化与未来人；科学和艺术在认识和发展
人性财富中的相互作用；个性的道德完善和
新人道主义——现实与远景 …………………………（226）

代结论 人生的意义，人生的延续性的进化，人的死亡与永生：
科学的、社会的和人道主义的方面与问题；人的
唯一性和星外生命与智慧存在的可能性，人和
人类的责任与宇宙使命中；对未来的希望；人的前景——
人类的进步 ……………………………………………（244）

人名对照表 ………………………………………………………（275）

译者的话

关于人的前景的跨学科、多学科的综合研究，在我国还相当薄弱，而随着我国社会主义现代化事业的迅速发展，这一问题已经并将越来越迫切地提到我们面前。正因如此，我们认为有必要把国外关于这一问题的研究状况介绍给广大读者，以期引起我们的思考和关注。而《人的前景》或许能够起到这种作用。

《人的前景》一书的作者——伊万·季莫费耶维奇·弗罗洛夫（1929— ）是当今苏联的著名哲学家，他是苏联科学院通讯院士、哲学博士、教授和欧洲文化协会正式会员。现任苏联科学院主席团科学技术的哲学和社会问题科学委员会主席。他的主要研究方向集中在当代科学、人、全球问题的哲学和社会伦理等方面。他的主要著作有：《生物学研究的方法论概论（生物学方法体系）》（1965年）；《遗传学和辩证法》（1968年）；《当代科学与人道主义》（1974年）；《科学进步与人的未来》（1975年）；《关于生命科学的辩证法和伦理学》（1978年）；《生命与认识》（1981年）；《全球问题与人类的未来》（1982年）等。他的许多著作已被译成多种文字，而该书——《人的前景》是他的众多著作的第一个中译本。

《人的前景》既是作者对世界范围内关于人的前景、人类的命运等问题争论的概括和综合，也是他对这些问题所进行的冷静的哲学思考的结晶。作者在该书中所述及的都是当今世界上影响巨大、流行甚广的新观点，所论及的都是有关人的前景的重大问题。此外，作者不仅卓有成效地吸取了关于这一问题研究的最新成果，引用了一系列令人信服的数据和资料，而且始终坚持用哲学社会学的整体论观点对待全部争论问题，观点新颖，论述精当。因此，该书不仅在苏联国内，而且在国际上也引起了强烈反响。毫无疑问，该书不仅会开阔我们的视野，开拓我们的思路，而且会把我们置于有关该问题的世界性讨论的"前沿"。

该书内容十分丰富，涉及学科、领域十分宽广。这既表明关于人的科学这门大学科的极端复杂性，也表明作者知识之渊博。

该书由王思斌与潘信之合译，其中作者的话、第一章、第二章、代结论由王思斌译，第三章、第四章由潘信之译，绪论合译，书后译名对照、书中所引马克思主义经典作家论述的查核由王思斌承担，此外，王思斌还承担了第三、四两章的部分核校工作。全书由柳树滋同志校阅。在翻译过程中，我们请教了北京大学哲学系王太庆教授、北京大学俄语系李廷栋副教授和其他老师，并得到了许多同事的帮助，在此谨致诚挚谢忱。

限于水平，译文中一定会有不妥和错误之处，敬希读者批评、指正。

译　者

1986 年 6 月于北京大学

作者的话

新版的这本书是一个修订本。它反映了作者近几年在研究当代人道主义问题和下述问题时所取得的成果。这些问题是与人及其未来有关的全球性问题，涉及科学和文化的进步，影响人类文明存在和发展的社会因素、自然—生物因素和个性因素，包括道德—人道主义因素等方面。它与第一版的不同之处不仅在于引用了大量新资料，而且在于扩大了问题的范围和从新的角度研究人的前景问题。这就有可能更加全面、更加综合地从总体上来提出、分析和解决问题。同时，这使得该书在结构上有一些变化，对材料的分类更加概括，这就容许我们把更多的注意力集中在对问题进行基本的、主要的，即哲学—人本主义的分析上面来。

第一版出版以后，出现了一些新材料和一些需要分析与思考的新著作。由于新版增删甚多，所以它的篇幅几乎没有变化。对于许多材料的分析，读者不仅可以在该书第一版（1979年）中找到，而且可以在它的底本《科学进步和人的未来》（1975年）一书中找到。许多问题，特别是那些被称为人的道德哲学的问题需要进行更系统、更广泛的研究。某些出版物反映了研究的结果，这些出版物在很大程度上学识是完备的（在许多情况下是集体创作的），它们是对现在和未来人的自然生物生活、社会文化生活、道德生活和人的发展进行综合研究的一部分。

在此，应该稍稍谈一谈对现代哲学活动的本质的理解。我觉得，如果你不经常怀疑自己所选择的道路在多大程度上是正确的，你就不能研究哲学；应该经常思考哲学在干什么，它在科学和整个文化体系中处于什么地位，哲学为什么和怎样去实现自己的主要使命——综合关于人和为了人的知识。

在科学和文化的其他领域发生复杂分化的现代条件下，科学的哲学——辩证唯物主义和历史唯物主义——发挥着这样的作用，它要研究各门科学和人类文化领域的资料，要研究人们进行物质创造和精神创造的各个领域，要研究社会实际。这要求现代哲学应该更积极、更主动。哲学只有置身于不断的运动之中，通过各种观念的比较和斗争才能达到自己的目标。

在批判某种意见或抨击荒谬观点的时候，我们不应忘记，我们并不因此就达到了"最终真理"。在试图解决某一问题的时候，我们应该对自己的概括和结论持严肃的批判态度，把它们仅仅看作进一步思考和客观地确定我们对于新的迫切问题的正确立场的材料，毫无疑问，涉及人及其未来的问题就是新的迫切问题。

在马克思列宁主义哲学的范围内一般地提出有关人及其未来的许多问题，可能会引起各种具体的看法。如果考虑到这些问题是一些很少被研究过的新问题，考虑到我们的哲学是"开拓"性的，考虑到它在科学进步和社会现实的影响下会得到发展和更新，那么这就不足为怪了。

本书正是基于这种考虑，并按照我对哲学在现代科学和实践中的意义和作用的一般理解而撰就的，其篇章结构是：首先提出问题，然后围绕着问题进行讨论，最后，作为对讨论的总结作出概括和结论。这个结构是由某些客观因素，首先是由对被讨论问题进行研究的一般状况所决定的。

我为自己提出这样的任务：不仅要科学地提出关于人的前景问题，而且要为读者打开科学实验室和教室的大门，使他们成为哲学家、社会学家、人类学家、生态学家、人口学家、生物学家（首先是遗传学家）、心理学家、教育科学的代表、文艺工作者所进行的热烈争论的见证者。这本书试图概括这些争论的结果，而这些争论在《哲学问题》杂志中得到特别具体的反映。我想对《哲学问题》的同事们表示深切的、真诚的谢忱，因为在70年代，我曾同他们研究了《哲学问题》"圆桌"会议的组织问题，研究了他们为发表而准备的材料。虽然在新版的这本书中对于这些争论（如同一系列在60年代末到70年代前半期在我国和外国文献中得到反映的其他争论一样）的评论或者特别简短，或者十分概略，并用近些年来的一些新材料代替了它们，但是，在许多情况下这些争论恰恰是我思考那些构成该书内容的问题的出发点。在该书中，我还广泛运用了苏联科学院社会科学情报研究所近些年所准备的材料，为此我向研究所的同事们致以谢意。

我感谢苏联科学院主席团科学和技术的哲学问题与社会问题学术委员会的同事们，也感谢那些用情报、用国内外对该书第一版的批评和忠告给予我帮助的学者、记者、作家和艺术工作者们。

综合地提出人及其未来的问题，引起对这些问题的无偏见的讨论，以促进新的探索，寻求新的解决方法——这就是本书的主要意图。这一点能在多大程度上取得成功还要由读者来判断。

……人的本质并不是单个人所固有的抽象物。实际上，它是一切社会关系的总和。

马克思

人只需要了解自己本身，使自己成为衡量一切生活关系的尺度，按照自己的本质去估价这些关系，真正依照人的方式，根据自己本性的需要，来安排世界，这样的话，他就会猜中现代之谜了。

恩格斯

绪　　论

人及其未来是现代的一个全球性问题；
综合的观点和哲学的三位一体的任务

> 我要论述的是人，而我所要研究的问题启示我应当向人们来论述，我想，害怕发扬真理的人是不会提出这类问题来的。
>
> Ж. Ж. 卢梭
>
> 心为未来而跳动……
>
> А. С. 普希金

人的问题，人的本质，人的物质生活、精神生活和道德生活，人的发展和命运，人的未来——在数千年的人类历史中，大概无论何时，都是摆在人类面前的一个最基本的问题①。就是在今天，这个问题不仅是最

---

① 有大量文献研究人的问题（包括哲学问题），对于这些文献我们将尽可能在本书的相应章节指出。在近年来我国出版的哲学著作和社会科学著作中可参阅：Б. Г. 阿纳尼耶夫：《关于现代人学的一些问题》（莫斯科，1977 年），《社会管理中的人》（莫斯科，1977 年）；С. С. 巴捷宁：《历史上的人》（列宁格勒，1976 年），《人的发展中的生物因素和社会因素》（莫斯科，1977 年）；Л. П. 布耶娃：《人：活动和交往》（莫斯科，1979 年）；Б. Т. 格里戈良：《关于人的本质的哲学》（莫斯科，1973 年）；М. В. 杰明：《个性的理论问题（社会—哲学方面）》（莫斯科，1977 年）；З. М. 卡卡巴泽：《作为哲学问题的人》（梯比里斯，1970 年）；Т. В. 卡尔萨耶夫斯卡娅：《社会进步与现代人的生物社会的整体发展问题》（莫斯科，1978 年）；В. Е. 克梅罗夫：《人性问题：研究的方法论与整体思想》（莫斯科，1977 年）；А. Г. 科瓦列夫：《个性心理学》（莫斯科，1970 年）；С. М. 科瓦列夫：《社会主义个性的形成》（莫斯科，1980 年）；N. С. 孔：《"自我"的揭示》（莫斯科，1978 年）；А. Н. 列昂捷夫：《活动，认识，人》（莫斯科，1977 年）、《二十世纪的人》（莫斯科，1979 年）；А. Г. 梅茹利夫琴科：《人是哲学认识的对象》（莫斯科，1972 年）；В. В. 奥尔洛夫：《物质，发展，人》（彼尔姆，1977 年）、《现代哲学中人的问题》（莫斯科，1969 年）；В. Ф. 谢尔然托夫、В. В. 格列恰内：《人是哲学和自然科学认识

复杂的或者说是不可穷尽的科学问题，而且是关系到建成新的共产主义社会的迫切的实际任务，人的自由而全面的发展是共产主义的前提和最终目的——马克思列宁主义科学就是这样提出问题的。而这一点在苏联共产党和苏维埃国家、其他兄弟党和社会主义国家的纲领性文件和现实政策中得到了具体而生动的体现。

社会主义社会的一切领域，从生产领域到精神领域都是为人、为人的培养和教育、为人的发展服务的。苏联共产党第二十六次代表大会十分明确地重新强调了这一点。代表大会通过的文件《1981—1985年和1990年苏联社会、经济发展的基本方针》指出："在80年代共产党将一如既往地继续实现自己的经济战略，其最高目标是坚定不移地提高人民的物质文化生活水平，在进一步提高全民的社会生产率、提高劳动生产率、提高苏联人的社会积极性和劳动积极性的基础上，为人的全面发展创造更好的条件"①。

这里还有很多复杂的尚未解决的问题，其中包括需要认真思考和分析的社会—哲学问题。很遗憾，生活中发生的新现象和新趋势并非总是受到注意，而有时在科学和哲学文献中对此作了片面的解释。因此，在有关人及其未来的新现象的联系之中，找出对被研究问题的符合马克思列宁主义方法论的正确提法，就具有极重要的意义。这种提法能够使我们更好地理解许多具体问题，例如，形成新人的途径，培养苏联人的创造性劳动态度，发展他们的社会文明和道德，提高他们的社会积极性和政治觉悟，使他们了解我们的全部生活以及社会生产的目的和任务。同时，这些问题又是现代的活生生的现实，从中可以窥见共产主义的"人的

的对象》（列宁格勒，1980年）；Г. Л. 斯米尔诺夫：《苏联人，社会主义个性的形成》（莫斯科，1980年）、《社会主义和个性》（莫斯科，1979年）、《个性的起点何在？》（莫斯科，1979年）；Л. 塞夫：《马克思主义与个性理论》（莫斯科，1972年）、《道德的结构与个性》（莫斯科，1977年）；К. Е. 塔拉索夫、Е. К. 契尔年科：《人的生物学的社会决定性》（莫斯科，1979年）；В. П. 图加林诺夫：《自然、文明、人》（列宁格勒，1978年）；П. Н. 费多谢耶夫：《当代辩证法》（莫斯科，1978年）及《当代世界中的人道主义》一章等；Т. 亚罗舍夫斯基：《人与社会》（莫斯科，1973年）、《人与时代》（莫斯科，1964年）、《人是社会研究的客体》（莫斯科，1977年）、《人与人的世界——科学世界观体系中的"人"与"世界"的范畴》（基辅1977年）；等等。

① 《苏联共产党第二十六次代表大会文献》，莫斯科，1981年，第136页。

萌芽"。而共产主义是一个多因素过程，它发源于人类文明的核心，植根于人及人类生活的最深层。这就是为什么说这一问题具有全球意义，为什么人的问题作为一个全人类的问题在历史发展的各个时代，特别是在今天（在人类由资本主义向社会主义和共产主义社会过渡的时代）一而再、再而三被提出来的原因。

今天，同以往任何时候一样，人类也在注视着自己，有时候好像又重新发现了人，这使人们既高兴又惊讶，甚至赞美，也常常引起伤心和失望……人是最独一无二的、奇特的生物，是历史和自然的惊人创造，它的未来是无限而美好的———一些思想家这样断言。而另一些思想家则认为，人是大自然的错误，是大自然的不幸产物，他缺陷累累。所以，人类没有未来，他注定要堕落和灭亡。谁对？谁错？也许无论第一种人还是第二种人都不正确，而存在着调和并"扬弃"这两种观点的第三种观点？

人们在试图寻找这些折磨人的问题的答案的时候，在认识自己、认识自己的使命和命运的时候，产生了无数神话和传说、宗教教义和哲学体系、科学假设和荒诞幻想、乌托邦和反乌托邦。经过长久的痛苦探索，经过无数次期望和失望，作为珍贵的发现、作为奖赏，现代人接受了（并非立即接受也不无疑惑地接受了）一个对人敞开的真理：科学的进步才是理解人的问题的钥匙，才是可供观察人的前景、人的未来之用的"魔术晶体"。像以往的宗教神话、哲学和其他空想仿佛与人的未知命运不可分割一样，今天，科学的进步和人的未来也同样容易在我们的意识中联系起来。经过证明的、有客观根据的观点，严格符合现有事实的结论，即科学正在取代那些神话和空想。

但是，当今对科学的理解绝不是没有歧义的。很多科学新发现和技术上的应用超出了人们的想象力而引起人的惶惑不安，甚至有时也毫不客气地惊吓了现代人，特别是在谈到未来的时候更是如此。在这里，似乎问题不单是因为现代科学成果的情报不充分，更重要的是，在今天这些科学成果本身是如此异乎寻常，它们与我们以前认为是传统的、习惯的东西相去甚远，以致人们常常把它们看成是违背我们的意识、自卫感和道德的荒谬的东西。

科学技术革命的飞速发展提出许多昨天还是完全不知的问题，这在今天看来是特别奇怪的;而且,愈到后来就愈像怪事国里的艾丽丝的感叹:"越来越奇怪!"那些昨天好像还是远离科学的幻想今天正在变成平凡的现实或现实的前景。科学发展所产生的许多新现象有时不仅表现为财富,而且也表现为严重的威胁,并且在今天给人和人类、给人的现在和未来以极其重大的影响。现代科学与人的生活和劳动、与作为社会生物体的人的前景的联系,以及科学技术进步的人道主义目的正在成为本世纪全球性问题之一。

围绕着这一问题展开了世界性的激烈辩论,它吸引了越来越多的人,其中包括对科学一窍不通的人,他们有时用错误的眼光看待科学的结论,然而却兴致勃勃地杜撰了各种各样的未来学神话,但其中又援引现代科学的成果来装点门面。他们被迫用使读者的想象力吃惊的外貌来掩盖自己所谓"透视未来"的内容的空虚,结果是这些未来学神话成了轰动一时的事件和畅销书。各种精致的乌托邦通过科学的幻想书籍、电影、电视源源不断地向人们倾泻出来。这些乌托邦这样描述未来的图景,似乎在科学技术飞速发展的情况下,由于运用社会工程、控制论工程和遗传工程的成就,由于人性的不可控制的生物因素的作用,人类不可避免地要崩溃和灭亡。与《圣经》不同,这种新的末世论通常不是寄希望于救世主,不是寄希望于未来,而是寄希望于过去,寄希望于过时的东西。

因此,对人们负责的学者的任务是,和别人一道把问题非神话化,"清除"它的伪科学的杂质,严格地截取其纯科学的合理的思想,并试图去说服世界舆论在某种程度上采取认真态度。这种认真态度是与问题本身的重要性以及亟待解决的人所处的环境问题的严重性相适应的。显然,世界舆论应更多地倾听学者的呼声,并且要不顾一切地努力弄明白:是什么引起了学者们的争论?由此应该得出怎样的实际而非臆造的结论和建议?

大家知道,在涉及人的问题的现代争论中,下面的问题引起了特别的注意:在科学技术革命发展的过程中,在社会越来越广泛地运用科学技术革命成果的过程中,人的生物的非适应性因素异乎寻常地增加了,而这种非适应性威胁着人的未来。这里所指的不仅是体力因素,而且还有心理因素。这些因素与人类居住环境的污染,与人们在其劳动和交往过程中精神心理负担的加重密切相关,这种精神心理负担的加重导致精神紧张和一系列所谓"文明病"（心血管病、精神失常、癌症以及许多其他疾病）。

老实说，为了把人作为适应不断变化的社会和自然条件的一个种保存下来，其适应周围环境的问题今天已越来越尖锐地摆在人们面前。同时，我们知道，科学技术革命给作为社会生物体的人的发展提供了新的可能和手段——但是，这些也许只有在真正合理和人道的社会条件下才能实现。这是现代文明的重大问题之一。不注意这一问题甚至就不能正确地提出人的前景的问题。

生产活动的技术基础在以往任何时候也没有像在科学技术革命条件下对人们提出这样高的心理要求；而人类的劳动任何时候也没有像现在这样有效地为人的发展提供如此新的可能性。现代科学开始转向人的生物性和心理生理特性，寻求有效的途径以积极帮助人们形成适合技术发展的能力。生产的自动控制不仅能把繁重而单调的体力劳动，而且能把那些不需要创造性的脑力劳动转移给机器。同时，它又以生产的生物化作为自己的补充。这种生物化是同人的肌体积极地适应新的生产条件，首先是同改变人的生理心理活动的性质相联系的。将来是怎样的？随着越来越深入地揭开人的大脑、人的意识和潜意识的奥秘，将出现怎样新的可能性？

生活节奏的加快从来也没有这么急剧，从来也没有引起精神紧张、精神心理病的如此急速地增长。都市化和人的生活的技术化加重了人们的心理负担，使得体力工作量减少和心血管病增加。同时，人类以前任何时候也没有取得这么惊人的医学成就，这些成就改变了人口的结构，削弱了作为人的发展因素的自然选择的作用。

最后，人的居住环境以往任何时候也没有充满这么多的游离辐射物；没有这样被化学物质所污染，这些化学物质不但威胁着人本身的生存，而且构成了对人的未来的极大威胁，因而，突变的过程活跃起来了，它对人的遗传性的消极影响增强了。同时，人类在历史上第一次能借助于医学遗传学减轻那些在进化过程中积累起来的病态遗传，其中包括通过用正常的基因代替病态基因的方法来避免很多遗传性疾病。

人本身、他的生物学和遗传学、他的心理生理本质是否也在变化？所有这些对人的身体状况和精神面貌、对人的寿命和他对生命的意义及目标的认识将产生怎样的影响？在这里科学能够做些什么？它能否有助于使人的本质力量在社会上得到更加完全的实现？它怎样才能影响未来人的能力及需要的发展？怎样才能在保持每个人的不可重复的特点和唯一性的同时对达到人们之间的真正平等发生影响？

这是一些全球性的重大问题。这些问题与人及其未来的基本的社会—哲学问题和人道主义问题是相关联的。而且对于前者的回答不但直接同后者的解决有关，而且极大地影响着后者中哪些问题在现在和未来最有意义。可见，十分重要的是要确定在这方面我们应该做些什么，应该怎样提出和解决众多的社会—哲学问题和人道主义问题。这是一些由于科学技术进步和由其引起的文明发展的全球性问题所产生的关于人的问题。

人们还会提出这样一些问题：在人的生存和人的发展方面科学是否总是具有绝对权威？它是使人的本质力量得以实现的独一无二的领域吗？在人的生存和发展以及实现其本质力量方面，艺术、精神领域和物质领域的其他创造活动发挥着怎样的作用？现在它们是怎样同科学技术进步相互影响的？它们怎样促进人的个性的全面发展？显然，这里指的是科学在人类文化体系中的地位，指的是现在和将来对科学给人带来的后果和它对人提出的要求进行人道主义的评价。

毫无疑问，这根本不是什么新问题。长期以来，从科学认识产生之日起，在人类认识的最初火花刚刚迸发、驱赶着愚昧无知和偏见，并对智慧的神奇力量无限信任的时候，就总是伴随着一些疑问：怎样去利用智慧的创造物？知识是人的有力的仆人吗？它会不会反过来与人对立？宗教和教会善于利用这些疑问向人们提示《圣经》的真理："……懂得越多，忧愁越多；谁增加了知识，谁就增加了悲伤。"宗教蒙昧主义以非宗教的形式加以巩固。然而，乍看起来似乎奇怪的是：随着科学的发展和科学技术应用成果的增加，对科学的人道主义使命的怀疑也在增加；"对科学的批评"加强了，而且这似乎是由于对人和人类的幸福的关心所引起的。

但是，这不是什么奇谈怪论。这是一个重大而复杂的问题，它涉及如何理解如下一些问题：什么是科学？它的本质是什么？在这些或那些条件下它将合理地实现或被歪曲的可能性与哪些因素有关？要知道，大多数人都是先利用科学成果，后来往往是在尝到"苦头"之后才思考这些成果是怎样产生的。

今天，这些一般的、抽象的议论或许具有特别现实的意义。

现在，科学已经向人们揭示了诱人的前景。但我们遇到的仍是对未来人的各种假设。这些假设以抽象研究科学向人和人类揭示的可能性为出发点，并作为一种人道的力量来反对科学本身。"理智的梦会产生怪物"——Φ.戈雅的这句话可能是涉及未来人和科学本身的一个"科学"假设。今天，许多西方国家的科学文献正经历着"人类学的繁荣"阶段，特别是由于现代科学的进步，这些科学文献充满了关于人和人类的现状与未来的悲观结论。通常，这些类似的结论依靠下述传统观念：人是自然的产物，并且是不完美的产物；科学是个任性的"魔鬼"，它绝不会把人变得更好、更理智、更人道一点。同时也存在着相反的、可以说是乐观的结论，但这些结论同样基于对人的"自然本质"的绝对化，所以同样导致了关于人的前景的片面而错误的结论。

在这种情况下，为了保卫科学和作为科学的主要对象的人，显然需要更准确、更全面地确定一个科学地认识人的纲领，确定这一纲领的社会参量和人道主义参量。这是一个特别迫切的问题。由于科学的进步，围绕着人的发展问题展开了一场尖锐的斗争，它常常带有明显的思想斗争的性质。在所有概念上都发生了大量冲突，或者是把科学和它在人的发展方面的作用绝对化了，或者是崇拜不受科学约束的"自由"人。

这些复杂的哲学问题同在科学技术进步日益加速的条件下对人的本质、它的存在和发展、它的未来的理解有关。今天，这些问题被社会实践、世界事件的整个进程、科学和人本身的发展提上了议事日程，而科学是为人服务的，人则越来越依赖科学。对这些问题也有一些不同的，有时是对立的回答，这是因为，有什么样的哲学就树立什么样的理想（或偶像）。同时，一个思想家站在什么样的社会立场和科学立场上，就选择什么样的哲学（或者被哲学所选择）。我们在研究西方资产阶级和改良主义的哲学—人类学文献的时候，常常发现有关人及其未来的五花八门的见解和假设。同时也可以发现，或许今天对于人及其前景这些"永恒"问题的回答在很大程度上比以往任何时候都更加依赖于那些不仅仅是属于哲学范畴的因素。不从"真诚地热爱智慧"的立场出发，这些问题就不能解决，应该很好地理解那些使人成为人的社会关系的本质，应该了解那些新的、越来越复杂的、直接与人、人的生物存在和社会发展有关的现代科学问题。这里指的不仅仅是专门研究人的社会科学和人文科学，自然科学，首先是生物学（特别是遗传学）也是"探索"人和人的未来的一个重要工具。现在，哲学不得不越来越多地注意这些"探索"，当然，哲学也依靠原有的经验和通过分析历史上发生的社会现实保留着判断它们的权利。看来，这种情况并不少见。

人的问题包括人在现代世界中的地位问题，人的未来、人的发展和作为个性的人的命运问题，人对周围环境的积极的、更加有力的影响问题以及日益增长的人对环境的依赖等问题。如果注意到人的这些问题今天已成为最迫切的、涉及人类生活基础的社会问题，那么，上面说的那种情况确实不少。毫不奇怪，在对世界发展的进程进行现代理论的、特别是哲学—社会学思考的时候，人的问题是一个中心问题。

不能说哲学是突然地碰上了这种情况，因为，人的问题总是处在对世界进行哲学理解的中心位置。同时，从古希腊开始的古典哲学不仅确定了任何一个时代所造就的人的那种形式，而且提出了未来人的某些理想和"偶像"以及许多关于这种"偶像"的预见。正如我们早就看到的，这些预见绝不是没有根据和没有结果的。但是，最近几十年，在西方哲学中占统治地位的实证主义概念在研究人的问题时起了某种消极作用。不联系哲学内部的逻辑发展而强迫"向人复归"，不能不因此而在许多情况下显得非常矫揉造作，并且特别有力地表现出唯科学主义的影响和偏见。唯科学主义承袭实证主义的思想，而实证主义则总是利用科学技术革命日益增长的威望来投机。

毫无疑问，这并不是说在哲学传统内部现在对人的问题的研究远不如过去有力，绝不是这样的。但研究的效果却今不如昔。我们已经注意到，在"纯"哲学的范围内，或者借助于绝对化了的生物学、遗传学、心理学、生态学等学科的方法孤立地、封闭地研究人的企图。这些方法是同整体的观点相对立的。而整体观点则同对人的哲学考察相联系，也同通过艺术对人的美学理解相联系。这些不同认识领域的彼此分割是今天难以真正从整体上系统地研究人的问题的主要障碍之一。

实际上，人的问题、人的全面发展和人的未来问题是作为一个综合的问题摆在科学面前的。这就是说，科学不仅要在某些方面，而且主要的要在其辩证联系的体系中去彻底研究人的前景，并且在动态中、在发展中去分析这个体系。只有在这种条件下才能够指望通过科学分析而获得的结论真正有意义，并变为对劳动人民进行共产主义教育的重要的实际建议。M. M. 普里什温说："每个人都毫不迟疑地进行工作，以使一切科学为地球上所有人的团结一致服务——这是一个全新的思想。"这真是一个科学地认识人的前景的美好思想和鼓舞人心的目标！不过，应当补充一句，在"为所有人的团结一致服务"的所有科学的这种统一中，哲学无疑发挥着特殊的作用。人本身的全球性问题迫使人们去寻求一些万能的哲学方法；这将会导致一些新发现，也会导致某些失望，但是，这些失望不应使我们垂头丧气。我觉得，没有托尔斯泰所说的"哲学上寻根问底的怀疑"，就找不到真理。

我觉得，在认识人及其未来的时候，今天摆在科学的哲学面前的是一个三位一体的任务。首先，哲学有助于在各门科学和人类文化的各个领域的"结合部"上提出新问题。哲学在科学和社会方面的整合的和综合的功能正在于此。其次，哲学执行着广义批评的（即分析的、研究的）功能。它也可以被看作是方法论的功能，而方法论的功能是与对认识和行动的方式、方法和逻辑形式的批评（分析）相联系的。最后，哲学的价值调节的、价值论的功能在现代条件下具有越来越重要的意义。这个功能就是用人道主义理想去同认识和行动的目标与方法相比较，并对它们进行社会道德的评价。正像我们下面将要看到的，哲学的这个功能在科学地认识人方面，在决定人的最近前景和遥远前景方面都特别重要。

科学的哲学热爱智慧，热爱作为智慧体现者的人。在现代条件下，它执行着整合、批评（方法论）和价值调节、价值论的功能。它首先要研究人的本质、人的形成和发展的一般规律、人的目标和理想以及达到这些目标和理想的途径。所以，科学的哲学是关于人的知识的特殊"综合体"。哲学把这些知识同人类发展的一般目标和前景联系起来，这在现代条件下具有特别的意义。

因此，在分析人的本质与生活，探索人类的社会起源与历史，研究由于科学技术进步和全球性问题、特别是生态和人口问题而引起的人类文明的发展时，在从事人的生物学和遗传学研究时，在分析人的心理生理可能性和通过学习与教育实现这些可能性的途径时,在发展人在物质活动和精神活动的各个领域表现出来的创造能力时,在促进作为个性的人的社会实现时,总之,在研究人的精神生活的无限世界、研究人类活动的整个体系的人道主义原则以及关于人的文化和科学的人道主义原则时,对于人及其未来的综合考察必然要求科学的哲学发挥其特殊的作用。

人的发展的辩证法——或许可以这样来定义科学的人的哲学或关于人的哲学科学(学说)的对象。它是辩证唯物主义和历史唯物主义的有机组成部分,同时它贯穿于科学的哲学的所有其他部分,也贯穿于包括辩证法在内的世界观和方法论的基础之中,因此,所有这些问题的研究都要求对人和世界的关系作出基本的评价。

这就决定了科学的人的哲学不仅在具体的科学(它们从各个方面、以各种观点研究人)体系中,而且在整体上,在整体化的形式中也具有特殊的地位和作用。这往往与关于人的统一科学的思想相联系,而今天,这种统一科学更多的是作为一种"管理目标"而出现的,它的使命是要科学地组织和指导对于人的综合研究。可见,这里所指的不是某种从实践上来理解的对这门科学的组织,而是如何更好地(至少在理论上)保证在现有的科学结构中对人进行综合研究。

但我想,这不应该使我们完全放弃把建立关于人的统一科学作为现实目标的努力。或许,这里指的与其说是当今科学认识的实际状况,倒不如说指的是科学认识的趋势和以建立关于人的统一科学为目标的过程。随着这门科学的出现,将彻底克服迄今为止自然科学方法和社会科学方法的二元论,从而既注意到人的生物本性,又顾及人的社会本质。可见,关于人的统一科学是许多专门科学——从不同方面研究人的自然科学和社会科学——的综合。马克思曾天才地预见到这一点,他把科学的这样一种状态看作是未来科学的理想,那时候,"自然科学往后将包括关于人的科学,正像关于人的科学包括自然科学一样:这将是一门科学"[1]。马克思指出:"人是自然科学的直接对象;……但是自然界是关于人的科学的直接对象。"[2] 他认为"人的自然科学"和"关于人的自然科学"是一

---

[1] 《马克思恩格斯全集》第42卷,第128页。
[2] 同上书,第128—129页。

回事。

　　作为一定的理想和现实前景的这门关于人的统一的综合科学对于思考与科学技术革命的发展相联系的人及其未来的现代问题来说，可以是一个调节性的原则。要研究这些问题就必须科学地、综合地研究人，必须加强这样或那样研究人的各门科学的代表人物之间的相互影响。这不仅包括社会科学和人文科学（哲学、社会学、伦理学、美学、教育学等），而且也包括自然科学——医学、心理生理学、遗传学。

　　我们知道，今天，马克思主义者在建立关于人的统一科学的问题上意见并不一致，同时，有些人反对这种想法，对此不能不予以注意。我想，最终大概应该同意 Б. Г. 阿纳尼耶夫的意见。当时他写道："最近几十年理论人学和应用人学已成为科学发展的最重要的中心问题之一。与人的问题相联系的现代科学发展的三个重要特点说明了这一点。其中第一个特点是，人的问题已变成整个科学，它的所有分支包括精密科学和技术科学的普遍问题。第二个特点是，关于人的科学研究正在加速分化，某些学科正在加深专门化并且分化成一系列越来越局部的理论。最后，现代科学发展的第三个特点是，研究人的各门科学、不同角度和方法趋于结合为不同的综合体系，趋于对人的发展进行综合的评述。"

　　这些特点是同新的边缘学科的产生相联系的，是同许多原先相距很远的领域的联合相联系的，"这些领域包括自然科学和历史学、人文科学和技术、医学和教育学等。"[①] 今天，这一切已经获得了具体表现：对劳动的心理条件、审美条件和生理条件的研究正在扩大，正在积极寻求调整生物圈和生物地理群落的方法，在控制对人的生理、心理和遗传发生消极影响的那些因素方面取得了显著成绩，为教育和培养建立科学基础的教育学和心理学研究取得了很大进步。此外还表现为关于人的具体科学取得了新的成就，在科学的哲学的整合作用下它们的统一和相互作用在加强，综合观点的启发作用在提高，关于人的统一科学的理论核心在逐渐成熟起来，这种科学正作为一般科学体系的中心而确立起来，而所有其他知识领域和整个人类文化都将环绕着这个中心而逐渐联合起来。

---

　　① Б. Г. 阿纳尼耶夫：《关于现代人学的一些问题》，俄文版，莫斯科，1977 年，第 6—7 页。

这门科学的一个最重要的任务将是分析人的前景。在今天，这一任务的全球性和综合性正在把它作为关于人的各门具体科学的整个体系的迫切问题而提出来。关于人的具体科学包括人的科学的哲学，或许正是在这里，它应该最令人信服地证明自己的真理性和人道，证明自己的一般的人类性。

确实，人从一开始就思考未来，向往未来。这种向往引起对未来的幻想和信念，也造就了宗教和其他一些神话，但它也增强着人的智慧和人道，促使人去科学地认识人类的现实前景。

马克思列宁主义关于未来共产主义社会的学说正是人类对于未来的美好愿望和希望的具体表现，但它不包括任何乌托邦成分。马克思主义者不杜撰那些拯救人类、安慰人类的著作，尤其是威胁人类的、启示录式的神话。他们要揭示历史进步的客观规律和动力，并且指出其前景是共产主义，指出它是不可避免的、整个人类都期望的未来。马克思主义者的主要任务是从理论上研究达到共产主义的途径，并把它们体现为正在向共产主义转变的社会主义的实践。

还是在其活动的早期，科学共产主义的奠基人马克思就激烈地反对教条主义地预测未来的企图，反对"对未来的设计"。他写道："……问题并不在于从思想上给过去和未来划下一条不可逾越的鸿沟，而在于实现过去的思想。""如果我们的任务不是推断未来和宣布一些适合将来任何时候的一劳永逸的决定，那末我们便会更明确地知道，我们现在应该做什么……"① "马克思的世界观不是教义，而是方法。它提供的不是现成的教条，而是进一步研究的出发点和提供这种研究使用的方法。"② 可见，面向未来不是目的本身，但是为了更好地研究当前的问题和现代社会发展的趋势它又是必要的。正如 Ф. 拉罗什富科所说："哲学正在战胜过去和未来的灾难，但现在的灾难却要战胜哲学。"③

所有这些都同对人的前景的科学研究有关，而马克思主义者把这项科学研究同分析人类的共产主义未来，同当前的现实任务有机地结合起

---

① 《马克思恩格斯全集》第 1 卷，第 418、416 页。
② 《马克思恩格斯全集》第 39 卷，第 406 页。
③ Ф. Де. 拉罗什富科：《回忆录·格言》，列宁格勒，1971 年版，第 152 页。

来。在这里，马克思主义者也反对各种空想的未来学理论。今天，这些理论研究不但是建立在纯社会学和人类学的基础之上，而且是借助于来自人的生物学、遗传学和心理学的伪科学的外推法而进行的。同时，马克思列宁主义的方法论不但为批判地克服这些神话和空想提供了可能，而且为作出现实的、有科学论据的预言提供了可能。看来，在谈到人的未来的时候，这种可能性是不应该被忽视的，因为现在，人的未来的许多方面已被勾画出来，它给人指出了前景和某种自觉实现的目标，而这种目标则指导我们当前的思想和行动。

我们将用一些现代科学的资料，用艺术和社会实践，首先是用作为我们主要的东西的哲学观点来更加具体地指出这一点。换言之，我们要研究，在对人及其未来进行综合研究的时候，怎样才能完成哲学的三位一体的任务——即执行综合地提出问题的功能、方法论批评的功能、价值调节和价值论的功能。

毫无疑问，在用这种综合的哲学观点来研究人的前景时，不能局限在某些具体的时间之内。但是，有这样一个历史界限具有原则性意义，当哲学思想既注视着未来，同时又想在科学领域站住脚的情况下可以伸展到这个历史界限。许多学者认为 3000 年，至少 21 世纪的前半世纪或整个 21 世纪是这样一个界限。至于说到人和人类进一步的历史，不能排除在我们所能见到的历史限度之外（或许在这之前）会出现这样的科学发现，并且会实现这样的技术设计，即建立一个全新的世界，尽管要对这个世界的质的方面作出预见简直是不可能的。对于科学的哲学来说，杜撰那些空想的"对未来进行设计"的著作是不大合适的。

第 一 章

人的社会本质及其自然生物存在，个体的发展和历史的发展

> 人是一个秘密。应当识破这个秘密，不用说，要认识人的整个生命，需要时间……
>
> 陀思妥耶夫斯基
>
> 人的思想由现象到本质，由所谓初级的本质到二级的本质，这样不断地加深下去，以至于无穷。
>
> 列　宁

很明显，要研究人的前景就不能不分析人的本质。所以，首先必须回答这样一个问题："什么是人？"这个问题确实是一个"永恒"的问题：它贯穿于整个哲学史并在对人及其前景的现代讨论中处于中心地位。当然，第欧根尼没有发现现实的人、实在的人，虽然街灯闪烁；正如神话中所说的，阳光普照的那一天已经过去。古希腊的哲人们与其说是要认识"人性"，倒不如说是要认识人的本质，而且这些无限的探索和要揭开人的奥秘的企图贯穿于整个人类认识史之中。虽然现代科学拥有很多复杂的方法和许多世纪的历史经验，但是，这些奥秘至今有很多仍然隐藏着。

同时，对人的本质的认识已经达到了具有决定意义的临界点，在科学和人类的精神文化和社会经济发展的新阶段，这些临界点逐渐加深和扩大着我们的探索。马克思首先达到了这些临界点。马克思关于人的学说是同唯物史观，同对劳动和人们的实践活动在社会生活中所发挥的决

定作用的认识，同对人的社会本质的理解，同科学的、真正的人道主义理论密切联系在一起的。马克思主义对人的社会性和自然生物性的相互关系作出了回答，也回答了到底是社会因素还是自然生物因素最终决定了人的发展这一问题。

看来，不科学地回答后面这个问题就不能认真地谈论人的前景。所以，以下我们将努力对这一问题给以马克思主义的回答，同时深入研究现代科学中那些围绕着人的本质、人生存和发展的自然生物因素等问题所进行的争论。我们将首先讨论问题的历史，以便更有信心地把对问题的讨论引向深入，同时把人类过去对人、人的本质和前景的认识成就和成果、错误和经验同现在和将来加以比较。

一 什么是人？哲学史上的提法和马克思主义的回答；人的社会本质的形成，人的自然生物因素以其社会因素为媒介并被其改造，人的本质与存在在其发展中的统一

如果回顾一下哲学史，那么我们就会发现人的问题通常是通过构成某种"互补性"的两类方法来解决的。一类是把人的精神本质绝对化的唯心主义方法，另一类是赋予人的自然生物性以首要意义的自然主义方法。这种精神和肉体的二元论构成了关于人的哲学论文的永恒论题，从古至今都是如此。同时，在哲学史上人的问题还被区分为内部因素问题和外部因素问题，而这些因素决定了什么是人。毫无疑问，谈到外部因素，谈到人形成和发展的环境，哲学家们指的不仅是自然因素，而且还有社会因素，例如教育等。但是，马克思以前的哲学对于这些因素的本质特点都未给出深刻的分析。

在思想史的不同阶段，对于人的问题的哲学解释是不同的。这些解释对于科学地提出"什么是人"的问题起到了促进作用。但是，只有马克思才对这个问题给予科学的、彻底的回答。还是在上世纪中期马克思在反对唯心主义的、神秘的宗教观念和自然主义的人本主义时就提出了一个论点，它指出了科学地理解人的主要之点。他说："……人的本质并

不是单个人所固有的抽象物。实际上，它是一切社会关系的总和。"① 在科学认识史上很难一下子找到更加简明，但同时又更加深刻和价值更大的真理。只有通过许多世纪的发展，通过艰苦的探索和激烈的思想斗争，科学才能提供这种真理。人的社会本质的发现和确立是同辩证唯物主义历史观的论证密切相联的，它意味着在社会科学领域，首先是在哲学领域发生了一场真正的革命。于是，传统上作为哲学认识的中心的关于人的学说就有了客观的分析方法，有了研究人及其发展的完整的方法论。

人是一切社会关系的总和这一公式是马克思在著名的《费尔巴哈论纲》中提出的。在此之前，马克思就认识到人不仅是自然物，而且是人化的自然物。人的个体是人种的单元，同时是一定的社会共同体——人类、阶级、民族等的代表。马克思一开始就很明白，人的本质不是其"抽象的肉体的本性，而是人的社会特质"②，因此，"整个历史也无非是人类本性的不断改变而已"③。但是，他认为："我们首先要研究人的一般本性，然后要研究在每个时代历史地发生了变化的人的本性"④。

这样，在确认人的全人类特点和类本质的时候，马克思主义主要是要研究者对人进行具体历史的分析，揭示各种社会关系的特点和劳动的性质等。所有肢解人的本质、人的特殊本质的观点都是注定要失败的，因为它们不能揭示人的本质，而是想按照外部特征把人同动物区别开来。因此，马克思和恩格斯写道："这个不是从其现实的历史活动和存在来加以观察，而是从……某种不同于动物的另一特征中引申出来的'人'，一般究竟是怎样一种人"⑤。

马克思主义是通过人的特殊活动和生活来定义人的本质的，并且到人的劳动中去寻找这个定义。还是在《1844年经济学哲学手稿》中马克思就指出，对于人来说，"生产是人的能动的类生活"，"通过这种生产，

---

① 《马克思恩格斯全集》第3卷，第5页。
② 《马克思恩格斯全集》第1卷，第270页。
③ 《马克思恩格斯全集》第4卷，第174页。
④ 《马克思恩格斯全集》第23卷，第623页。
⑤ 《马克思恩格斯全集》第3卷，第606—607页。

自然界才表现为他的作品和他的现实"①。正是劳动创造了人,并且恰恰是在劳动中人的特殊本质得到了实现和发展。在《政治经济学批判》中马克思把人的劳动定义为"以某种形式占有自然物的有目的的活动,是人类生存的自然条件,是同一切社会形式无关的、人和自然之间的物质交换的条件"②。马克思认为,劳动不仅是生活的手段,而且是人自我确认的形式,在劳动中"人才真正证明自己是类存在物"③。

这里,在马克思看来,劳动首先是人对于自然的社会关系,因而人的本质必然包括"人的共同性",包括人的社会性。人和社会是不可分离的,只有在社会中,在一定的社会结构中人才成其为人。马克思写道:"人永远是这一切社会组织的本质,但是这些组织也表现为人的现实普遍性,因而也就是一切人所共有的。"④ 人的意识和思维是社会的产品,因而它对人的社会生活来说只是第二位的东西。在这个基础上形成了人的特殊的物质需要和精神需要,而这些需要又是同人的本质相联系的,它们确定着人的本质。

马克思主义认为人的社会本质就是这样的。通过对人类起源、人的社会本质的形成和作为类本质的人的全面发展状况的历史研究,在理论上对人的本质进行合理的分析就有了多方面的依据。在这里,马克思主义发挥了并将继续发挥富有启发意义的影响,并有助于科学的人类起源论的形成。人类起源论的奠基人达尔文在其《人类的由来性选择》(1871年)和《人类和动物的表情》(1872年)中为人的起源和人类形成史的科学理论的发展打下了基础。这是从一般进化论的理论中逻辑地引申出来的。还是在《物种起源》第一版(1859年)中达尔文就指出:"这本书可以阐明人类起源及其历史。因此就可以说,在任何涉及地球上有机体出现方式的一般结论中,必须把人同其他有机体一块来加以研究"⑤。达尔文考察了人产生于某种低级门类的历史,仔细研究了人的发展形成,

---

① 《马克思恩格斯全集》第42卷,第97页。
② 《马克思恩格斯全集》第13卷,第25页。
③ 《马克思恩格斯全集》第42卷,第97页。
④ 《马克思恩格斯全集》第1卷,第293页。
⑤ 达尔文:《人的起源和性择》,《达尔文全集》第2卷,第1册,莫斯科—列宁格勒,1927年版,第59页。

确定了人种差异的意义,据此得出了这一结论。

达尔文给自己提出的首先是一个自然科学问题,旨在反对人是"上帝的产物"的宗教教条。他正是从这个角度考察了人类起源的过程及其根源和动力。达尔文令人信服地证明了人的自然起源,同时为进一步科学地阐明人类产生的社会机制奠定了基础,而这些机制是同劳动、意识、语言和各种交往形式的产生相联系的。在阐明这些问题的时候,直接从马克思主义关于人(他是一切社会关系的总和)的本质的见解中得出的方法论立场发挥着决定性作用,这种立场是"从对人类历史发展的观察中抽象出来的最一般的结果的综合"①。

这种历史观把社会进化论同社会学的思想和方法辩证地结合起来。而马克思主义把这种历史观推广到人发生和形成的过程,推广到人类社会形成的过程,并把它们联合为一个统一的整体。可见,人的社会本质发生和形成的过程就是"一切社会关系的总和"的发展过程,也是"人们的历史发展"的过程,而这一历史发展过程首先表现为社会生产的产生和发展,社会生产则导致了社会经济形态的更替。

恩格斯在《劳动在从猿到人转变过程中的作用》(1876年)中系统地证明了这一点。但关于这些问题的原则立场则是马克思和恩格斯在《神圣家族》(1845年)、《德意志意识形态》(1845—1846年)、《政治经济学批判》(1859年)和《资本论》第一卷(1867年)中形成的。恩格斯强调指出,从动物向人的转变就意味着新的品质的产生。② 他写道:"人类社会和动物的本质区别在于,动物最多是搜集,而人则能从事生产。仅仅由于这个唯一的然而是基本的区别,就不可能把动物社会的规律直接搬到人类社会中来。"③

与人类的社会起源相联系的这些思想对于科学地认识人类起源有着原则性意义。后来的全部人类史,首先是苏联的历史研究证明了这一点。在苏联,虽然在有关人类起源的许多具体问题上还存在着一些意见分歧,

---

① 《马克思恩格斯全集》第3卷,第31页。
② 《马克思恩格斯全集》第29卷,第325页。
③ 《马克思恩格斯全集》第34卷,第163页。

有时甚至是完全对立的观点①，但是，马克思主义的历史观获得了重大发展。在这种情况下，考察人的社会本质形成的人类学研究是同对社会生产发生和发展的专门分析结合在一起的②。甚至人类社会起源的综合概念也在形成，一些研究者的著作为这一概念进行了论证③。这一概念的实质是在人类起源的过程中社会生物选择或生物社会选择逐渐取代自然生物选择。当然，在这一假设的一些具体细节上可能会有争论，但有一点很明显：人类起源过程中的"社会决定论"、人类起源同社会起源的相互结合——这是马克思主义关于人、人的发生和发展的历史观的必不可少的要素，而这种历史观直接产生于人是一切社会关系的总和这个一般的定义。其实，如果我们把马克思关于人的科学定义只局限在揭示人的社会本质方面，那么，这个"社会智慧的结晶"就与在地球上生活的、现实的、具体的人相距太远了，而人的历史也就仅仅变为同无知作斗争的智慧的进步过程。但是，马克思的观点同这种纯理性主义的启蒙观点是不同的。马克思把历史看作活生生的、有思想、有感性的人的积极活动，而人有时会处在理智的命令同其"本性"的命令、受到压抑的本能同激情、意识和"潜意识"的痛苦矛盾之中，——这是不用说的。甚至在最复杂的、抽象的理论推论中（例如，在《资本论》中抽象是主要的认识工具），马克思也总是诉诸现实的人，人的形象总是处在他的思维之中。我们记得，马克思是如何评述资本主义的原始积累的。在他的著作中，许多现实的、历史的人被他勾画得多么鲜明和形象。恩格斯是如此评述"文艺复兴"时期的英雄的，他称他们是"思维能力、热情和性格方面"

---

① 参阅：М. Ф. 涅斯特鲁赫：《人类的起源》，莫斯科，1970 年；В. П. 阿列克谢耶夫：《寻找祖先》，莫斯科，1972 年；Я. Я. 罗金斯基：《人类起源问题》，莫斯科，1977 年；Я. Я. 罗金斯基、М. Т. 列温：《人类学》，莫斯科，1978 年；В. В. 布纳克：《人类，它的产生及以后的进化》，莫斯科，1980 年；Л. А. 法因别尔格：《社会起源的源头》，莫斯科，1980 年，等等。

② 参阅：Д. В. 古尔耶夫：《社会生产的形成》，莫斯科，1973 年；А. М. 鲁缅采夫：《原始生产方式的发生和发展》，莫斯科，1981 年，等等。

③ 参阅：Ю. И. 谢缅诺夫：《人类社会的产生》，克拉斯诺雅尔斯克，1962 年；《人类是怎样产生的》，莫斯科，1966 年；《婚姻和家庭的起源》，莫斯科，1974 年；Ю. Й. 耶菲莫夫：《人类社会起源论的哲学问题》，列宁格勒，1981 年。

的巨人①。在批判对无主体的人类"历史"进行空泛抽象的做法时，恩格斯写道："历史什么事情也没有做，它'并不拥有任何无穷尽的丰富性'，它并'没有在任何战斗中作战'！创造这一切、拥有这一切并为这一切而斗争的，不是'历史'，而正是人，现实的，活生生的人。"②

马克思主义的反对者总是喋喋不休地重复他们认识历史和人的"超理性"的观点，似乎如果马克思主义承认人，那也是一般社会前提的某种演绎。同时，他们忽视了马克思所说的"人的本质"，看不到作为社会人的人的本质同作为人类代表的个体的存在之间的区别。所以，比较完备的定义应该有下列一些规定：人是社会历史过程的主体，是发展地球上的物质文明和精神文明的主体，人同其他生命形式有着发生学上的联系，但又由于能够制造劳动工具而同它们有区别的社会生物体，是具有分节语言和意识的社会生物体。

马克思主义关于人的定义深入到分析人的社会本质的水平，深入到把人理解为一切社会关系的总和的水平，但是，这同作为自然生物个体、作为智人（Homo sapiens）的代表者的人的生活并不矛盾。同时（这里可以谈得上本质和现象的辩证关系）社会因素在本质上支配着人的自然生物因素，而自然生物因素则是人存在的必要条件，当然，人的存在绝不仅仅是由这些自然生物因素决定的。但是，在我们看来，重要的是，特意把它们区分出来乃是为了表明，科学的马克思列宁主义的人的哲学（它是在同关于人的科学的整个体系紧密联系和相互作用之中产生和发展起来的）不是在同人存在的自然生物因素相互对立的情况下，而是在同它们相互联系和相互作用之中来确定人的本质的。马克思主义关于人的社会本质的学说同时也表明了影响人存在的这些因素所具有的作用和意义，揭示了人的生物本质的一些重要特点。这既能克服庸俗社会学的极端观点，也能克服社会生物学的极端观点，从而在人的个体发展和历史发展的过程中能够科学地、辩证地确定应该从什么方向去探索作为社会生物体的人的前景。

我们试图概括地阐明马克思主义对这个问题的提法，以便在以后各

---

① 《马克思恩格斯全集》第20卷，第361页。
② 《马克思恩格斯全集》第2卷，第118页。

章中把它具体化，并作出某些概括和结论。看来，应该从一开始就声明，关于作为社会生物体的人的概念只是确定了人的现实存在——即肉体存在和精神存在的特点，只是确认了人既属于自然生物界，同时又属于社会界这一事实。毫无疑问，人的存在的这种外在规定性不能延续和推广到其内在特征上去。因为这样做会导致人的"社会生物本质"等错误概念①。实际上人的本质是其社会性，但人的存在并不仅仅是由社会性决定的。

众所周知，历史上关于人的本质问题在许多方面同人的精神与肉体是统一的还是相互分离的这样一些观念有关。在这个问题上唯心主义的人本主义和机械自然观的方法论是十分片面的，它们或者完全忽视人的生物性，或者把它绝对化。在这个问题上马克思主义的功绩在于提出并论证了科学的、辩证唯物主义的观点，这一观点在对人的现代认识方面发挥着愈来愈重要的启发作用。

马克思赋予人的存在和发展的自然生物因素和生物本性以重要的意义。后来，他用"需要和本能的总和"这种观念补充了原先他使用的"人的天性"的概念，并且在《资本论》中发展了外因同人自己的本性相互作用的提法，因为人在不断变化着②，与把人看作具体可感的生物体相联系，马克思把人的本质定义为一切社会关系的总和，马克思还把人的特点和爱好（嗜好等）看作人的"本质力量"。他写道："人直接地是自然存在物。人作为自然存在物……具有自然力、生命力，是能动的自然存在物；这些力量作为天赋和才能、作为欲望存在于人身上……"③。

恩格斯全面论证和发展了这一观点，他认为："人来源于动物界这一事实已经决定人永远不能完全摆脱兽性……"④。在这方面，他得出了更加一般的结论。他指出："我们统治自然界，决不像……站在自然界以外

---

① 在我国的文献中有时会发现一些把人是社会生物体这一概念同人的本质（"本性"）是社会生物性这种定义混为一谈的现象。以后者的错误为基础有时会得出结论："人是社会体这个定义在哲学上是不合逻辑的。"（В. Ж. 凯列、М. Я. 科瓦利宗：《理论与历史》，莫斯科，1981年，第180页。）但在某些场合指的是完全不同的概念——"生物"和"本质"（本性），可惜作者在富有逻辑的深刻的哲学著作中没有说明它们的意义。

② 参阅《马克思恩格斯全集》第23卷，第201—202页。

③ 《马克思恩格斯全集》第42卷，第167页。

④ 《马克思恩格斯全集》第20卷，第110页。

的人一样——相反地，我们连同我们的肉、血和头脑都是属于自然界，存在于自然界的"①。恩格斯在从哲学上概括达尔文和摩尔根的人类起源学说的研究成果时，批判了费尔巴哈学说对于人的理解的局限性，当然，他着重强调的主要之点，乃是对人的马克思主义的理解的实质是什么的问题，注意从社会、社会劳动和生产特点等方面对人进行评述。如果忽视了恩格斯把人的生物本质作为某种起点（虽然对于说明历史和人本身来说这无疑是不够的）的观点，而把那用若干具体论题加以说明的重点绝对化，那就会犯极端片面的错误。在给马克思的信中他指出："我们必须从'我'，从经验的、肉体的个人出发，不是为了……陷在里面，而是为了从这里上升到'人'"②。

人作为一个社会生物并不同其存在的自然生物形式相对立，而是把它当作自己的前提。同时，在不同的方面，在不同的研究场合，社会因素和自然生物因素的作用可能会发出变化。所以，现在要揭示"自然界的人的本质，或者人的自然的本质"③ 是怎样表现出来的，这不只是意味着在对人进行社会分析的过程中要注意到人的生物特点。关于人的生物学已庄严地进入现代人的生活之中，成为摆在社会学面前的新课题，但这并不是因为出现了一些应该靠生物学来解决的社会学问题，虽然在这方面也出现了某些新事物。主要（在这方面可以发现某种奇谈怪论）原因是，构成其本质的人们生活的社会因素和条件（首先是生产和劳动）发生了急剧变化，而这种变化触动了人（他是活的可感生物）存在的基础。

在科学技术革命的条件下，这一点表现得特别明显，而科学技术革命正在改变着许多从前存在于人们之间的联系和关系。例如，科学技术革命在很大程度上加强着从社会方面研究人和从自然生物方面研究人二者之间的联系、相互依赖和相互影响。这首先与由科学技术革命引起的生产和劳动的变化有关，也与近几十年来出现的人的生态的新因素有关。这些新因素往往对人的生理、遗传、心理发生消极的影响，而这种影响

---

① 《马克思恩格斯全集》第20卷，第519页。
② 《马克思恩格斯全集》第27卷，第13页。
③ 《马克思恩格斯全集》第42卷，第128页。

可以认为是人类生存的现实负担。同时，科学技术革命为作为社会生物体的人的发展提供了新的可能性和手段。

毫无疑问，在确定人的前景的时候所有这些都要予以特别的注意。应该理智地注意到人的现代生活和科学给生物因素和社会因素的相互关系带来的那些新东西，要注意到在认识人及其发展规律的时候是哪些因素要求比以前更加强调生物学方法（它们依赖于社会科学的方法）的作用。这可能会发现一些促进人全面而协调地发展、促进人的本质力量得以充分实现的新潜力。人的本质力量是由社会因素决定的，而社会因素则能够使人按照既定目标行动。人所实现的合目的活动的能力是独一无二的，实际上，它从人对于自然生物因素的关系方面表征着人的性质。

恩格斯当时曾强调指出："人是唯一能够由于劳动而摆脱纯粹的动物状态的动物——他的正常状态是和他的意识相适应的而且是由他自己创造出来的。"① 人力求达到这一境界，并创造着这样一种社会条件，它符合人的现代意识，符合对生产、文化和整个历史向前发展的客观趋势所进行的科学认识的现代水平。被人推动的一切力量都在改变着人本身，所以人的正常状态是由自己创造出来的。

这些同科学地理解那些影响人生存和发展的社会因素与自然生物因素的辩证法直接有关。在许多苏联作者的著作中，马克思主义关于这一问题的观点逐渐得到了充分的反映②。在这里，在某些具体的局部问题上，在解释整个问题的某些方面时还存在着一些分歧，但这些分歧未必会加深到（遗憾的是，有时已经达到）世界观和方法论分歧的程度。尤

---

① 《马克思恩格斯全集》第 20 卷，第 535—536 页。
② 可参阅近些年的下列著作：《人发展的社会因素和生物因素》、《哲学问题》圆桌会议，1972 年第 9 期；《人的生物因素与社会因素的关系》，莫斯科，1975 年；Н. Б. 奥孔斯基：《在历史过程中社会因素与生物因素的辩证法》，彼尔姆，1975 年；Н. П. 杜宾宁、Ю. Г. 舍夫琴科：《人的社会生物本质的某些问题》，莫斯科，1976 年；《人的发展中的生物因素与社会因素》，莫斯科，1977 年；Т. В. 卡尔萨耶夫斯卡娅：《社会进步与人的整体性的社会生物发展问题》，莫斯科，1978 年；К. Е. 塔拉索夫、Е. К. 契尔年科：《人的生物学的社会决定性》，莫斯科，1979 年；В. Ф. 谢尔然托夫、В. В. 格列恰内：《人是哲学和自然科学认识的对象》，列宁格勒，1980 年；А. Н. 列昂捷夫：《心理学的发展问题》，莫斯科，1981 年；А. Ф. 波列斯：《个性协调发展中的社会因素与生物因素的统一》，里加，1981 年。在第三届全苏现代自然科学的哲学问题会议上（Д. К. 别利亚耶夫、Н. П. 博奇科夫、Н. П. 杜宾宁的报告）也讨论了这个问题。关于这个题目的系列文章发表在近年的《哲学问题》等杂志上。

其不应该把类似的观点用来分析在科学技术革命条件下所出现的新问题。

如上所述，我们的总任务是深入而充分地揭示人的社会因素同生物因素的辩证法，它不是偶然地而是永远存在于它们的相互关系之中。甚至我们在谈到社会因素与生物因素的特征，谈到社会因素比生物因素更重要时也是如此。这个辩证法就是生物因素以社会因素为中介并被社会因素所改造，所以"人的对象不是直接呈现出来的自然对象"①。这与人的生物需要有关，这种生物需要的改造如此深刻，以致使马克思得出如下结论："饥饿总是饥饿，但是用刀叉吃熟肉来解除的饥饿不同于用手、指甲和牙齿啃生肉来解除的饥饿。"②

自然生物因素以社会因素为中介并被其改造是实现人的特殊活动，首先是劳动和生产活动的基础和机制，而劳动和生产则创造着人存在和发展的社会生物形式。

马克思早在青年时代就指出："通过实践改造对象世界，即改造无机界，证明了人是有意识的类存在物，也就是这样一种存在物，它把类看作自己的本质，或者说把自身看作类存在物。……因此，正是在改造对象世界中，人才真正证明自己是类存在物。这种生产是人的能动的类生活。"③后来，马克思在评述人的劳动的特点时发展和论证了这一思想。在《资本论》中他注意到，劳动"是人体的机能，而每一种这样的机能不管内容和形式如何，实质上都是人的脑、神经、肌肉、感官等等的耗费"④。但同时马克思和恩格斯又强调指出："生产方式不仅应当从它是个人肉体存在的再生产这方面来加以考察。它在更大程度上是这些个人的一定的活动方式、表现他的生活的一定形式、他们的一定的生活方式。"⑤因此，"工业的历史和工业的已经产生的对象性的存在，是一本打开了的关于人的本质力量的书，是感性地摆在我们面前的人的心理学，对这种心理学人们至今还没有从它同人的本质的联系上……来理解"⑥。

---

① 《马克思恩格斯全集》第42卷，第169页。
② 《马克思恩格斯全集》第46卷（上册），第29页。
③ 《马克思恩格斯全集》第42卷，第6—97页。
④ 《马克思恩格斯全集》第23卷，第88页。
⑤ 《马克思恩格斯全集》第3卷，第24页。
⑥ 《马克思恩格斯全集》第42卷，第127页。

正像我们所看到的，马克思主义从一开始就把人的本质同劳动、生产联系起来。如果把马克思对于生产和需要的辩证法的理解运用于中介问题和用社会因素改造生物因素的问题，那么，可以说，"每一方表现为对方的手段；以对方为媒介；这表现为它们的相互依存"①。当然，这种依赖性既不像生产和需要的关系那样强烈，在很大程度上也不能与人的社会因素同生物因素的关系相比拟。但是，在我们感兴趣的这后一种情况下，相互依赖的这些要素大概是不应被忽视的。

现在，马克思主义的这些基本观点不但在哲学中，而且在许多关于人的具体科学中正在得到良好的发展。这些关于人的具体科学要用辩证唯物主义的方法来解决自己的方法论问题，其中包括用社会因素来沟通和改造人类活动中的自然生物因素的问题。近几年来，我国科学界对这个问题的研究越来越深刻，越来越全面。已经提出了个体发展的社会决定论（Б. Г. 阿纳尼耶夫）；研究了人的个体发育的哲学社会学问题，研究了关于人的整体性观念和位相观念（Т. В. 卡尔萨耶夫斯卡娅）；人的生物因素的社会决定性（包括人的遗传，个体发育和总体的肉体发展、适应和生态学）得到了辩证唯物主义的解释（К. Е. 塔拉索夫、Е. К. 契尔年科）。在人类学中出现了这样一种观点，按照这种观点，不但人类的起源是由社会历史因素决定的，而且在一定阶段上生物规律的影响会完全消除（Я. Я. 罗金斯基、М. Т. 列温、Ю. И. 谢缅诺夫）。一些研究进一步指出了社会因素在人的劳动中、在历史过程中的决定作用（Н. Б. 奥孔斯卡娅、С. С. 巴京宁）。在心理学中 Л. С. 维戈茨基、С. Л. 鲁宾斯坦、А. Н. 列昂捷夫的观点得到了发展，他们强调社会因素在人的心理形成的过程中发挥着主导作用。现在，遗传学越来越强调生物因素要以社会因素为中介，指出用社会因素改造生物因素这一机制在人的行为中所起的作用（Д. К. 别利亚耶夫、Н. П. 博奇科夫、Н. П. 杜宾宁、Л. В. 克鲁申斯基等）。

当然，正如我们所看到的，不同的作者注意的是人的社会因素和生物因素的许多不同的方面。看来，近些年来，马克思主义学者围绕这些复杂的、尚未得到充分研究的问题进行科学争论并不是偶然的。我认为，

---

① 《马克思恩格斯全集》第 46 卷（上册），第 30 页。

这些争论（其结果我们将专门进行研究）具有重大意义，因为这些争论实质上规定着现代科学提出社会因素和生物因素的关系问题的特点。同时，它们从不同方面强调了科学地解决这个问题的主要之点：即强调生物因素以社会因素为中介并被其改造的辩证法，强调人的社会因素同生物因素之间的相互作用和相互影响，强调人的社会本质绝不是同其生物本性对立的东西。

今天，用一般辩证唯物主义的方法来解决人的社会因素和生物因素的关系问题是同这样一些企图，即在科学进步的新阶段企图发展唯心主义的人类起源学说和自然主义方法论相对立的，而马克思主义关于人的学说已经科学地战胜了这种方法论。今天，在许多情况下，这些观点实际上是哲学人本主义、社会达尔文主义、弗洛伊德学说以及在马克思揭示了人的社会本质、制定了关于人类起源和人发展的历史前景的科学理论之后出现的其他一些类似观念的"老调重弹"。当然，这并不是说在现代条件下在对人的问题进行哲学论证，首先是在具体科学的论证方面没有任何新东西。实际上，例如由于综合的生物科学的飞速发展，把人的生物本性绝对化了的自然主义观念在现代社会生物论的许多不同方向上都获得了特别迅速的发展。这就要求马克思主义者要特别注意批判那些用现代生物学的新发现来投机的类似观念，同时又必须注意用这些新发现去积极地发展马克思主义关于人的理论。

二 现代人本主义和关于人、人的本质及其未来的社会生物论；社会生物学的假设是有意义的东西还是无意义的东西？关于人类发展的社会因素与生物因素相互关系的科学争论

尽管马克思主义对哲学史上提出的人的本质问题作出了原则性回答，但是资产阶级思想在人本主义问题上还是继续着类似的运动。虽然它不得不注意到马克思关于人的学说（实际上，它指责马克思主义忽视了这些问题，并像资产阶级的"马克思学者"那样妄图把马克思主义同青年

马克思①的人本主义观点、人道主义观点对立起来），但是唯心主义和自然主义的人本主义观念在资产阶级思想中仍然表现得比较明显。资产阶级哲学人本主义和社会达尔文主义的发展证明了这一点。这些观念自命为用独特的眼光看待人、人的本质及其未来。这些观念的出现是同那些直接或间接地涉及人的问题，其中包括涉及人的自然生物生活、社会文化生活和精神生活的某些方面的具体科学的发展相联系的。但是，当用科学特别是生物学的新资料来研究人的本质、人的生活以及人的未来时，这些资料往往被歪曲了。

例如，与在民族人类学或人种学中得到发展的关于人类的科学理论相对立，出现了一些"人种理论"，它们至今仍滋养着资产阶级思想的一个极其丑恶的产物——种族主义，这在法西斯主义的种族灭绝实践中得到了极其充分的体现。Ж. Де. 戈比诺的《论人类的不平等》（1853—1855 年）为这种"理论"奠定了基础，他的这一著作至今仍被形形色色的种族主义者，包括所谓法国的"新左派"宣传着，尽管从达尔文开始直至人的现代生物学和遗传学为止的所有科学都在充分驳斥着种族主义者的人种不平等的臆说，证明着人类各种族的一致性②。

与种族主义同源的所谓社会达尔文主义的情况也是如此③。从斯宾塞开始，这一思想倾向就同真正的达尔文主义没有任何相同之处，虽然它盗用了后者的某些术语。但这不过是一种典型的贫乏的思想，它不能自我发展，所以只能借助于科学认识的进步来达到自己的反动目的。Л. 古姆普洛维奇、Г. 拉特岑赫费尔、Л. 沃利特曼、Х. С. 张伯伦和其他一些社会达尔文主义、种族主义"理论家"把人和社会极端生物化，他们认为，只有借助于自然选择，人类才能避免"遗传退化"。这样，他们就为用遗传学、生态学和其他科学的最新资料进行投机的现代社会生物主义奠定了一定的基础。

弗洛伊德学说也是关于人的社会生物学流派的现代自然主义理论的

---

① 此处可参阅 Г. Л. 别尔金娜：《马克思主义哲学和资产阶级"马克思学"》，莫斯科，1972 年版。

② 此处可参阅《种族和社会》，莫斯科，1982 年版。

③ 当时，匈牙利马克思主义哲学家乔治·卢卡奇在《理性的破灭》（柏林，1955 年版）一书中曾从历史的角度把它们同法西斯主义联系起来，并对种族主义和社会达尔文主义进行了批判。

一个来源。现代心理分析理论的鼻祖弗洛伊德曾公然把人的本质同其在生物方面的、有联想性质的本能混为一谈。弗洛伊德认为，社会因素只是发挥着压抑、排斥生物本能的作用。由此可以得出结论，情欲（生存和自我保存的性欲本能）和死源（Tahatoc，死亡的破坏和侵略的本能）是社会进步的基础。据此，他区分出人类文明发展的不同水平。应该指出，弗洛伊德想把学者们的注意力引向科学的传统派别没有系统研究过的无意识领域，他指出这一领域在人的生活中，在文明发展过程中具有极大的作用。但是，他不仅赋予无意识以过大的作用，而且一般说来不能确定人的自然生物意向在人的社会生活领域中所获得的那种含义，生物遗传决定趋势在现代弗洛伊德理论中表现得特别明显①。

应当指出，在资产阶级哲学人类学的诸多流派中，自然生物的决定作用都被明显地夸大了。这一倾向发端于德国哲学家 Ф. 尼采和 M. 舍勒的著作，通过他们发展到哲学人类学的现代变种，包括存在主义，在这里，这一理论得到了最明显的表现。Ф. 尼采的特点是把人的本质一般地理解为不受意识和理智支配，而是被生命的无意识创造所支配的东西，是被杂乱无章的过剩本能所压抑的东西。尼采把人看作是不适应自己的自然生物存在的"尚未定型的动物"，他对任何其他可能性来说都是开放的。M. 舍勒在《人在宇宙中的地位》② 中、Г. 普勒斯纳在《有机物的等级和人》③ 中发展了尼采的这些思想，他们把它同弗洛伊德的无意识以及它在人的生活中的作用等观念联系起来。这种生物人本主义倾向标明了这种哲学观点看待人的特点，而这些特点在该学说的后来的一些变种中表现得很明显。

正如舍勒本人所说，这种"新哲学人类学"是要使对人的科学认识达到哲学理论的状态，是要回答关于人类生活的所有基本问题——从人的本质、人生活的自然生物因素、心理因素和精神因素到其个人因素和社会因素。舍勒通过把人同动物相比较来论证人的"开放性"。他强调指

---

① 《心理分析的新前景》，斯图加特，1981 年版；B. A. 法勒尔：《心理分析的立场》，牛津，1981 年版。

② M. 舍勒：《人在宇宙中的地位》，达姆斯塔特，1928 年版。

③ H. 普勒斯纳：《有机物的等级和人》，柏林，1928 年版。

出，生命同精神之间的紧张状态创造了人的生活。在他看来，精神在原则上是同整个生命相对立的，它不可能导致生命的自然进化，虽然通过它——通过升华和突然迸发的压力——人获得了自己的力量和威力。在这里，这种"新哲学人类学"接近了上帝的旨意，尽管是"不完美"、"不彻底"的上帝，即"现实的"上帝，而在这一过程中，人处于中心地位。

在"新哲学人类学"中，舍勒企图把哲学、自然科学（主要是生物学）和同传统观念断绝关系的宗教观点拼凑在一起。这一企图以不同的形式、不同的腔调，作为"人类本性"的某种特征首先在 A. 格林[①]和 O. Ф. 博利诺夫[②]等人的哲学人类学理论中被继承下来，这些理论发展了哲学人类学的生物学方面。

哲学文化人类学至少是在其绝对化的形式上试图克服生物人类学的倾向。哲学文化人类学的主要代表人物 Э. 罗塔克[③]和 M. 兰德曼[④]依据Г. 普勒斯纳的著作试图在整体上把人的自然生物存在同精神活动统一起来，把人理解为文化的创造者同时又是文化的创造物，但是，在企图克服片面的生物论的时候，哲学文化人类学却走向了另一个极端，例如，M. 兰德曼一般地否定生物进化因素对于认识人的本质的作用。这种纯粹的"哲学文化"观点是同承认上述的"客观精神"结合在一起的，这甚至导致了 Э. 亨斯坦伯格[⑤]的哲学宗教人类学的出现。

这样，在现代资产阶级哲学人类学发展的过程中就可以发现以前所特有的下述规律性。现代人本主义和自然主义的方法论基础是把认识人的整体方法同还原的方法对立起来。确实，在任何情况下都存在着它们之间互相对立的某种条件性，特别是因为人类学观点可能伴随着对于人的自然主义的还原（通常表现为孤立地考察人的生物性），而反还原论趋势必然会导致在研究人的问题时要确立整体观点，首先是哲学观点。

---

① A. 格林：《人、人的本性及他在世界中的地位》，柏林，1944年版。
② O. F. 博利诺夫：《哲学人类学及其方法论原则》，载《今日哲学人类学》（Philosophische Anthropologie heute），慕尼黑，1972年版。
③ E. 罗塔克：《哲学人类学》，波恩，1966年版。
④ M. 兰德曼：《哲学人类学》，柏林，1955年版。
⑤ H. E. 亨斯坦伯格：《哲学人类学》，斯图加特，1957年版。

但是，研究人的方法的二元论只是局部现象，它一般表现为历史上形成的哲学同具体科学（首先是自然科学）的脱节。在这种情况下，关于人的学说甚至成为物理学或生物学的一部分，它总是以诸如笛卡尔主义者的我思（cogito）、黑格尔主义者的泛逻辑主义等形而上学理论作为补充的。另一方面，把整体方法绝对化、把作为普适原则（这种普适原则在方法论上是从某种对立于科学，特别是自然科学对象的人的观念中产生的）的人类学同还原论和自然主义的实证论对立起来，这就形成了研究人的纯哲学的传统，这种研究在各种非理性主义、批判现实主义、新托马斯主义、人格主义、存在主义和其他一些哲学人类学的变种中得到了充分的反映。

近些年来，马克思主义文献对现代哲学人类学的主要变种进行了相当充分和具有说服力的考察[①]。例如，如上所述，虽然各个变种之间存在着一些重大分歧，但它们的历史根源和方法论却是相同的。在现代哲学人类学的各种变种之间存在着重大分歧（常常是原则性分歧）的情况下，把它们结合起来的主要是这样一种意向，即把对人的问题的研究仅仅（或主要）看成是哲学的事情。因而，哲学同关于人的具体科学之间的鸿沟日益加深，虽然人们常常不承认这一点。此外可以断言，哲学人类学与具体科学密切关联，并常常利用具体科学的资料[②]。

哲学人类学的生理学和心理学变种的特点在于，表面看来，它们好像依赖于有关科学，但实际上它们像存在主义一样并不是科学。在存在主义那里（例如，在萨特的学说中）坚决同科学划清界限是它的一个基本原则。这种"人的本体论"把主观性和先验性、不断的自我意识和自我发现以及不受社会的客观规律制约的自由作为中心概念。总之，甚至在那些诉诸社会因素的哲学人类学的变种中，其基本和主要之点也是把

---

① 关于这个问题可参阅：《现代哲学中人的问题》，莫斯科，1969年；《二十世纪的资产阶级哲学》，莫斯科，1974年；Р. М. 加比托娃：《德国存在主义中的人和社会》，莫斯科，1974年；Г. М. 塔夫利江：《对法国存在主义关于人的问题的批判》，莫斯科，1977年；《二十世纪的人，资产阶级理论的分析》，莫斯科，1979年；П. В. 科尔涅耶夫：《现代资产阶级和修正主义的人的观念的批判》，莫斯科，1981年；Б. Т. 格里戈良：《哲学人类学批判》，莫斯科，1981年，等等。

② W. 布吕宁：《哲学人类学》，载《二十世纪的哲学》，斯图加特，1963年版。

社会因素归结为个人因素，即忽视作为所有社会关系总和的人的真正的社会本质。例如，这一点在 K. 雅斯贝尔斯的存在主义理论中表现得很明显。他认为，人的个性总是在历史之外实现的，而历史只是涉及人性的某种外在的东西；在个性之中占优势的是那些绝对的、永恒的、超时空的东西。雅斯贝尔斯认为，社会性只是把人设计成为抽象的类本质和个体。

毫无疑问，这种抽象的哲学观点不能阐明与影响人发展的社会因素和自然生物因素有关的问题。我们已经看到，在解决这个问题时，哲学人类学的生物学变种和弗洛伊德学说走到了另一个极端。在这方面，泰亚尔·德·夏尔丹的哲学人类学观点也引起人们的一定兴趣，他的观点充满着深刻的内部矛盾，虽然他想找到形成人的自然生物因素〔人化（ГОМИНИЗАЦИЯ）〕的作用和社会因素（社会化）的作用之间的莫名其妙的联系。

按照泰亚尔·德·夏尔丹的理论，人具体体现和总括了世界的全部发展过程。他在批评"恶劣的人类中心说"时强调指出："人不是世界的静止的中心，正如他长期以来所认为的那样，他是进化的轴心和顶峰，他是最完美之物"①。泰亚尔认为，进化是宇宙的本质，它贯穿于人类的整个历史之中，从其产生到智力圈即集体意识范围的充分发展，直至达到某个"极点"。泰亚尔认为："智力的起源是通过被严格限制的地理起源的循环不可逆转地接近极点的"②，它作为"超生命"、"超个人"的东西被实现着，在这里，人似乎被提升到了上帝的高度。他认为，在这里科学与宗教的冲突正在被克服，它们正在结合起来。它们是一个完整的认识过程的不可分离、相互联系的两个方面或阶段。理智同神秘的联合可能会使人类精神"具有更大的生命力，并使自己更加聪慧"③。

正像我们所看到的，在泰亚尔那里，自然科学家的科学观点是同神

---

① 泰亚尔·德·夏尔丹：《人的现象》，莫斯科，1965 年版，第 38 页。下引此书不再注明版本。
② 同上书，第 268 页。
③ 同上书，第 279 页。

学家的神秘信仰相近的,这种观点在很大程度上贯穿于他的整个哲学人类学之中。

一方面,泰亚尔把人生物化了,他认为人在本质上不是超生物学的社会存在物,"而是伟大的生物综合的最高层次……从时间上来说是最后、最新、最复杂、最有前途、最丰富多彩的产物"①。相应地,在泰亚尔看来,向"超生命"的转化实质上是一场生物学革命,它将导致对人的生物学、心理学和遗传学的自觉改造。因此,他忧愁的是:"用什么样的医学因素和道德因素可以改变自然选择的粗鲁力量",他的结论是:"在最近几百年必须按照我们的个人品质来建立和发展高雅的人类优生学"②。

但是另一方面,泰亚尔认为所有这些都是在"人类唯能论"的方向上发展的,这种唯能论不但是借助于"所有物理学、生物学和心理学而建立起来的,而且超出了它们的范围……在这一已在暗中开始建构的过程中,研究人的科学将越来越面临着宗教的前景"③。泰亚尔的结论是,反对用科学的唯物主义观点去理解人,认为它是粗俗的唯物主义。他认为,按照社会的继承规律把人提高到"超生命"、"超个人"(即他认为的上帝)的水平要借助于爱情,他把爱情同用心理、口头形式和书面形式传递人类经验等同起来。

同时,泰亚尔的哲学人类学的内在矛盾表明,"纯粹的"人本主义同自然主义、生物主义的两极分化现象并不总是很明显的,因为在这些极端之间存在着一个由一系列"过渡"形态所充满的、不明显地倾向于某个极端的理论空间。虽然"纯"人类学的观点是十分强有力的,由于科学技术革命的某些过程它的力量甚至在加强,但是在现代条件下毕竟没有明显地表现出绝对倾向"纯"人类学一方的现象。在很大程度上被提到第一位的仍然是社会生物论的概念。

在现代科学文献、科学普及和科学幻想作品以及美术作品和艺术中,关于人的生物遗传决定论概念得以明显地复活,并被广泛地,有时甚至

---

① 泰亚尔·德·夏尔丹:《人的现象》,第220页。
② 同上书,第277页。
③ 同上。

是耸人听闻地加以利用。这至少部分地应归因于近几十年来生物科学所取得的非凡成绩。关于人的新弗洛伊德主义、社会达尔文主义等理论也活跃起来，同时，它们妄图在遗传学中寻找"科学的依据"。对于是基因、性欲还是社会智慧（СОЦИУМ）决定着人的发展这个人为的问题，它们常常肯定基因或类似于弗洛伊德的性欲这样一些生理心理因素的普适作用。这样，人的遗传程序或他的生理心理特点就成为其本质特征的唯一的或者至少是决定性的源泉。

把影响人发展的生物因素的作用绝对化就形成了社会生物论。它是现代思想的一个稳定的流派。虽然这一流派的理论和概念在许多方面互不相同，但它们有着统一的方法论基础。要确立研究人及其未来的科学原则就必须批判这一流派。

社会生物论把人的生物性普适化并使之同人的社会本质对立起来。近些年来，这一理论特别活跃，在认识论上首先是因为对适用于人的现代神经生理学、个体生态学和遗传学的资料作了片面而过分夸大的理解。于是就形成了这样一些观点：人是"进化的错误"，自然赋予人一系列消极的、遗传上既定的特征，这些特征是特殊的"慢性炸弹"，人只有在搞清楚了它的"时间机制"之后才可能消除其危害（A. 克斯特列尔语）。许多个体生态学家认为，人的行为的某些特点、它的天生的侵略性，或者与之相反的利他主义都是由遗传决定的。

所有这些都导致了近些年来如下一些研究的"爆炸"，这些研究力图证明，似乎人们在行动中遵循的许多社会原则主要不是产生于社会条件，而首先是产生于生物因素，特别是遗传进化因素。关于人的社会行为有其生物根源的问题，特别是在 3. 弗洛伊德和生态学家 K. 洛伦茨、P. 阿系德里等的影响下形成的那些观点，今天在世界科学界引起了广泛的争论。

毫无疑问，应该看到一些个体生态学家所进行的专门研究搞清楚了许多事实。这使得人们在许多方面必须用新的眼光来看待遗传对人的行为的制约作用。但是，这些事实常常因为它们与社会生物论在概念上相互联系而失去其价值。正如列宁当时指出的："生物学的一般概念，如果被搬用于社会科学的领域，就变成空话。不论这样的搬用是出于'善良的'目的或者是为了巩固错误的社会学结论，空话始终是空话"①。此外，由于这些理论妄图用"永恒的"、"天赋的"因素来解释侵略行为直至战争，解释私有的本能和社会的阶级分化等，所以实质上这些理论使人们在社会方面的努力迷失了方向。从社会生物论的角度来看，用纯生物的方法是能够消除这些似乎是由生物因素决定的人及其行为的特点的。至于社会条件，似乎只是表现人的生物性的背景。社会条件或者阻止人的生物性的实现，或者对之起促进作用。

当然，社会生物论的这一思想倾向并不总是以"纯粹的形式"表现出来的，但它为社会生物论的方法论奠定了基础。作为这一理论的一个创造者P.阿尔德里认为，可以在人的生物性遗传现象中找到侵略和暴力的根源。他断言："在我们保卫自己祖国的权力和独立的时候，我们是在这样的动机影响之下行动的。这种动机同最低级的动物的相应动机没有什么区别。这种动机是天生的和不能根除的"②。

许多资产阶级思想家、艺术家和其他一些人都坚持这种观点。他们在自己的领域内妄图使学识不足的人们相信这样一种思想：人是一种凶狠的动物，任何世界文化都不能改变他的动物本性。在这里最可悲的绝不是把人描绘得如何（科学和人类历史同时向我们提供了一幅意义完全不同的图景），而是人类因此会在本质上，在同具有社会性而不具有生物性的灾难作斗争的过程中感到无能为力。

现代社会达尔文主义的生物遗传决定论的偏见在科学上是站不住脚的，在社会伦理方面起着混淆是非的作用。通过上世纪末本世纪初的广泛传播，现在社会达尔文主义较之其他理论和观念，仍是一种比较流行的观点。例如，社会达尔文主义关于在人类社会中，在自然选择和其他条件下，为了求得生存而斗争的原有论点，至今不仅在生态学理论中，而且在一些人类遗传学理论中仍然存在着。为了证明这一点，我们看一下诺贝尔奖获得者J.莫诺的轰动一时的《偶然性与必然性》③一书就足

---

① 《列宁全集》第14卷，第347页。

② 引自B.霍利切尔《人和侵略，马克思主义世界中的弗洛伊德和洛伦茨》，莫斯科，1975年，第13页。

③ J.莫诺：《偶然性与必然性》，巴黎，1970年版。

够了。在该书中，作者把与人的发展有关的问题生物化到了极点，并且在分析中排除了决定人的本质的社会因素，其中包括人的肉体完善和文化发展的可能性，以及作为社会进步基础的人们的生产活动。

美国的大遗传学家 T. 多布然斯基曾对生物机制在人的生活和社会生活中的作用给予某种过高评价，他认为，自然选择不仅在现代社会中，而且在可以预见的未来也不会丧失自己的作用①。而尽管如此，T. 多布然斯基的著作仍不能被归为社会生物论的一般流派，因为这位卓越的学者只是在极其专门的遗传学方面研究了人的问题的某些方面②。

美国著名生物进化论者 Э. 迈尔③从另外几个方面解释了这些问题。他指出用历史的种群观点研究人的生物学的优越性，他没有回避这些复杂的社会问题，而是指出，从马克思主义的观点来看，这些问题并非总能得到令人信服的解决。并且迈尔的总的世界观立场和他考察人及其未来问题的具体方法，是以崇高的人道主义原则和承认人及其自由的至高无上为基础的。

迈尔尖锐地、令人信服地批评了"类型学思维"（типологическое мышление，它在种族主义中得到极端的反映）的结果，并强调了在形成人的过程中继承性和环境的作用。他反对对人类有害的、不民主的、带来不自由的"趋同性原则"（принцип иденгичносги）。迈尔强调指出，对于每个个体只有从其固有的特征而不是以人种的特征来评价，才能认清每个人的真正价值。这个论据在反对种族主义的斗争中是有力的。但迈尔没有指出考虑到人的社会背景去发展个体的具体途径。然而，按照马克思的深刻而正确的见解，人"只有在社会中才能发展自己的真正的天性，而对于他的天性的力量的判断，也不应当以单个个人的力量为准绳，而应当以整个社会的力量为准绳"④。正如我们所看到的，在这种情况下最有意义的不是迈尔所说的"伟大的群体动物学的真理"，而是被马

---

① T. 多布然斯基：《人的自然选择》，载《人类的人口结构》，牛津，1972 年版。
② 对于涉及未来人的、依赖于遗传学的空想的现代社会生物论的表现，我们将在下面讨论。
③ 参阅 Э. 迈尔《作为生物种的人》，载苏联《自然》杂志，1973 年第 12 期；1974 年第 2 期。
④ 《马克思恩格斯全集》第 2 卷，第 167 页。

克思发展了的社会学真理。

不过，当迈尔谈到自然选择在现代条件下的作用范围和人类的未来时，他认识到了纯生物观点的不足。迈尔看到了劳动在人的形成过程中的作用，他认为"人是唯一的始终不渝地利用工具得以生存的哺乳动物。人是通过学习而获得使用工具的能力的，对这种能力的依赖性与开发新的、从前没有利用过的活动能力有关，进而造成了全新的选择压力"①。迈尔认为，在现代社会中，特别是在食品严重不足、卫生条件恶化等情况下，选择是一个积极的要素。他还特别注意到人的各种能力的遗传基础，而这同科学地理解使人得以发展的社会因素和生物因素是绝不矛盾的。

正像我们所指出的，除了存在着现代社会生物论的生态学派和遗传进化学派之外，现代弗洛伊德理论的影响范围也在扩大，而它大大地滥用了与人的生活的生理心理因素有关的资料②。

对人的活动进行社会分析是所有现代心理分析理论的一个不可逾越的障碍，而这些理论则充满了内部矛盾和逻辑混乱。这是诸如 K. 荣克、K. 霍尔尼和其他人的心理分析理论的特点。在这里像 Э. 弗洛姆那样企图把弗洛伊德的心理分析理论同马克思主义关于人的理论结合起来是无济于事的。他企图调和这两个直接对立的理论，并力图超越它们，同时用粗俗的社会学和人本主义来解释马克思主义。

弗洛姆断言："研究社会和历史过程必须从人开始，从有其生理和心理特点的、现实的、具体的人出发，而绝不能从抽象的人出发。这种研究应该从理解人的本质入手，而分析经济和社会只是为了有助于搞清楚人是怎样被环境所歪曲的，他是怎样异化，同自己的本质特点相离异的"③。这一主张包括了弗洛姆的人本主义理论的最主要之点，弗洛姆要使自己的理论接近 M. 舍勒、A. 格林等人的生物人类学理论，但又对这些理论给予弗洛伊德主义的解释，强调生理心理因素的作用。弗洛姆把

---

① Э. 迈尔：《动物的种类和进化》，莫斯科，1968 年版，第 502 页。

② 参阅：B. M. 列宾：《心理分析和新弗洛伊德主义哲学》，莫斯科，1977 年版；《二十世纪的人——资产阶级理论分析》，莫斯科，1979 年版，等书。

③ E. 弗洛姆：《合理的社会》，伦敦，1963 年版，第 254 页。

自己的观点说成"既不是生物学观点,又不是社会学观点"①。但是,在这一方面他的理论同弗洛伊德理论的区别只不过是用心理因素代替了本能的作用而已。但用心理分析的方法来研究人这一点却几乎没有变化,因为在弗洛姆看来,社会条件只能引起人的特殊表现,在这种情况下,人的本质并不是由社会因素决定的,而是受无意识领域的隐蔽的愿望和冲突制约的。弗洛姆认为,正是这些因素发挥着决定性的作用。他认为马克思的错误在于认为人是理智的生物,实际上,正如弗洛伊德所证明的那样,人是非理性的动物。

所有这些使弗洛姆提出了一个关于未来的乌托邦理论,他认为到那时人同科学、技术的相互关系,人同自然环境的关系将会达到协调一致。但他认为,这种状态的达到不是由于被合理解释的社会因素发挥作用的结果,而是有效的、直接内心体验"顿悟"的结果。这种"顿悟"的使命是使人们摆脱原始的潜能,封锁恶的力量,使人接近于轻松的自然行为的状态。弗洛姆发挥了这些思想,他从对人的本质的某种理解出发②,确定了"人道主义的社会主义"思想,同时在最近几本著作中他企图最大限度地把哲学人本主义观点同文化学和社会政治观点结合起来,宣扬实质上是离奇的希望,这种希望被视为"生活结构的内在要素,人的精神动力,人生活的主要的、极其重要的条件"③,在他看来,"新的人道主义"是按照人性改造了的"新社会"的理想。

Г.马尔库塞也持类似观点,他像弗洛姆一样"修正了"马克思的学说,要对人进行"生物学测量",而这似乎是马克思的缺陷。但他关于情欲的学说比弗洛姆走得更远,它企图把马克思主义生物学化④。

马尔库塞和其他所谓法兰克福学派⑤的代表人物一样,在其唯心主义变种中企图把这种观点同人本主义结合起来,但是他们不把自己列入某一资产阶级哲学人类学流派。他们在更广泛的思想理论范围内,特别是

---

① E.弗洛姆:《合理的社会》,伦敦,1963年版,第14页。
② E.弗洛姆:《现代人及其前景》,法兰克福(莱茵河畔),1974年版。
③ E.弗洛姆:《希望的革命论技术的人道化》,莱茵贝克,1979年版,第20页。
④ Г.马尔库塞:《性爱与文明》,波士顿,1955年版。
⑤ 参阅:《法兰克福学派社会哲学批判》,莫斯科—布拉格,1978年俄文版;《西德最新哲学流派与问题》,莫斯科,1978年版。

从现代科学技术革命、从它给人类和社会引起的后果等方面一般地确定了自己的观点。我们将在下一章对他们的观点进行详细研究，专门分析这个问题。

在这里应该再一次强调指出，在形形色色的现代人类学和自然主义的变种中社会生物决定论最为有力。有时，这种理论会被用于完全不同的目的。例如，美国心理学家 B. Ф. 斯金纳用它来反对自由选择自己的行为的"自主人"这一论题。他认为，只有环境才能为人的行为编制程序，这就为操纵人，并借助于"行为主义技术"在绝对被控制的社会造就绝对被控制的人创造了可能性。而这种社会因而也就能够解决自己的所有问题①。在其他情况下，人的生物本质，包括他的遗传、潜意识和本能则被认为是决定性的要素②。

现在，引起激烈争论的一个科学流派——所谓社会生物学在各种现代生物论中开始发挥特别的作用。这种社会生物学自我标榜为科学学科。它的创立者认为，社会生物学处在 Б. 斯金纳的学说（他认为人的行为完全是由环境决定的）和 K. 洛伦茨的学说（他证明了人是自己的侵略本能的俘虏）之间。P. 特里维尔斯是一个主要的社会生物学理论家。他甚至断言，政治科学、法律学、经济学和人类学或迟或早总要成为社会生物学的组成部分。当然，所有这些观点既得到一些学者的赞同，又引起了特别尖锐的批评，人们批评的正是这位社会生物学家的过度的自命不凡，虽然应该承认，他们的一些观察和假设应该得到认真注意和客观评价。

---

① B. F. 斯金纳：《关于行为主义和社会的思考》，纽约，1978 年版。下列著述对"斯金纳主义"进行了批判：П. Н. 费多谢耶夫：《哲学和社会学中的社会因素与生物因素问题》，载《哲学问题》，1976 年第 3 期；K. A. 什瓦尔茨曼：《当代资产阶级伦理学发展的新趋势》，莫斯科，1977 年；Э. A. 阿拉布—奥格雷：《对社会理想的背弃——个性起自何处》，莫斯科，1979 年，等等。

② 奥地利马克思主义哲学家霍利切尔对现代生物主义进行了类似的批判。见霍利切尔：《凯因还是普罗米修斯？当代生物主义批判》，波恩，1972 年版；霍利切尔：《个性和人道主义》，莫斯科，1981 年版。也可参阅 A. 韦尔涅克《生物主义和思想斗争》，莫斯科，1981 年版。

这一流派的奠基人之一 Э. O. 威尔逊在《社会生物学》①一书中也阐述了上述思想。

威尔逊为所有生物,包括人和人类社会提出了一个统一的社会生物学,并为之制定了理论基础,他力图概括出所有高级生物行为的共同特点,得出其一般规律,从而证明社会性是一切生物所固有的。威尔逊在其他直接研究这一问题的著作中②谈到了人的本质问题,他强调了生物(遗传)因素对人的高级行为的制约作用,并且正是在这一方面发展了社会生物学观点。他认为,如果不这样,那么人文科学和社会科学就将只能是十分有限和肤浅地记录一些现象,而不能触及其本质,它们只能同没有物理学的天文学、没有化学的生物学和没有代数的数学相提并论。

Э. 威尔逊把"新自然主义"确定为社会生物学的哲学方法论基础,并强调指出,"新自然主义"力图通过在两个基本的抉择之间摇摆来证明自己的真理性。

第一个抉择是,任何一个生物,包括人的所有目的都受制于由其遗传史所决定的绝对命令。威尔逊强调指出,我深信人的大脑的构造是这样的:上述抉择极大地限制着它沿着纯生物的方向发展。如果人的大脑的发展过程真正遵循着被进化制约的规律——自然选择规律,那么在这种情况下,任何美学或宗教信念或观念都应该由在人的大脑中发生的机械过程来解释。换言之,人的大脑之所以存在,只是因为它对指导人活动的基因的继续生存和其数量的增殖起促进作用。这样,人的智慧只是一种装置,其使命不是什么别的东西,而是保证基因继续生存和复制基因,其目标是理解原子或自我认识的结构③。

在威尔逊看来,第二个抉择是要在人的生物本性所固有的各种道德前提之间做出选择④。威尔逊认为,在人的大脑内部有一些特殊的"检查官",它们影响着被人的无意识实现的道德;在这些过程的影响下道德被

---

① E. O. 威尔逊:《社会生物学新的综合》,剑桥出版社,伦敦,1975 年版。本书第一版对这本书的内容进行了批判(第 55—58 页)。

② E. O. 威尔逊:《论人的本质》,剑桥出版社,伦敦,1978 年版。下引此书不再注明版本。

③ E. O. 威尔逊:《论人的本质》,第 1 页。

④ 同上书,第 4 页。

发展为本能。他认为这些"检查官"处于人的大脑的情绪中心；很可能它们位于沟回系统（ЛимБичес-кая система）内部，在大脑皮层下面。威尔逊认为，人的情绪反应和建立在这些反应之上的最广义的道德行为，在一定程度上是一个在千百代人的生活中得以实现的自然选择的程序设计过程。这样，科学面临的任务是研究这一遗传程序，研究在人脑发展过程中它带来的限制和恢复人的智慧的进化史。他认为，这种研究是对过去和现在仍在进行的那些人类文明进化研究的合理补充。在这方面所取得的成绩可以帮助我们回答第二个抉择的实质：应该服从什么样的"检查官"的影响？它们中的哪些应该受到限制或得到升华？威尔逊认为，正是这些指导性的规则成为"人道主义"的本质，正是它们而不是人的精神独立性才能够把人同电子机器区别开来。

这样，威尔逊就把确定遗传在人的行为中的决定作用看作是关于人的社会生物学的主要任务。他认为，这制约着对生物学和社会科学关系的理解。威尔逊认为，通过分析最近风行的心理学著作可以得出结论：社会的复杂结构不可能是在人的生活中发生的教育过程的偶然结果。因此，人的大脑就不能被看作白板（tabula rasa）。如果我们把它看作作出某种决定的独立工具，那么我们就能更精确地描述它。作出决定这一过程的特点能够把人同别人区分开来。威尔逊的结论是，由于这一过程所遵循的一般规则对所有人来说都是十分沉重的压力，所以就能够把这些规则看作人性的特点。今天还只能大概地评价基因对各种行为的控制作用。比较一两对孪生子的遗传学研究表明，基因对初级的智力、对运动和触觉习惯的形成影响最大；基因对各种个性特点的影响最小[①]。

威尔逊进一步写道，从进化假设的角度来看，大部分智力过程是由许多步骤组成的。这些步骤应该迅速而自动地实现，以保证这个人继续存在和继续复制的可能性。在寻求直接受遗传进化影响的行为方式时，我们应当着眼于它的无意识形式。这类行为的一个例子可能是恐怖（摆脱不掉的恐惧）。有趣的是，它们常常是被某种自然现象或生物所引起的，而不是被现代文明的对象所引起的。这种行为的另一个例子可能是禁止乱伦。威尔逊断言，换言之，人们对学习这种行为方式和彼此之间

[①] E. O. 威尔逊：《论人的本质》，第67页。

相互关系的方式有了准备,这从遗传的观点来看是十分有益的①。

在遗传决定论的社会生物学理论看来,人类文化不能被看作是在自身基础上发展起来的超级有机体。威尔逊认为,文化的变迁应该被看作是多数人企图适应社会生活的活动的平均统计的结果。从这种观点来看,人的社会进化是沿着继承两种类型的特征(文化特征和生物特征)的路线进行的。威尔逊认为,如果拉马克的进化可以被当作文化进化,并且它进行得非常迅速的话,那么生物进化就是达尔文的进化,并且它进行得比较缓慢。他认为,这样,拉马克关于继承获得性特征的观点或许就能在论述文化进化时得到成功的运用②。

接着,威尔逊又重新返回到引起人的社会行为的社会生物学理论,这种理论的关键因素是在其旧著《社会生物学》中称之为"自动催化作用的模型"(автокаталитическая модель)。按照这种理论,在自然选择的影响下,遗传进化提高着创造文化的能力,而文化又增强着从中得到最大利益的那些人的遗传功能。同时,威尔逊认为,在文化进化的过程中,从祖先那里得到的遗传特点是十分重要的,下述事实证明了这一点,即:无论文明在哪里发生,它都经历了一定的道路——人类社会的规模越来越大,它们的组织结构越来越复杂③。

正像我们所看到的,威尔逊是沿着"通向极端的遗传决定论"的道路前进的,虽然在许多情况下他企图指出在遗传决定进化的过程中社会结构是复杂的。他写道,"我把现代人的社会行为解释为把人性之简单特征的产物以膨胀的形式包含在自身之中的东西,而这些产物像杂乱的混合物一样联结在一起。我认为,像宗教和社会的阶级结构这样一些特点实际上是生物学的极其巨大的转换,为了理解它们的系统发生,要求人类学和历史学的共同努力"④。威尔逊认为,甚至这些"特点"在不远的将来可能也会成为统计解释的对象。

他在用社会生物学的观点研究行为的四个(他认为是主要的)范畴

---

① E. O. 威尔逊:《论人的本质》,第69页。
② 同上书,第70页。
③ 同上书,第88页。
④ 同上书,第95页。

（侵略性、性欲、利他主义和宗教）时企图证明这一点。但这一研究的结果只是证明了社会生物学观点的软弱无力和毫无前途，虽然这一研究发现了一些个别有趣的情况，得出了一些个别有趣的结论。看来，这是其方法论和世界观立场的不可避免的结果，作为研究的前提和条件，这一立场是不可能超出一开始分析就接受的那个界限的。

M. 留斯是一位研究生物学的加拿大哲学家和方法论学者，他的社会生物学研究的命运也是如此。他在《生物学哲学》① 一书中宣称，将来生物学会与社会科学密切相关，研究这个接合部将是很有意义的。在研究这个接合部的过程中社会学（心理学、人类学也是一样）要运用生物学所取得的理论成果。M. 留斯实现了自己研究社会生物学的愿望，并在《社会生物学：有意义的东西还是无意义的东西？》② 一书中对它进行了分析。在宣称自己是这门新学科的追随者之后，他就采取了它的许多基本观点，其中包括在威尔逊的著作中所论述的观点。这既涉及确定社会生物学的对象和任务，又涉及对于侵略这一问题的解释。M. 留斯提出了一个建议：可以借助育种和运用遗传技术，同时通过改变人类的生活条件来避免侵略。他认为，工作应从此入手。

看来，M. 留斯是把生活条件摆在了首位，但实际上并非如此。虽然他努力同极端的社会生物论划清界限，强调社会生物学不仅仅以生物学原理来描述社会智慧现象，但他在解释生物学的一般问题时所遵循的却是还原主义的方法论。实际上，M. 留斯把社会现象还原到生物学水平或者他是从这些现象的二重性出发的，同时在很多情况下他完全用生物因素来"说明"社会现象。他认为遗传和文化的对立是以荒谬的二分法——或是文化或是生物学（基因）为基础的。他指出，一方面，"很难想象，人的生物因素对人的一般社会行为没有任何因果性影响；另一方面，认为人类文化对于人的社会行为没有任何因果性影响，文化只是超生物学的副现象，这也是不可思议的。"他认为："人的社会行为的真正

---

① 参阅 M. 留斯《生物学哲学》，莫斯科，1977 年版。

② M. 留斯：《社会生物学：有意义的东西还是无意义的东西？》，伦敦，1979 年版。下引此书，不再注明版本。对该书的批评分析可参阅 P. C. 卡尔平斯基和 C. A. 尼科利斯基的文章：《社会生物学——它的拥护者和反对者（根据国外出版的资料）》，载《哲学科学》，1982 年第 1 期。

原因不仅在于基因，也不仅仅在于发明和教育，而是二者的某种混合物"①。

M. 留斯在提出生物人类学的折衷概念时援引了 M. 哈里斯的理论，而哈里斯在《文化，人和自然：普通人类学概论》②一书中把文化视为生物意义上的适应行为，即把它看作"人复现成绩的方式"③。但 M. 留斯不同意那些社会生物学家的意见，他们认为不但人类学，就是社会学也应该从基因的活动出发。他认为，在这些学者那里，较之社会生物学的奢望而言，局限和错误要多出十倍。

这就使得生物学家、哲学家、神学活动家和广大的社会舆论对社会生物学的科学意义作出了完全不同的评价。1979 年夏天在新罕布什尔州（美国）的一个城市举行的社会生物学讨论会表明了这一点，参加这个讨论会的既有生物学家，又有神学家和哲学家。讨论会是由美国艺术与科学学院以及"科学世纪的宗教"研究所（ИРВН）组织的，并确定了与会成员。这个讨论会的资料发表在科学世纪的宗教研究所的机关月刊——《接合部》（зигон）④ 上。按照创刊者的意图，这个月刊的使命是为那些把现在互相独立的价值和知识、善和真、宗教和科学结合起来去分析问题的研究者充当特殊的喉舌。

在发表提交给上述讨论会的两个报告的序言中，与会的一个代表Б. Д. 戴维斯指出，建立"科学世纪的宗教"研究所的目的是要在科学和宗教之间架起一座桥梁：这就是说它的创建者和成员企图恢复宗教在整个历史过程中的重要功能。这些企图是以关于自然界和世界的科学日益增长的作用为基础的，而不是以科学与宗教的冲突为基础的。戴维斯认为，威尔逊的《社会生物学》一书在最近的科学研究成果中是最符合这一目标的。它迫使人们去思考遗传因素在形成人的行为方面所发挥的重要作用。作者提出一种与传统观点不同的假设，这使得围绕着他的著作展开了十分尖锐的争论。起初，对作者及其著作进行的批评常有成见和感情

---

① M. 留斯：《社会生物学：有意义的东西还是无意义的东西？》，第 160 页。
② M. 哈里斯：《文化，人和自然：普通人类学概论》，纽约，1971 年版。
③ 同上书，第 141 页。
④ 《接合部》第 15 卷，第 3 册，1980 年 9 月。

色彩，并且批评者主要是一些思想家和社会科学的代表人物，他们认为作者提出的理论是对他们的教条主义观念的威胁。但是今天这个阶段已成为过去，对威尔逊所提出的极端论点已展开了讨论，这场讨论可能是以客观态度进行的，它不怕反对用遗传学观点去考察人及其行为的那些人的指责。今天许多学者举行的座谈会和学术刊物围绕社会生物学理论展开讨论。这一事实正好说明了这一点。①

Ч. 弗兰克尔的《社会生物学及其批判》也是在《接合部》上发表的。作者在总体上赞成社会生物学的观点，而社会生物学宣称自己的目标是研究昆虫、动物和人的社会行为的生物基础，并力图证明"人类的所有社会制度和法则都不仅仅是传统、历史的偶然事件、意识形态或统治阶级伎俩的产物，而且也是作为动物的代表者的人所固有的、一定的爱好和欲望的结果，而动物则是受生物进化规律支配的，因而是本种类的遗传遗产的组成部分"②。Ч. 弗兰克尔认为，社会生物学处于文化的深层，在文化内部人们受到这样一种观念的重大影响：正确地对待周围环境可以减轻（以至可能完全消除）压力、贫困、无权地位和非正义。这种观点使人们认识到，社会生物学不仅要评价科学生活的事实，也要评价政治和思想现象。弗兰克尔强调指出："威尔逊遵循的是笛卡尔开创的传统，而不是马克思和斯宾塞所代表的传统。他把社会生物学视为一门由精确数学组织起来的、包罗万象的新科学，而今天数学的精确性正把一些分散的研究领域联合在一起，并用准确的规律代替概括。但另一方面他又继承着笛卡尔的传统。他相信，真正的人的特点只能用这些规律来解释"③。当然，这些评价只是强调了社会生物学方法的局限性的一面，关于这些评价我们已经涉及了。他要把社会生物学方法同马克思主义对立起来，而把马克思主义同斯宾塞的学说归为一类则是不合理的。

弗兰克尔认为，社会生物学在哲学方面属于这样一种思想流派，它具有各种政治信仰的拥护者——（鹿特丹的）埃拉斯摩、Ж. Ж. 卢梭、Д. 狄德罗、Дж. Ст. 密尔、З. 弗洛伊德。这一流派要使我们相信，人的

---

① 《接合部》第 15 卷，第 3 册，1980 年 9 月，第 253 页。
② 同上书，第 255 页。
③ 同上书，第 262 页。

本质是由生理现象支配的；通常是人的肉体支配着自己的理智，人们都有一定的爱好，在发展中都要经过一定阶段，而这些阶段是受生物规律制约的①。

对社会生物学（特别是其哲学基础）的这种评价在很大程度上不仅引起了对它的肯定，也引起了对它的否定。在西方围绕着社会生物学而进行的争论没有停息，而且在许多情况下这些争论十分尖锐（这既包括对它的肯定，又包括对它或它的某些原理的否定），这绝不是偶然的。例如，美国科学促进协会的讨论就证明了这一点，这些讨论的情况在《社会生物学：偏向本性还是偏向教育?》②一书中得到了反映。许多作者，其中包括威尔逊、P. 多金斯等顽固地捍卫社会生物学。但一些大学者却信心十足地持反对意见。例如，A. 卡普兰在谈到人的行为的决定因素时指出，社会生物学家在分析这些原因时把上述因素一个个地排列起来，从而显示出"鳞状"（ЛУКОВИЧНЫЙ ТИП）因果关系。例如，在分析人的社会进化的选择过程时，他们运用了遗传统一、基因综合体、外形特点等概念，同时也谈到了控制行为的个别基因、选择对生物种群的个别遗传变体的影响。也许，遗传变体确实在理解各种社会行为的进化方面发挥着关键作用，但是，社会行为有许多特点是受角色、规范、动机和目的制约的；它对语言、学习、沟通等新特征作出迅速的反应。所有社会生物学者都犯了一个共同的错误，他们妄图用机械的因果关系来解释新发生的或习惯的社会行为③。在 A. 卡普兰看来，认为社会科学通过研究生物遗传而有所获益的观点是值得怀疑的。同时，他得出结论（也许是错误地认为），在本性——教育的二难问题上，对人的行为进行文化学解释并不是要保持生物因素的地位，而遗传的地位排斥着环境的地位。

C. 古尔德对社会生物学理论给予了更加严厉的批评。在他看来，人的行为是自然选择作用的结果这种说法是不可信的。他认为，达尔文的理论不适用于人类。当然，人类的行为大多数是适应性的，但对这一事实进行社会生物学的解释就面临着下面一些困难。迄今为止人类的发展

---

① 《接合部》第15卷，第3册，1980年9月，第272页。
② 《社会生物学：是否超越自然——报告、解说和争论》，科罗拉多，1980年英文版。
③ 同上书，第104页。

是优于所有其他类的,这种优越性表明人的适应性行为乃是依赖非遗传系统,首先是依赖文化来进行的。在那些在遗传学上相互并无区别的个体的经验中,适应性行为就会发生,它有可能借助于学习和模仿而发生扩散,有可能通过价值、习惯和传统而得到巩固。与遗传性传播相比较,文化在传播适应性行为的规范方面有许多优越性,它进行得很快,可以深刻而突然地改变自己的方向;它可以在十分确定的方向上进行传播。于是,C. 古尔德得出结论,社会生物学不能为知识的发展提供什么新的动力。他认为,关于人的科学同生物科学的"相互补充"可能更有前途①。

当社会生物学家及其支持者作出越来越广泛的概括,认为人类文化的所有领域都受遗传控制的时候,他们就把社会现象生物化到极点了。这些观点在威尔逊同 Ч. 拉姆斯登一起撰写的《基因、智慧和文化共同进化的过程》②一书中是自相矛盾的。作者指出,他们的这本书好像是填补了社会生物学的"空白",而这本书是要从遗传的角度来解释人类智慧和文化的多样性。同时,在许多情况下,作者好像是要把自己同"传统的"社会生物学区分开来,他们强调自己在概括和结论方面走得更远。他们指出,近来他们已接近于相信,在遗传进化和文化进化之间存在着某种相互作用的可能性。他们认为,理解这一问题的关键在于认识人的思维能力及其行为的个体发生的发展过程,特别是要认识同人的大脑的特殊"分子结构"有关的那些形式,而这种分子结构在基因和文化之间的发展途径上形成着大脑。作者企图创立基因文化共同进化理论(Теория геннокультурной коэволюции),他们制定了一种模式,它表明了个体的智力发展与文化发展的关系,也表明了文化发展同遗传进化的关系。

让我们来进一步研究 Ч. 拉姆斯登和威尔逊的推论过程,由于这些推论可以说是表现了社会生物学的"最新成就",从而也就暴露了社会生物学的方法论本质。作者指出,进化生物学的代表人物通常并不想把生物

---

① 《社会生物学:是否超越自然——报告、解说和争论》,科罗拉多,1980 年英文版,第 267 页。

② ch. J. 拉姆斯登、E. O. 威尔逊:《基因、智慧和文化共同进化的过程》,哈佛大学出版社,1981 年版。关于这点还可参阅 B. H. 伊格纳捷夫《人的社会生物学—基因文化共同进化理论》,载《哲学问题》,1982 年第 9 期。

的因果关系和自然选择这些概念运用到文化过程的研究上去。同时，社会科学的代表人物保持独立自主，他们认为人类文化是在一个十分短暂的时期内发生进化的，可以说它是同遗传进化相联系的。生态学和社会生物学的代表人物把人看作灵长目中的一类，而灵长目中的每一类都以自己的方式适应着一定的周围环境。在评价人的行为的特殊性时，他们讨论的是人的特殊的遗传基础，而不是他的遗传指令。作者提出某种理论，他们确信某些生物过程只是由于遗传造成的，他们把这些过程称作遗传定则（Эпигенетическое правило），同时这些过程又制约着人类智慧的形成过程。必须强调指出，在这一过程中遗传定则受着这样一些信息的制约，这些信息既来自人的文化环境，也来自人的生理环境。这种信息正在变为一些特殊的认识公式，而这些公式又是思维过程和决策过程的出发点。这样，在拉姆斯登和威尔逊看来，人的外在行为只是大脑活动的结果，而文化则是把遗传定则的作用传播到群众的思想和行动中去的特殊传播者。

作者认为，下述四个基本要素表明了文化进化的特征：简单的学习能力、模仿能力、本来意义的学习能力和创造符号与抽象的能力。这些要素或能力的不同组合可以把文化的发展划分为五个主要水平（见表）。具有上述某种能力（或一些能力）的任何一个生物种都属于文化发展的某一水平。但是，只有人才能达到最高的、真正的文化这一水平，作者称之为"真正的文化"（euculture——完善的文化）。

文化发展的水平	简单的学习	模 仿	本来意义上的学习	创造符号与抽象
1. 非文化　Ⅰ				
2. 非文化　Ⅱ	×			
3. 一般文化　Ⅰ	×	×		
4. 一般文化　Ⅱ	×	×	×	
5. 真正的文化	×	×	×	×

作者在广义上定义了文化这个概念，认为它包括"人类思维活动和行为的一切形式，包括制造假象和运用假象的能力，而这种能力借助于

社会教育代代相传"①。虽然学习能力并非人所独有，但是就是动物的那些最完善的学习形式也不能同各种人类社会为此采用的那些复杂程序相比拟。

简言之，"提高文化水平"的过程对于人来说有着比其他任何动物更重要的意义。此外，人具有某种独一无二的能力，它把人同在文化方面最发达的、处于一般文化水平的动物区别开来，并能达到文化发展的最高水平。作者称之为具体化（reification）的能力，它被人创造符号的能力所加强，这就促进了记忆过程的发展，使情绪开始起作用，同时也就使人能够把它周围的实际现象进行分类，传递有关这些情况的信息，并把它同别人对这些情况的感觉联系起来。人类的语言不是什么别的东西，它实际上是一些操作符号，而这些符号的职能是把人的智慧传递给具体的客体②。

作者认为，人类比黑猩猩和其他高级生物的优越之处是在一个相当短的时间内形成的，它依赖于神经解剖学过程和行为进化过程的加快，这种速度在整个生命史上是前所未有的。为了研究这种现象，必须搞清楚遗传进化与文化进化是怎样通过它们而相互影响的。作者认为，在社会动物代表者的个体的发展过程中，可能实现着三种程序。我们可以设想行为方式、思维客体和能够传递的假象是某种集合，作者把它们称作文化基因（Кудьтургеи）③。

如果每个社会成员的个体发展在遗传方面都被这样制约着，即在全部时间内都脱离了文化基因，那么这种信息传递的过程就可以称为纯遗传传递。另一种极端的情况就是在个体发展过程中运用了所有可能利用的文化基因，这种情况可称为信息的纯文化传递。中间状态是信息的基因—文化传递，这时候，个体拥有多于一个的基因，由于遗传定则的作

---

① ch. J. 拉姆斯登、E. O. 威尔逊：《基因、智慧和文化》，英文版，第3页。
② 同上书，第6页。
③ 拉姆斯登和威尔逊认为，文化基因是文化的基本单位。相应地，文化是所有组合事实、行为方式、思维客体和制度的总和，而制度是一个整体，借助于学习它在社会成员中发生传递。在人的本质中，任何一个社会的文化都具有一定特点（文化基因），这种特点可能是所有社会共有的，也可能是某一社会所特有的。文化信息的传递同认识过程有关。在认识的过程中每一种特点（文化基因）都被赋予某种意义，并有语言或符号的标记。

用，人至少拥有两种文化基因。作者认为，用信息的基因—文化传递是所有文化基因种类（既包括人，也包括具有文化进化能力的任何其他类别）继承的最可能的形式。

他们认为，社会生物理论一般可用于行为继承的三种形式：纯遗传继承、纯文化继承和基因—文化继承。因而这种理论与其说是容许，倒不如说是要求在个体的任何一种社会行为的发展过程中都存在着遗传的趋势。但是，在作者看来，社会生物学的传统理论并不能把遗传进化和文化进化的过程直接地联系起来。为了完成这一任务，必须有一个中间环节，这就是先定的遗传定则，而这种定则多半只有人才具有。

作者试图提出一个把遗传进化和文化进化联合起来的具体模式，这时，他们运用了普通遗传学的语言，认为这就能够指出纯遗传进化和基因—文化共同进化这两个过程的共同点和差异。他们认为，只有承认基因在发展过程中的基础作用才能最有效地理解智慧和文化的结构。

拉姆斯登和威尔逊认为，生物地理学方法可能是分析文化的新方法。在这种情况下人的智慧（大脑）可以被看作特殊的孤岛，像动物一样，可以把文化基因迁入这个孤岛，后来，它们就进化成为一些新的形式或导致绝种。虽然这种类比显得有些粗俗，但利用这种方法去研究现存文化的范围和多样性可能会得出完全意想不到的结论。实质上，孤岛越大（即长时间记忆的可能性越大），交叉种类（文化基因）绝种也就越快。孤岛离得越远（即某个个体同其他文化越隔绝），人们在想要接受的文化基因的数量及其选择方面受到的限制就越大。在这种情况下整个社会好像一群列岛。它是由一些孤岛组成的，这些孤岛就好像是相互分离的社会成员的智慧，而社会成员能够更经常地同毗邻的岛屿交换文化基因[①]。

作者认为文明是社会存在的最发达形式，它的基础是文学、艺术、宗教和高度发达的技术。但同时他们又得出了人们完全意想不到的结论。文化未必是文明所必需的。作者认为，可以这样来想象世界，世界上的所有思想和行为方式都在世界上活着的人的大脑里被程序化了；这种程序设计甚至同那些最复杂的语言中词的准确次序有关。他们指出了一些不同的途径，按照这些途径假想的大脑可以在自身中发展创造文明的能

[①] 拉姆斯登、威尔逊：《基因、智慧和文化》，英文版，第305—306页。

力。第一条是纯遗传决定论的途径;第二条是信息的纯文化传递的途径,在这种情况下基因不可能把人的行为导向对外界的适应。而信息的基因—文化传递具有更大的可能性,这时候,个人有一种选择某种文化基因的内在倾向;在这种情况下基因和周围的环境一块参与到人的智力发展的过程中来①。

在作者看来,基因—文化共同进化理论是社会生物论的不同说法,它的使命是描述生物学同社会科学之间的联系。传统的社会生物学在试图解释什么特殊"黑箱"的基因同文化的关系时遇到了一些困难。作者认为,实际上遗传定则是按照有机体继承的遗传程序来指导个人行为发展的过程的;同时,许多个人的行为又形成着某种文化。可见遗传进化和文化进化之间没有一个明显的界限,基因和文化之间有着不可割裂的联系。遗传定则有自己的目的性,人每时每刻的决策都是要达到这些目的。作者认为可以断定,这些现象的核心(如人道和个性)恰恰隐藏在遗传定则之中,而不是处在大脑的其他纯认识功能之中。换言之,遗传定则在向外部环境的符号进行相互作用的时候,就直接影响着把个体变为文化生物,即特殊的人道生物的过程。这样,大脑就积极参与了自己形成的过程。社会成员的相互作用创造着文化,而文化又同某些个人及其亲属的基因型一起决定着再生产(复制)后代过程的顺利程度。同时,这一过程的顺利程度又决定着一代人内部某种基因的频率,这样就形成了作为文化进化基础的遗传定则。

按照这种观点,人们的文化行为是其生物体发展的结果。作者认为,这种观点能够从新的角度来理解社会科学,同时,这种观点有可能指出,虽然智人(Homo sapiens)是地球上最复杂的动物,但它毕竟不像现代社会理论所想象的那么复杂。拉姆斯登和威尔逊在批驳神经生理学和实验心理学用纯生物、自然科学的观点分析人的时候,也批判了结构论者,这些人主要研究人所独有的复杂的功能——语言的定性特征、构成"发生认识论"(皮亚杰)的精神发展的阶段性、神话和宗教仪式的产生(勒维—斯特劳斯和其他一些结构论者)。最后,他们认为,心理分析的代表人物是在同大脑活动的越来越捉摸不定的方面打交道,拉姆斯登和威尔

---

① 拉姆斯登、威尔逊:《基因、智慧和文化》,英文版,第331—332页。

逊认为,从自然科学通常接受的这个概念的意义来讲结构主义和心理分析不是科学,只是描述。

至于说到马克思主义,他们认为"可以把它同拉马克主义和个体发育理论相比较,这些理论忠实地描述了进化过程的某些特点,但作为其基础的假设却是错误的"。其"错误"就在于,它"力图把人的本质看作没有任何结构的东西,并且多半(或完全)是外在的社会经济力量作用的结果"①。

拉姆斯登和威尔逊没有更多地注意马克思主义的科学方法论和它对人的问题的解决,包括关于影响人形成和发展的社会因素与生物因素的相互关系问题。他们运用了资产阶级文献中已经"过时"的、歪曲马克思主义的一些概念。此外,这里追求的主要的、绝非没有私心的目的是:作者在原则上并不否认这样的可能性,即社会科学有运用自己拥有的手段把历史过程模式化,以便更充分、更准确地说明这一过程,并预见它的发展趋势。但是,他们的乐观态度恰恰是以他们自己对遗传定则作用的分析为基础的。作者认为,按照这些定则,大脑成了一个自我组织起来的系统,许多智者的共同作用会形成一些可以在统计上预见到的文化形式。

拉姆斯登和威尔逊在概述自己的设想时写道:"把人的社会行为分解为客观的功能单位,揭示新的遗传定则,确定人们遗传的多样性,重新复现文化产生的古生物学过程——这就是研究的一些方向,我们认为这些方向对于社会科学来说是必要的,它们将更加准确、更加牢固地建立生物学研究同文化研究之间的联系"②。

这样,拉姆斯登和威尔逊在追求"非传统的"社会生物学,或者"基因—文化共同进化理论"方面走得非常远了。忽视它们是轻率的,因为在许多情况下它们是反对马克思主义关于社会和人的学说的。但这要求不仅要对"基因—文化共同进化理论"进行一般方法论的批评,而且要详细地分析那些证明这一理论的事实。对于拉姆斯登和威尔逊的这本书的第一批评论已注意到了这一点。例如,其中有些评论指出,作者的

---

① 拉姆斯登、威尔逊:《基因、智慧和文化》,英文版,第355页。
② 同上书,第362页。

结论"是从有争议的假设出发的，并且是以十分令人怀疑的数学分析为基础的。他们断言的社会行为继承性的普遍性和充足理由还需要实践的检验。但是（这是一个有决定意义的见解），它们提出的理论的启发价值并不大，这首先是因为这种理论可能只会经受很弱的检验"[1]。

断定详细地检验"基因—文化共同进化理论"的事实根据的合理性这一结论切中症结。同时，必须在马克思主义方法论的基础上，具体地、实证地研究社会因素和遗传进化因素在人类形成的过程中，在人的个体发展和历史发展过程中的相互联系，其中包括对于鲜明地表现在文化和伦理价值之中的高级精神现象的研究。毫无疑问，这些研究应该依据有关人的社会本质、以社会因素为中介并被其改造的自然生物因素、人的社会因素与生物因素的相互作用和相互影响这样一些科学理论来进行。

说到这里，必须再一次强调指出，正像某些理论家试图指出的那样，马克思列宁主义理论不只是指出了与生物因素同时存在的社会因素的作用，它还指出把这两种因素综合起来绝不等于二者同样重要地、双重地决定着人的本质。马克思列宁主义的方法论认为，社会方法对于研究人来说更加重要，因而它反对生物遗传决定论的倾向，而后者是没有根据的，是在科学方面退化的结果，它把处在社会生物整体中的人的本质特征归结为活的、具体可感的生物。同时，马克思列宁主义的方法论同用庸俗的社会学观点研究人没有任何共同之处，而后者（常常是没有诚意地、虚假地引用马克思主义）忽视人的生物性，否认生物学方法在认识人的过程中所起的作用。

马克思主义要求研究者去分析社会学方法与生物学方法的具体结合方式，并在保证社会学方法的主导作用的情况下分析它们之间的辩证的相互影响和相互渗透。但是，时至今日在许多情况下还只能够说，研究人的社会学方法和生物学方法在科学中是共存的，它们之间有特殊的互补性。至多我们只能够确立最一般的方法论原则，按照这些原则，在现代条件下社会学家应该考虑到人的生物性去分析影响人发展的社会因素，就像研究人的生物学家必须考虑到社会因素去研究人一样。

---

[1] C. R. 克洛宁格、Sh. 约克亚马：《社会行为的通道》，英文版，载《科学》，第203卷，第4509号，1981年8月14日，第749—751页。

所以，今天推动关于人的问题的研究的途径之一是确定把社会学方法和生物学方法结合起来的"接合点"和"交界点"，以克服它们的二元论以及它们之间至今在许多方面存在的互斥性。在这里，还有许多尚不清楚、需要研究和讨论的问题。今天，谁也不能以一义地解决了这些问题而自居。

在马克思主义学者中进行的（特别是在七十年代至今）大量争论证明了这一点。这些争论广泛地涉及与人的社会因素和生物因素的关系有关的哲学问题和方法论问题，涉及许多专门问题，这些问题与那些研究人的个别学科——人类学、遗传学、医学、心理学等学科如何提出和解决这些问题有关。毫无疑问，我们感兴趣的首先是引起争论的哲学方法论方面，何况在许多情况下哲学家主动地提出了这个问题，并且为了对这一问题进行综合研究，哲学家在联合不同学科的学者——代表者方面发挥了促进作用。

最初的一次讨论是由哲学家组织的，遗传学家、心理学家、医学家、法学家和其他学者也参加了这一讨论。这个讨论会是由《哲学问题》杂志编辑部以"圆桌会议"的形式举办的，所讨论的是影响人发展的社会因素与生物因素的关系问题①。在讨论这个问题的过程中，一些学者特别详细地分析了人的活动的生物方面和机制。例如，Л. B. 克鲁申斯基强调指出，在任何情况下人的社会进步实际上都是无限的，但人的活动的遗传制约性总是存在的，这特别与本能有关。他不同意这样一种论点，即认为人的理性活动只有在他掌握了某种工具的时候才第一次表现出来。大概在十分遥远的过去，人类理性的萌芽就在社会关系中得到了发展②。同时，在谈到生态学家的著作时，Л. B. 克鲁申斯基指出必须非常谨慎地对待这样一件事：生态学家在解释人的社会关系的各种表现时，常常把这些关系同动物的行为相提并论。

讨论注意到了社会因素和生物因素的相互关系问题的变化，注意到

---

① 参阅《哲学问题》，1972年第9期，对于这次讨论的更详细的评论请参阅该书第一版，第60—65页。

② 参阅Л. B. 克鲁申斯基：《初级理性活动在动物的群体关系进化中的作用》，载《哲学问题》，1973年第11期；还有他的《理性活动的生物基础行为的进化的生理—遗传方面》，莫斯科，1977年。

了正是生物前提保证了人类社会发展的可能性（A. A. 马林诺夫斯基）①。在研究人的个体发育时强调了年龄的意义（T. B. 卡尔萨耶夫斯基）②。A. P. 卢里亚注意到某些（最基本的）心理前提，像形态学的某些事实一样在遗传方面被记录下来。但是，他认为最重要的是人的个体发育是在社会心理过程中进行的，在个体发育过程中心理过程的结构发生着根本的变化，同时它们对人的关系也发生着变化。事实表明，如果在基因型中奠定了基本的心理过程的基础，那么高级功能的根源就首先应该到人们（譬如母与子）的相互交往中去寻找，所以，记忆的基本形式同人的关系与高级形式是不同的。

解决生物因素与社会因素的关系问题的进化论观点在"圆桌会议"参加者的一系列发言中，特别是在 Я. Я. 罗金斯基的发言中得到了重要论证。他提出这样一个哲学问题：人类起源论的规律本身也发生进化吗？即在社会规律同自然规律之间是否存在着一些过渡规律？他认为，过去没有、现在也没有这样的混合的生物社会规律。新规律的作用的发展可能需要很长时间，这是另一回事。要知道起初新规律对现实的影响有时是微不足道的，这些新规律的存在几乎是感觉不到的。但是，在新质"积累"的过程中不可避免地会出现这样一个时刻，这时这种新质的所有表现将会充分表现出来。大概智人（Homo sapiens）就是这样产生的。

在争论过程中还讨论了人的精神本质（特别是利他主义、侵略性等问题）的历史前提问题。例如，B. П. 埃弗罗伊姆松指出，那些不考虑社会继承性而从事人的遗传学研究的研究者应该说是丧失了资格。这里指的不是是否存在着社会继承性的问题。问题在于，人类在自己形成的过程中是否有过对利他主义的自然的群体性选择。B. П. 埃弗罗伊姆松认为是发生过的，他认为这就唯物主义地解开了许多历

---

① 参阅 A. A. 马林诺夫斯基：《人的生物学》，莫斯科，1972 年；还有他的《生物因素同社会因素的关系问题——人发展的生物因素与社会因素》，莫斯科，1977 年。

② 后来，T. B. 卡尔萨耶夫斯卡娅在《社会进步与人的生物社会的整体发展问题》一书中研究了这个问题。

史之谜①。

"圆桌会议"的参加者尖锐地批判了生物遗传决定论倾向，批判了用自然科学的方法解决社会问题、用优生学方法改善人种、通过研究和完善人的大脑来建立合理的心理文明等企图。针对这一点，А. Ф. 施什金强调指出，结果是人类社会的一些道德概念被运用到动物世界中去，又从那里搬回到人类社会中来。他指出，遗传在人的心理发展和人的个性形成的过程中确实发挥着一定的作用，但如果把道德说成是社会意识，即一定的原则、理想、规范、价值等，那么就没有什么可以不用遗传来进行解释的了。在这里，也像在政治、法律以及其他社会现象方面一样，只有社会决定论才起作用②。

正如我们所看到的，这样交换意见是很有意义和富有成果的，虽然讨论的问题并没有得到彻底的解决。我认为，讨论过程正确地提出了问题，而这些问题现在越来越处于重要的科学地位。要知道，在不久以前，一些马克思主义者还常常认为，从科学的观点来看其中一些问题是十分"可疑的"，当时这些问题缠绕着他们，而他们则主要研究了这些问题的意识形态一面。这些问题被心平气和地引进科学领域并且作为科学问题来加以讨论，这就是举行这次讨论会的成果。

讨论会的特点是，发言者在世界观和意识形态方面没有任何分歧，只是在研究这些问题的具体方法和如何科学地解决这些问题方面存在着不同观点。在这个方向上，从哲学的角度可以把这些问题的本质理解得最远最深。所以哲学家力图发挥自己的主要作用，他们试图把社会学的方法同自然科学的方法结合起来。恰如其分地提出问题，因为只有综合地提出问题，这些问题才能得到解决。

要真正科学地解决人的问题，必须使尽可能多的自然科学和社会科

---

① В. П. 埃弗罗伊姆松就这一问题发表了不少著作。其中应该特别注意他的《智力的生物化学遗传的探索》一文（载苏联《自然》杂志，1976年第9期）。在该文中，作者没有忽视社会因素和社会动因的作用，他指出了某些生物化学刺激因素对人的积极性和智力活动的影响，而这些生物化学刺激因素是在生病的情况下发生的。但是，对 В. П. 埃弗罗伊姆松的观点有许多不同看法，这里指的是 А. А. 马林诺夫斯基的《生理学和天赋》，这篇文章也发表在这一期上。

② А. Ф. 施什金的观点在《人的本质和道德——历史的批判的概述》（莫斯科，1970年版）中表现得最充分。

学的代表紧密地创造性地联合起来，以同心协力地去获取一些实际的科学成果。

在第十六届世界哲学大会上，包括在全体会议和一些以"当代生物学向哲学的挑战"为题的小组里热烈地讨论了影响人发展的社会因素和自然生物因素问题①。在解释人的本质方面，许多西方学者提交给大会的报告明显地表现出社会生物论的倾向。这种解释是同彻底的马克思主义观点相矛盾的，因为马克思主义是在强调社会因素、社会条件对人的合理活动具有主要的决定作用的前提下，把影响人发展的社会因素和生物因素统一起来去研究人的。

在后来的继续讨论中，马克思主义学者之间分歧的焦点已不再是人的社会本质这一论题的一般提法，而是在人的个体的与历史的存在和发展过程中，应当在多大程度上考虑到生物因素，构成人的本质的社会因素是怎样以间接方式来改造生物因素的②。这是1981年4月举行的全苏现代自然科学哲学问题会议的讨论对象，也意味着我们对感兴趣问题的讨论已发展到一个新阶段③。

在讨论影响人发展的社会因素同生物因素的关系问题时，在研究一般哲学问题和方法论问题的同时也研究了某些越来越具体的问题。这使得我们必须去分析在人的个体与历史的发展中人的本质力量实现的机制、条件和手段。这种分析一方面可以概括在研究影响人发展的社会因素和生物因素的相互关系问题方面所发表的见解，另一方面又可以更准确地为进一步研究人的前景问题指出方向，这表明了从社会学—哲学角度研究这一问题的特点。

---

① 第十六届世界哲学大会，1978年8月27日—9月2日，杜塞尔多夫，联邦德国，报告部分。参阅：《现代科学的哲学和世界观问题第十六届世界哲学大会》，莫斯科，1981年版。

② 在这里，有时会发现术语上的混乱，人是社会生物这个概念有时被表述为"社会生物性"或"社会生物本质"这样一些术语，毫无疑问，这是不能容许的。

③ 参阅 B. A. 洛西、E. T. 法捷耶夫《科学技术革命时代的人、社会和自然》，载苏联《哲学问题》，1981年第12期。

三 作为人类社会文化经验占有者和再生产者的人的个体和历史发展的辩证法；人的本质力量及其未来实现的社会条件和手段

马克思主义在理解人及其本质的时候批判了形形色色的生物遗传决定论观点，也批判了把人看作具有"双重本质"的存在物的概念，虽然在人的生活中，在人发展的不同阶段以被中介、被改造、"被扬弃的"形式起作用的生物因素具有或多或少的作用。但是，人的本质力量不在于此，这也不是可以揭示其具体机制以及在个体的形成、人的发展及其历史过程中这些机制得以实现的条件和手段的地方。这些机制和条件在马克思主义关于人是一切社会关系的总和这一定义本身以及相应的关于社会"即处于社会关系中的人本身"①的论题中已经揭示出来了。在这里强调的也是作为个体和个性的人的形成和发展同作为人类社会进步的人的历史之间的辩证关系，因为在这两种情况下同样是社会规律在起作用。

在马克思看来，这种相互作用的中心是作为社会存在物的人的对象性活动。在《1844年经济学哲学手稿》中马克思写道："因此，人是一个特殊的个体，并且正是他的特殊性使他成为一个个体，成为一个现实的、单个的社会存在物，同样地他也是总体……正如他在现实中既作为社会存在的直观和现实享受而存在，又作为人的生命表现的总体而存在一样"②。人的个性、他的独一无二的特殊性是在其所有需要和能力发展过程的统一和整体性中表现出来的，这些需要和能力是借助于文化——劳动、语言、习惯、本领、知识、艺术创造等对象形式、方式和手段而形成的。马克思强调指出："人以一种全面的方式，也就是说，作为一个完整的人，占有自己的全面的本质。人同世界的任何一种人的关系——视觉、听觉、嗅觉、味觉、触觉、思维、直观、感觉、愿望、活动、爱……都是通过自己的对象性关系，即通过自己同对象的关系而占有对

---

① 《马克思恩格斯全集》第46卷下册，第226页。
② 《马克思恩格斯全集》第42卷，第123页。

象"①，这里指的是"对人的现实性的占有"②。马克思的这个公式是正确理解人的个体发展和历史发展的钥匙；它能帮助我们去解决在人的发展中社会因素与生物因素的相互关系问题；最后，它还能够科学地确定人的个体发展和历史发展的前景。

可见，人与社会相互作用的过程表现为人在同他人的交往中占有和再现人类的社会历史经验、人类物质和精神文化，还表现为在学习、教育和人本身发展的过程中吸收人类社会文化的进步成果。

这种历史观能够解释人形成的社会机制、条件和手段。它是在我国20—30年代被 Л. С. 维戈茨基③、稍晚的 С. Л. 鲁宾斯坦④、А. Н. 列昂捷夫⑤和其他一些作者⑥发展起来的。从马克思关于人的社会本质以及对人的对象化活动（在这一活动中实现着对人的现实的占有）所起的作用的学说出发，苏联学者指出，这种历史观是同人形成的生物遗传决定论的构想和自然主义构想相对立的，它把人的社会发展和文化发展，包括由于这种发展而造成的对人的生物性的改造提到了首位。

正像一些作者⑦所做的那样，在强调人的社会文化发展的遗传联系和历史联系时，虽然原则上可能也谈到了一定的"社会继承性"，但是在我看来，这种理解是对历史过程的简单化，它没有揭示出在人的个体发展中人的"社会化"的机制，而社会化的实质则是个人对人类的社会历史经验的占有。看来，在同生物继承概念相对立的这个概念中隐藏着相反的东西，即企图把某些生物继承性的概念运用到具有完全不同质的社会现象中来。在这里之所以术语本身与内容不符，是因为人和人类的个体和历史的发展不像生物（遗传）继承那样具有严格的"程序"。在"对

---

① 《马克思恩格斯全集》第 42 卷，第 123—124 页。

② 同上书，第 124 页。

③ 参阅 Л. С. 维戈茨基《选择的心理学研究》，莫斯科，1956 年版。

④ 参阅 С. Л. 鲁宾斯坦《普通心理学基础》，莫斯科，1940 年版。

⑤ 参阅 А. Н. 列昂捷夫《活动·意识·个性》，莫斯科，1975 年版，以及他的《心理学的发展问题》，莫斯科，1981 年版，下引此书，不再注明版本。

⑥ 特别要参阅 В. В. 达维多夫、В. П. 津琴科《心理学发展的原则》，载《第三次全苏现代自然科学的哲学问题会议资料》，莫斯科，1981 年，第 1 辑。

⑦ 例如，可参阅 Н. П. 杜宾宁、Ю. Г. 舍夫琴科《人的社会生物本质的某些问题》，莫斯科，1976 年版。

人的现实性的占有"（马克思语）的过程中，人被"制造"（Ф. M. 陀思妥耶夫斯基语），"学习做人"（A. H. 列昂捷夫语），这些是在人的学习、教育和发展的过程中，在他同其他人的交往和吸取人类的社会文化经验的过程中实现的。可见，这里指的不仅是继承人的某些社会品质，而且指的是在个人的活动和行为中复现这些品质（使之具体化），同时要在自己的心理和意识中译成"代码"（使之对象化 Pаспредмечивание）。这表现为创造新事物，没有这种创造就没有社会进步和文化进步，就没有人和人类的历史发展，同样，这种发展同生物进化很少有类似之处，就像人的个体社会化机制同生物继承没有类似之处一样。

上述见解在某种程度上同"社会继承性"这一术语有关。但是，由于 C. H. 达维金科夫及其赞同者在使用这一术语时试图同过分亲近生物继承性和把人的社会发展同生物继承性相类比的现象划清界限，所以许多学者认为达维金科夫的做法是可以接受的。但是，在这种情况下它并没有超越历史唯物主义的传统术语所提供的东西。的确，一些学者认为"社会继承性"不同于"社会继承"这个术语，它是可取的，并且这些学者并不以丰富历史唯物主义而自诩。这两种情况清楚地表明，生物学家是怎样在他们的学科和他们所熟悉的概念的基础上接受和领会历史唯物主义关于人和社会发展规律的学说的。

历史的观点在自身的发展过程中不仅同与之对立的人发展的"两种纲领"——遗传的和非遗传的（社会的、文化的等）——的"学说"相冲突，而且也同断然割裂它同诸如 И. П. 巴甫洛夫的高级神经活动学说、大脑系统活动的现代观点、探索理性活动和人的行为的遗传进化前提等问题的生物学研究之间的一切联系的企图相冲突。有时弄到"纯社会学观点"地步的那些观念未必就是富有成果的。许多学者创造性地发展了 Л. C. 维戈茨基的遗产，并同"纯社会学"概念划清了界限。例如，A. H. 列昂捷夫强调指出，把心理学问题分为在巴甫洛夫学说基础上研究的问题和在历史唯物主义基础上研究的问题这样两个类别是毫无根据的。A. H. 列昂捷夫写道："相反，实际任务当然是用统一的观点去研究关于人的所有心理问题，这样就把这些问题纳入了统一科学的体系。"[①]

[①] A. H. 列昂捷夫：《心理学的发展问题》，第363页。

这里提出的制定统一观点和统一科学体系的任务可能具有更广泛的意义，它基本上可以推广到马克思主义关于人的学说，其中包括人存在和发展的社会因素和生物因素的相互关系问题上来。当然，这里指的原则上不是"亦此亦彼"地把人的社会因素和生物因素统一起来的折衷主义概念。研究人的本质，研究马克思所说的"对人的现实性的占有"则完全是另一回事。不研究在人的个体和历史的发展中把人变为人的社会机制、条件和手段，这个任务就不能解决。

马克思曾强调指出："个人是社会存在物。因此，他的生命表现，即使不采取共同的、同其他人一起完成的生命表现这种直接形式，也是社会生活的表现和确证"①。以间接（对象的或语言的）形式出现的人的活动通过交往创造着作为社会存在物的人的个体发展和历史发展的条件与手段②。在这种情况下，正如 B. B. 达维多夫和 B. П. 津琴科所正确指出的："在这里科学面临的一个重大任务就是确定人类精神发展的内容怎样变成它的形式，被个人占有的这些形式怎样变为其意识发展的内容"③。相应地，在教育和学习过程中对人类社会文化经验的占有是人发展的一个源泉。可见，个人的心理活动是在社会交往和集体活动中"被提供的"。B. B. 达维多夫和 B. П. 津琴科指出，这种观点"能够把能力的社会历史特征同在个体占有人类的社会文化经验的实践活动和认识活动中对它们的再生产联系起来……个人创造的可能性也是在再生产那些作为天才和才能基础的需要和能力的过程中发生和形成的。应该强调指出，这种人的心理上的改造具有社会培养的性质，而个别人对它的占有是由教育和学习的具体历史条件决定的"④。

许多苏联学者（心理学家、教育学家、哲学家）在其著作中用一些有重大价值的研究证明了这一观点（这包括上面提到的 А. Н. 列昂捷夫、

---

① 《马克思恩格斯全集》第 42 卷，第 122—123 页。

② 参阅：M. C. 卡甘：《人类的活动》，莫斯科，1974 年；《人类工程学活动的方法论研究全苏工程美学科学研究所报告集》，第 10 卷，莫斯科，1976 年；K. A. 阿布利汉诺娃—斯拉夫斯娅：《活动和个性心理学》，莫斯科，1980 年；Л. П. 布耶娃：《人：活动和交往》，莫斯科，1978 年。

③ B. B. 达维多夫、B. П. 津琴科：《心理学中的发展原则》，载《第三次全苏现代自然科学的哲学问题会议资料》，第 1 辑，第 151 页。

④ 同上书，第 152 页。

В. В. 达维多夫、В. П. 津琴科等人的著作）。在这里没有必要列出它们的详尽书单。

但是，这里毕竟有一点应该提出，因为这或许是一个十分有价值的试验，按照 А. Н. 列昂捷夫的正确见解，这一试验"创造了一些条件，在这些条件之下在人形成、人的意识形成（真了不起！）的过程中发生的中心事件变为看得见的（我认为是可感的、同时好像是借助于慢镜头在时间上拉长了的）事件，这些条件好像是打开了通向人的本性的最奥秘深处的一个窗口"①。这里指的是 И. А. 索科良斯基进行了多年的、由 А. И. 梅谢拉科夫及其同事继续进行的研究工作，这项研究表明，人的全面（在劳动、智力、道德、审美和肉体方面的）发展是在完全没有视力和听力的条件下进行的。这些研究"把思维、记忆、推断力的形成过程的奥秘揭示得一清二楚，在它们产生的过程中这些过程的本质表现得很清楚"②；"心理过程的构成和结构同时就是个性形成和研究个性的手段"③。

所有这些评价没有任何夸张之处，虽然总的来说这项试验的结果还应该更加仔细地思考和发展，但它对于理解人形成的机制、条件和手段确实具有重大的意义。应该说这项试验的参加者的哲学—心理学概括对科学是一个重大贡献，这些参加者不但包括试验的客体，也包括主体，还包括那些积极拥护用历史的观点去研究人的心理、人的意识与自我意识、作为人的本质力量的形成和发展的人④。

利用历史的观点（无疑不是指的对它进行狭隘的社会遗传学的理解）就能够觉察到用社会因素间接表现和改造生物因素的辩证法，就可以把"人化的自然界"和"人的感性"看作"全部世界历史的产物"⑤。总之，

---

① 引自 Г. С. 古尔格尼泽、Э. В. 伊连科夫《苏联科学的优秀成果》，摘自苏联《哲学问题》，1975 年第 6 期，第 63 页。

② 同上书，第 70 页。

③ 引自 Г. С. 古尔格尼泽、Э. В. 伊连科夫《苏联科学的优秀成果》，摘自苏联《哲学问题》，1975 年第 6 期，第 71 页。

④ 参阅：С. А. 西罗特金：《在既瞎又聋的世界里》；А. В. 苏沃罗夫：《我们的学习》；Н. Н. 科尔涅耶娃：《心理学的发源地》；Ю. М. 列尔涅尔：《关于我的工作》；载《哲学问题》，1975 年第 6 期。

⑤ 《马克思恩格斯全集》第 42 卷，第 126 页。

正如 A. H. 列昂捷夫所强调指出的，个别人通晓、占有（或掌握）社会的历史发展成果的过程就是"创造新的能力、新的心理功能的过程……就是以个体的形式再生产历史地形成的人类特点和能力的过程"①。其次，人是悠久的人类历史的成果。人类历代发展的成果不是由人、人的自然才能体现的，而是由人的环境——人类文化的伟大创造具体体现出来的。只是由于人占有了在其生命过程中实现的这些成果，他才获得了真正的人的特点与才能，这个过程似乎是把人放到了以往历代的肩上，使他高居于整个动物界之上。②

显然，用这种观点可以正确地审视人的前景，包括其自然生物前景，可见，应该把人的前景理解为人化的、即由于人的活动和人类社会文化的进步而被间接表现、被改造了的前景。从这个角度出发，我们将把对人及其未来的分析同对它们的哲学思考结合起来，进一步研究人的前景问题。在这里，应该再一次强调指出，马克思列宁主义理论首先把人的前景同人类的社会发展联系起来。马克思曾指出，如果说人本质上是一个社会存在物，那么他就只有在社会中才能发展自己的真正本质。在这里，马克思指的是社会必将向共产主义的方向发展。

马克思经常强调，每个人、所有社会成员的充分、全面而自由的发展并不仅仅是社会向共产主义（其特征是建立了真正的人的关系）发展的这个历史运动的遥远目标。也不仅仅是说在遥远的未来人应该无比地显示出自己的能力，就像青年马克思富于诗意的比喻那样，早晨的每一个露珠都闪耀着彩虹的所有色彩。马克思指出，人已经到了成年，它是"人类历史的经常前提，也是人类历史的经常的产物和结果，而人只有作为自己本身的产物和结果才成为前提"③。

这样，社会理论就面临着一个全新的目标——积极地涉足历史过程、成为"行动的指南"，即寻找某种创造性力量。马克思列宁主义理论以历史唯物论为基础，它断言，研究作为社会发展的前提、同时也是其产品和结果的人要用阶级观点和社会观点，它在把人的实践看作对象性活动

---

① A. H. 列昂捷夫：《心理学的发展问题》，第420页。
② 同上书，第434页。
③ 《马克思恩格斯全集》第26卷，第8册，第545页。

这样一个新的理解中获得了这种力量，而对象性活动则包括改造自然、社会和人本身。正是对象性的劳动使人成为人，它决定了人类起源的全部过程，决定了人类历史，也决定了在一种社会经济形态向另一种社会经济形态转变的情况下人的进步，它是人类进一步发展的基础。关于这一点在分析作为个体的人的发展机制时已经谈到了。在这里，再一次强调它们在人的历史发展中的地位是重要的。既然随着人类起源的完结，人在保持自己生物性的同时变成一个社会存在物，所以人的活动不仅包括自发的、自然的因素，也包括人为的、"超自然的"、社会的和文化的因素。在变为"超级有机体"并且以这个新质在很大程度上割断了迄今存在的同自然界的联系之时，人总是在创造"超自然物"的过程中来反映自己的类本质的，而"第二自然"和"文化"这两个概念反映了超自然物的物质构成和精神构成。

可见，作为社会生物体的人的特点是他变为"超级生物体"并基本上摆脱了进化机制对它的控制。从这个时候起，人的适应性就不应该看作是适应外部自然环境的变化，而要看作按照自己的特殊需要去积极地、实际地改造这个环境。这时，需要本身已不能被理解为只有生物作用。虽然随着人变为"超级有机体"，其直接的生存需要和生物需要的满足仍然是人生活的最明显的基础，但是，在这个基础上一系列文化需要正在增长：人断定自己的肉体是为满足自己的高级的、在自己的目标和价值中得到反映的需要而存在的。

可见，人已经不只是作为人类一部分的个体，他还是与社会相互联系的个体。当然，由于个体具有人的所有品质，所以他的特点就不仅仅是完全取决于自然生物因素的遗传的完整性，而且他还作为社会生物而存在，因为他是一个社会的个体。至于说到个性，那么正如 С. Л. 鲁宾斯坦和其他作者所指出的，它是个体的社会历史发展和个体发育得较晚的产物。所以，А. Н. 列昂捷夫强调指出："个性不是天生的，而是后天形成的"[①]。但这已经是一个专门的问题，我们将回过头来谈这个问题。

至此，我们指的只是作为历史的主体和客体的人发展的一般规律，即：正是物质动力和精神动力的社会历史总和（在对象化的劳动起决定

---

① А. Н. 列昂捷夫：《活动·意识·个性》，第176页。

作用的条件下）在历史的所有阶段都对人的形成发生着影响。同时，每一个剥削人的社会制度都秘密地通过一定的教育体系（借助于国家、家庭、宗教等）生产出适应该制度类型的人，同时也生产出与这个制度的本质相对立的人类力量，这种力量促进着该制度的灭亡并促进着社会向新的发展水平转变。例如，在资本主义内部，首先是在工人阶级中间形成着新人——未来的预言家和未来的积极建设者。

列宁尖锐地批判了这样一些理论观点和实用的政治观点，按照这些观点，人性似乎是不变的，并且它受到了自私的本能和其他一些天生恶习的损害，尤其是这些恶习使社会主义的理论变成了空想。这些观点的拥护者认为，首先必须造就一些特殊的人，这些人似乎是构成社会主义的"新材料"[①]。列宁批判了这些观点，他写道："我们要用那些由资本主义培养出来、被资本主义败坏和腐蚀、但也为资本主义所锻炼的人来建设社会主义。……我们没有别的材料。我们要立刻用资本主义昨天留给我们的材料来建设社会主义，并且现在就来建设，而不是用在温室中培养出来的人来建设，如果要在温室中培养人才，那不过是自己安慰自己罢了"[②]。

十月社会主义革命就是从这种人道主义立场出发并取得成功的。在过去的年代里，苏联人民既在建设新的社会条件、发展经济潜力和提高人民福利方面，也在新人的形成方面取得了巨大成绩。只有社会主义才第一次提出发展人的任务，并把它作为科学的、有意识的社会目标，也只有在社会主义和共产主义建设的进程中这个任务才能在全社会范围内有计划地得到解决。

社会主义和共产主义向人揭示的前景是无限的。但未来并不具有宿命式的命运。它是由人创造的，而人则使用全球性的物质力量和包含在文化、特别是科学之中的巨大潜力。沿着什么样的途径才能实现人类发展的物质可能性与精神可能性——这在很大程度上依赖于对人类文明的

---

① 顺便提一下，这种思想至今仍十分流行。例如 Г. 马尔库塞认为："人的革命应该发生在社会革命之前，它是同对人的所有方面进行根本的改造相联系的。……这是一个教育的问题，应该从现在开始"（《新论坛》，维也纳，1968 年，11—12 月）。

② 《列宁全集》第 29 卷，第 49—50 页。

社会进步和科学技术进步的一般战略的选择。所以，联系由科学技术革命而引起的过程来分析作为社会生物体的人及其未来的前景具有十分重要的意义，而在这场革命中在很大程度上人不仅是主体，也是客体。毫无疑问，我们断定社会因素具有决定性作用。但是，必须更加具体地揭示它们的决定作用的复杂机制，指出把人的未来看作"社会真空"和科学技术成果的直接投影形式是没有根据的，要批判地克服唯科学主义的、技术批判主义的和其他反科学的构想。

第 二 章

科学技术革命、文明和人：
全球性问题和未来的选择

> 科学应该是人的仆女。
>
> H. Г. 车尔尼雪夫斯基

> 刚刚过去的人类进化向人们提示了什么？它在沿着哪个方向发展？是什么力量推动它前进？人类未来的最重要因素是什么？——科学与民主。
>
> К. А. 季米里亚捷夫

从上面引用的话可以看出，卓越的俄国思想家（哲学家和人道主义学者）还是在上世纪末本世纪初就不仅明确地指出了科学在将来的作用，而且指出了科学同人和社会进步、同先进的社会生活方式之间的联系。现在，这种相互依赖性得到了规模空前的发展。现代人类生活的许多方面都直接依赖于科学的发明，有赖于它向人类文明的物质基础和精神基础的渗透，而二十世纪科学急剧进步的促进因素之一就是它被普及到社会生活的新领域之中去，这些新领域是由于大工业和社会文化进步的发展以及对社会进行民主和社会主义改造而产生的。

当代世界正加速适应着科学技术进步过程的急剧发展，这个过程是由人类认识的伟大革命引起的，它改造着生产和精神活动的最新部门，并与它们一起改造着人自身、人的生活方式、劳动以至思维风格、情绪和自我意识。今天，科学技术进步的无限可能性和优势、它的社会意义已表现得非常明显。危及整个人类未来的现象也变得更加明显，这些现象与科学技术革命开始阶段的特点有关，与在两个世界性社会体系存在着斗争的条件下科学技术革命展开的特点有关。许多全球性问题已重新发生或被加剧。因此，科学技术进步同它得以进行的社会因素、同作为这一过程的中心的人的有机联系从来也没有这样明显，而在人身上科学、技术、文化和整个历史发展的主要"力线"交织在一起。很明显，人的未来在很大程度上是由这些因素综合决定的，在这些因素中科学发挥着最重要的作用。

所有这些在很大程度上提高了人们对科学、对当代科学技术革命的兴趣。而今天，处在社会发展的其他主要因素之中的科学和科学技术革命正在经受着人类道德的审判。对科学在人和人类生活中的作用和地位进行人道主义的道德评价——这是人们极端不安的一个标志，我们将怀着这种不安的心情迈向3000年。

科学是为人的需要和利益服务的得力仆女，而不以它在哪种社会中发挥作用和发展为转移吗？或者社会完全决定了科学的发展方向，包括消极运用它的可能吗？科学在何种程度上可以促进或者威胁人的发展，它同自身发展的社会条件和因素以及包括人道主义在内的价值原则的关系怎样，所有这些在人的发展过程中发挥着怎样的作用？还有，科学怎样影响人类的人道主义原则的变化，它又在多大程度上依赖这种变化？在科学技术进步的过程中人怎样变化？人、人的文明和文化的变化又如何改造着这一进步过程？

这些问题是当今哲学争论的中心问题，但它又以生活和社会关系发展的某种实际需要为转移。自然，虽然这些问题的提出有许多共同的、全球性特点，但是不同的社会体系对这些问题的解决是不同的。在从理论上解决这些问题的时候，哲学可以发挥自己的作用，而哲学要研究的是它们的世界观方面，是要分析当前和未来的人道主义问题。当今，这种研究和分析不仅发挥着建设性的科学功能和社会功能，而且在介入世界上正在进行的思想和政治斗争的时候也发挥着批评的功能①。

---

① 近些年来有许多著作研究了科学技术进步的人道主义方面，从社会—哲学的角度研究了科学同人的相互关系问题。这方面的著作包括：Г. H. 沃尔科夫的《人与科学技术革命》，莫斯科，1972年；《人—科学—技术》（对科学技术革命进行马克思主义分析的经验），莫斯科，1973年；《科学技术革命和人》，莫斯科，1977年；Л. E. 奥布霍娃：《人和科学技术进步》，莫斯科，1977年；《马克思主义哲学和当代科学技术革命——第十五届世界哲学大会》，莫斯科，1977年；П. H. 费多谢也夫：《当代辩证法》，莫斯科，1978年；《社会主义与科学》，莫斯科，1981年等，还应该注意到《哲学问题》杂志从七十年代初开始以"人—科学—技术"为题发表的系列文章。

一 当代世界的科学:变为直接的生产力和社会力量,全球问题的发生与激化;全球问题条件下的人与人类,未来的选择

当我们着手分析现代科学的时候,摆在我们面前的至少有四个相互关联的问题:

1. 什么是科学?它是怎样发生的?作为人类活动的一定形式和人对世界的理解它发挥着什么作用?

2. 为什么在各种不同的历史阶段科学以这种而不是以那种形式产生和发展?

3. 科学为什么而存在(指的是它与人和社会的关系)?

4. (这个问题才发生不久)我们控制它的可能性怎样和我们怎样去实现这种可能性?

对这些问题的回答决定了科学研究的不同水平和范围:即社会—哲学的、历史的、社会学的、价值说的(人道主义的)以及组织管理的研究。虽然我们的研究主要集中在社会—哲学、价值说和人道主义问题上,但我将力图指出,这些问题是同对科学的其他形式的研究相互联系和相互影响的。

还是在不久以前(整整半个世纪之前),科学的作用似乎是与生产领域中发生的过程"平行"的,它没有触动人们生活的重要基础,没有引起广大社会舆论的注意,即便这种影响发生了,也往往是以不真实的、被歪曲了的形式出现的。当然,既然缺乏广泛的注意,那就更谈不上学者的活动同社会生活的真正联系了。而这种联系不是经常出现的,虽然,使工业革命化的科学取得了一些光辉成就,但在许多人看来,科学研究还只是一种职业,对于这种职业的出人意料的力量和重要性可以给予应有的评价,但还不能广泛地把它纳入"职业需要"的范围。相应地,人们对学者的活动还是给予传统的理解——认为只是广大社会不理解的"单干者的劳动",这些单干户是远离社会生活的,他们只是在某种"象牙塔"里消极地观察自然界所发生的现象。

在洛斯阿拉莫斯爆炸了第一个原子装置,而广岛使科学的声誉蒙受

耻辱之后，情况发生了重大变化。很明显，就是像原子物理那样一些最抽象的科学部门也同人们的社会经济生活、同政治发生了密切联系。科学已不再是广大社会阶层不大感兴趣的平凡的劳动，由于报刊贪恋轰动一时的消息而使它变成了招灾致祸而神通广大的"魔鬼"。不能说这种观点没有重要根据。大家知道，今天科学工作者总数的25%以上在军事部门工作，科学经费几乎有一半被用于军事领域，这方面的开支达到了骇人听闻的地步。

但是，具有巨大效力的科学对于人们的前所未有的直接影响业已表现出来，毫无疑问，这不仅仅表现为人类的生存或死亡与军事对科学发明的应用有关；广大社会舆论也不仅仅是通过原子弹爆炸才听到科学的声音。世界上工业发达国家的居民还从建设和日常生活中感觉到科学的直接影响。甚至用不着进行复杂的分析就可以发现，二十世纪中期以来发生了某种全新的现象，例如，科学这个传统上是抽象的、运用智力的事业，一下子成了现代国家的国家政策的重要组成部分。这些国家对科学给予大量拨款，并组织和规划科学研究。

今天，科学认识已成为社会职能的必要组成部分，没有它现代人类甚至是不可想象的，因为现代人类生活的许多方面都依赖于科学的发明。现代科学从根本上改造了生产的许多传统领域，而一些工业甚至是在试验室中产生的（原子能工业、无线电电子工业、宇航工业、聚合物的合成、生物工程等等）。

科学技术革命使得人类在一个比较短的时间内在掌握自然界的奥秘和实际运用这些奥秘方面取得了巨大进展：相对论、量子力学、核物理学、聚合物化学、控制论、分子生物学——这些决定现代科学面貌的学科都是在本世纪产生和发展起来的，并且这些学科的最大成果恰恰是在最近几十年取得的。据现有的统计数字，在这段时间内科学信息和发明的数量超过了科学在其数千年内所创造的信息和发明的总和，并且其数量还在不断增加。

科学技术的进步越来越快。特别是某一自然原则或规律的科学发现，从其发现到它被运用于实践的周期在不断缩短。随着这一周期的缩短，科学越来越大规模地走在物质生产的前列，它以预先确定的关于自然原则和规律的理论为基础改造和组织着生产，它也不仅仅被运用于以经验为基础的自然形成的基础工业之中。同时，对制约着生产的科学研究进行投资其经济效益比其他方面的效益更大。这里没有必要再列举数字，因为所有这些都是相当明显的。基本上可以说，用科学来改造生产现在已成为生产发展的新的强大动力。

这个规律是全球性的，但它在社会主义条件下表现得特别明显，因为一般说来要建设一个新社会没有科学是不可思议的。苏联共产党第二十六次代表大会特别强调了这一点，大会制定了措施以保证科学技术进步的进一步发展，制定了综合的、有目标的计划去解决最重要的科学技术问题，制定了措施以加强科学和生产的相互联系、提高科学研究的效率、缩短把科学和技术成果运用于生产的周期[1]。

指出这一点是重要的：社会科学也参与到这一过程中来，这一过程反映了自然科学和社会科学走向联合、相互交叉的现实趋势，而这一趋势是由劳动的社会性质的变化所支配的，它是这些科学的内在要求。社会和生产运用自然科学成果的领域越广泛（例如在诸如掌握原子能、改造荒漠、宇宙研究、生产的综合自动化等计划中），就越需要有关运用这些成果的条件和后果的某些社会科学知识，作为生产力的自然科学本身的发展就更加依赖于这种社会知识的存在及其完备程度。现在，经济学家、社会学家、心理学家等正参与到科学方案的制订和实施工作中来，同时他们的工作性质及研究成果的科学性标准也应该越来越接近于自然科学知识的准确性。

列宁曾指出："从自然科学奔向社会科学的强大潮流，不仅在配第时代存在，在马克思时代也是存在的。在二十世纪，这个潮流是同样强大，甚至可说更加强大了"[2]。苏联共产党第二十六次代表大会曾指出社会科学、自然科学和技术科学加强相互影响的必要性。整体化过程具有基于最现代的、科学的、现实的客观基础，同时它也受着与深刻而长期的社

---

[1] 参阅《苏联共产党第二十六次代表大会资料》，莫斯科，1981年；还可参阅苏联科学院院长 А. Н. 亚历山大罗夫院士在苏联共产党第二十六次代表大会上的发言（载《苏联共产党第二十六次代表大会速记报告》，莫斯科，1981年，第1卷，第220—223页）；Г. И. 马尔丘克：《进步的无穷无尽的源泉》，载《未来科学》，莫斯科，1982年，第15辑；《社会主义与科学》，莫斯科，1981年，等等。

[2] 《列宁全集》第20卷，第189页。

会变化过程相联系的实际需要的制约，社会变化过程既包括科学本身，也包括与科学发展相联系的社会。

现在，科学的探索不是集中在任何一门科学平面的某一点或某几点上。这里指的是某些路线，它们在多学科占据的空间中，尤其是在它们的"接合处"上勾画出科学技术进步的一些主要方向。所以，越来越明显的是，当今科学必须不是简单地研究那些综合性问题，而是要建立广泛的、扩展的研究纲领，而这些纲领要求把巨大的物质资源和人力资源集中起来，把科学和实践以及人本身密切地联系起来，把科学同整个现代文化结合起来。

科学的整合过程不但是被知识的逻辑所制约的内在需要所决定的，而且也是被把科学变为直接的社会生产力的要求所决定的。在分析这种变化的社会经济实质及其结果的时候，马克思令人信服地指出，它绝不是科学认识内在发展的结果，而只是生产和整个人类活动进一步社会化的一个方面和表现。在这种情况下，合作本身和劳动的社会性变成了一种强大的生产力，这与具有发达的社会劳动形式和被社会以新的方式加以运用的科学认识的范围有关。

科学的新作用是现代生产的社会潜能的体现，这首先表现为，在物质生产领域劳动的一般结构，该领域的结构本身也在发生变化。这个过程是在马克思指出的方向上发生的，马克思指出，随着生产的进一步社会化，知识的物化劳动的力量对劳动过程发生着越来越大的影响。他写道："劳动资料取得机器这种物质存在方式，要求以自然力来代替人力，以自觉应用自然科学来代替从经验中得出的成规"①。

科学劳动本身也发生了深刻的变化。在科学技术革命进程中科学劳动改变着自己的社会形式，同生产领域工人的劳动更加接近。科学劳动仍然是旨在专门获得新知识的智力活动，就其自身实现的形式和条件而言，它已变成生产劳动，而这些条件又是生产本身的条件的一部分，可以说这些条件是在生产中"建立"的。科学劳动是由大工业提供的研究设备装备起来的，是集体进行的，它把大量工作人员吸引到一起，明确地划分了他们之间的功能，并且它最后要具体表现为物质产品。在这里，

---

① 《马克思恩格斯全集》第23卷，第423页。

生产形式已渗入到科学试验的技术基础和科学组织之中，并赋予它以综合性的生产过程的特点，可以清楚地看到下述情况：

第一，学者的劳动和科学本身工业化了（因为对自然发生影响的现代科学试验工具的形式和性质发生了变化）。二十世纪的科学发现，首先是重大理论发现的主要的、最革命的内容正是在建立和运用最复杂的、昂贵的、有时是大规模的机器和设备的过程中获得的，这些机器和设备有：原子反应堆、粒子加速器、宇宙火箭、人造卫星、电子计算机、航空流体力学装置、最精密的记录仪器、宇宙通讯系统等。

第二，个人的科学劳动在科学进步过程中的地位发生了变化：科学活动具有集体性和群众性。用于科学试验和研究的大工业装置把许多科学工作者、工程师、技师、实验员和熟练工人的大集体集合在自己周围，它要求这些人员进行合作和进行复杂的劳动分工。

第三，许多现代科学任务和研究（在人力资源、物质资源方面）只有动用大量的社会资金，自觉地、有计划地动用整个社会的力量才能承担。

所有这些深刻的过程是同科学变为现代社会的直接生产力相联系的，但是这些过程是在一定的社会经济关系体系中存在和表现出来的。实际上科学是作为依赖这些关系的某种社会建制而发生作用的。所以要确定科学在社会中发挥作用的条件、形式和后果，只注意到现代工业生产的内部过程以及相应的科学的潜在可能性那是完全不够的。马克思主义分析像现代科学这样复杂的矛盾现象的方法的实质正在于此。正像人们所看到的，正确理解科学的社会功能、理解它对人的生活和未来的影响的关键也在于此。

概要地说，马克思列宁主义理论有研究科学技术发展问题的悠久传统和一定优势。这一点应该特别加以强调，因为有些人常常断言，最近几十年包括苏联理论工作者在内的马克思主义者只是在字面上研究科学技术革命的问题。确实，这些年人们曾付出大量的劳动从不同方面去研究现代科学技术进步的发展过程。但是正如大家所知道的，还是在20世纪，不是别人，正是马克思第一个为这种研究奠定了基础，并为我们今天有可能提出马克思列宁主义的科学技术革命理论奠定了基础。

正是马克思指出，科学不是一种孤立的现象，它是现代社会的一种特殊的社会建制。马克思的最伟大发现就在于此,这一发现使我们能够更好地理解现代科学技术进步的实质。

其次,正是马克思指出了科学变为直接的社会生产力这一重要趋势。我们看到,这个还是在上个世纪中叶作出的科学预见正在得到有力的证明,实质上这一预见指出了现代科学技术进步的特点。

最后,正是马克思指出科学和技术的发展在它们同生产力发展的相互联系和相互影响之中将成为对社会进行改造的一个重要因素,它是人自由而全面地发展和完善其创造性的必要条件。这就指出了科学技术进步的前景,而人则是科学技术进步的主要要素。

马克思指出,在社会生产力发展的一定阶段科学变为"直接的生产力"①,而人的全面发展则是生产力充分发展的条件②。这种状况(生产力、科学和技术的发展同人的发展相联系)或许最大程度地强调了马克思列宁主义的科学技术革命理论的特点和本质特征,同时也就给整个社会、科学技术的发展提供了一个稳定的"参考点",这个"参考点"就是社会和科学为了人的自由而全面的发展所要达到的目标。

这一目标使人们有可能理解现代社会的许多现象和正确评价我们肯定的事实和必须否定的事实,进而就能够使人们不但能看到科学技术进步在现阶段所带来的利益,而且也能全面地评价与之相联系的消极现象。而主要的是——随着社会向新的、更加完善的状态迈进,这一目标能够使人们看到克服这些消极现象的现实可能性和前景。这种新的更加完善的社会状态就是社会主义和共产主义。

上面所提到的一切在很大程度上属于综合性的全球问题,这些问题的产生在相当大的程度上(当然,远不是完全的,因为这里所指的主要是社会因素)是由科学技术的迅速(有时是很快的,但常常是过快的)发展所引起的,是由于工业在传统工艺的基础上加快运用科学技术成果而造成的。今天,科学技术革命以前所未有的速度提高了社会劳动生产率,扩大了生产规模,并在驾驭自然力方面取得了无与伦比的成果:原子的秘密和宇宙之谜、世界海洋的深度和生物细胞的微观机制在很多方

---

① 参阅《马克思恩格斯全集》第46卷(下册),第219—220页。
② 同上书,第35—36页。

面都已被用科学武装起来的人类智慧所掌握。但这些胜利又伴随着许多失败：把科学技术成果运用于战争的危险性、自然资源枯竭的危险性在增长，粮食危机和能源危机在加深等等。这些严重的变态损害了当代文明和教育，因为它们加深了"两种文明"（Ч. 斯诺语）——科学技术和人道主义之间的裂痕。这给人类的生物存在和社会发展带来了致命的威胁，这不仅是因为许多原子火箭工具被用于战争，而且因为军备以有害于人类健康的物质污染了环境，这会给人类带来不可逆转的、毁灭性的后果。

在科学技术革命以某种形式和某种程度上引起的全球性问题（它是科学技术革命的一个社会后果）日益尖锐的条件下，人类的未来就越来越同积极解决这些问题的可能性联系在一起。现在对于未来的科学预测和社会预测正转向全球性问题，以寻求对于人类文明和人的未来的合理抉择。遗憾的是，在此基础上产生了新的神话，它同科学没有任何共同之处，而是利用科学的威望来投机。这种神话是以极其荒谬的哲学方法论为基础的，其中包括对全球问题的片面理解。这种神话认为，这些问题与从资本主义向社会主义过渡时期的主要矛盾无关，它们似乎是"超社会"、"超阶级的"东西，而解决这些问题的全部秘密或者是偏向于被绝对化了的科学技术，或者是偏向于人本身，认为人的变化是解决所有其他问题，包括全球性问题的主要前提和条件[①]。

现代的全球性问题是作为一个完整的体系而存在的，它们相互依赖，并且在这种统一和相互作用之中表现出其社会性。正是这一点使它们成为对于人类文明和人本身未来的一切方案的必要的组成部分。我们认为这些问题包括：第一，国际社会方面的全球性问题，它们与诸如社会经济体系、国家等这样一些社会共同体之间的相互作用有关（如和平问题和裁军问题、全球社会经济发展问题以及克服某些国家和地区的落后状态等问题）；第二，社会人类学方面的全球性问题，它们与人同社会的关系有关（科学技术进步问题、教育和文化问题、人口增长问题、保健问题、人的生物适应性问题以及人的未来问题）；第三，自然—社会方面的

---

① 更详细的可参阅 В. В. 扎格拉金、И. Т. 弗罗洛夫《当代的全球性问题：科学和社会方面》，莫斯科，1981 年。

全球性问题，它们存在于人与社会同自然的相互作用之中（资源问题、能源问题、粮食问题、环境问题）。

所有这些问题都在某种程度上影响着人类文明的未来，并且常常是最切近的、不具有减弱威胁的任何时间上的间隙和任何延缓的未来。毫无疑问，这首先指的是和平问题和裁军问题。人类文明不管以何种形式存在都不需要世界核战争，所以要预防它，要裁减成为人类沉重负担的军备，——这是一个全球性问题，人和人类的未来有赖于这一问题的解决。

同时，人本身的未来这个问题在一系列其他全球性问题之中具有独立的地位，并且它是一个特殊的中心，是所有这些问题所组成的整个体系的集合点。因此，解决这些全球性问题的一般方法和面向未来的战略在很多方面都有赖于如何解决人及其未来的问题。

这样去理解这些全球问题的隶属关系、确定解决这些问题的战略反映出马克思主义的明确的人道主义世界观立场和社会立场，这可以称之为全球性问题的科学哲学①。许多文字材料在更广的方面清楚地反映了这些问题对人和人类生活的所有方面的影响：这种影响表现在物质生产和文化方面，政治和意识形态方面，世界观和道德方面②。

这样，由于科学技术革命的发展，由于全球性问题的产生和尖锐化，就产生了一个新的社会环境和精神环境，今天许多问题，包括直接与人类的未来有关的那些问题都处在这种环境之中并在其中加以解决。遗憾的是，现在经常谈到的已不是改善人类生存的条件问题，而首先是人类在最近几十年如何活下去的问题。这样提出问题是正确的吗？这不是在给世界状况制造紧张气氛吗？

---

① 关于这一点可参阅作者的文章《全球问题的哲学》和《全球问题条件下的人和人类》（载《哲学问题》1980年第2期；1981年第9期）。
② 许多苏联和外国的马克思主义者研究了现代全球问题的众多的科学方面和社会方面。这些人有：Э. А. 阿拉布—奥格雷、Д. М. 格维希阿尼、В. В. 扎格拉金、П. Л. 卡皮查、М. М. 马克西莫娃、Н. Н. 莫伊谢耶夫、И. 尼奥尔伦德、Р. 里赫塔、Е. К. 费多罗娃、Г. С. 霍金、Г. 霍尔、Г. Х. 沙赫纳扎罗夫、Р. 什泰格瓦尔德、В. А. 恩格利加尔德、А. Л. 杨申等等。下面一些书籍述评了上述著作：В. D. 扎格拉金、И. Ф. 弗罗洛夫：《当代的全球性问题：科学和社会方面》，莫斯科，1981年；还可参阅《当代全球性问题》（Н. Н. 伊诺泽姆采夫任责任编辑），莫斯科，1981年。

马克思主义者对于这些问题作出了科学的回答,这种回答一方面注意到了出现的新现象,注意到了在社会主义和共产主义的方向上通过普遍的社会改造去综合地解决现代全球性问题的重要性;另一方面又特别强调了这种改造的必要性,即强调了科学地理解人类未来的基本原则。这些原则是社会主义国家和向共产主义迈进的国家的大多数人合理行动的基础,它能够批判地评价那些与对未来的马克思主义理解不相关的各种方案。

同时哲学分析应该反映在全球性问题条件下社会因素、自然生物因素和人的因素发展的辩证法。不仅确定解决这些问题的长期战略,而且一般地预测和研究人和人类的未来也完全有赖于这种分析。在这里,我们发现最近几年有许多新问题已摆在科学的哲学面前。由于资产阶级思想家和改良主义思想家对全球性问题表现得很积极,所以,批判地评价他们为解决这些问题而提出的途径、方法和他们所构造的神话和乌托邦是重要的①。

在这里首先应该指出的是,由于人们对全球性问题感到束手无策,所以这些问题在今天基本上是作为人类文明的直接威胁并且是以历史上前所未有的规模而出现的。

人从来也不曾拥有过如此强大的大规模破坏和毁灭的手段,今天他掌握了,并且强有力地影响着周围环境。人类从来没有如此担心自然资源是否够用。十分明显,所有这些问题都是全球性问题,并且当代人和未来人的幸福、地球上全部文明的命运都将以对这些问题的理智的解决为转移。寻求新的方向和有利于人类的前途,寻求解决老的和新发生的全球性问题的办法将导致:潜在的未来开始对现代产生越来越明显的影

---

① 近些年来许多马克思主义哲学家(包括苏联的哲学家)越来越注意在相互联系之中研究与人类未来、人类文明、人的本质和人自身有关的问题。马克思主义者的集体著作《人类期望怎样的未来》(布拉格,1964 年)是这一研究的起点。还可参阅;B. 达维多维奇、P. 阿博林娜的《人类,你是谁?》,莫斯科,1975 年;C. C. 巴捷宁:《在其历史中的人》,列宁格勒,1976 年;B. П. 图加林诺夫:《自然、文明、人》,列宁格勒,1978 年;П. H. 费多谢耶夫:《当代辩证法》,莫斯科,1978 年;M. П. 姆切德洛夫:《社会主义——新型文明的形成》,莫斯科,1980 年,Г. X. 沙赫纳扎罗夫:《未来的世界秩序》,莫斯科,1981 年。

响（所谓"奥狄浦斯效应"①）。所以，在全球性问题上面向未来就成了解决许多当代社会经济问题、政治问题、世界观问题和道德—人道主义问题的特殊手段，而这些问题则是同当代的主要矛盾——社会主义同资本主义的矛盾紧密地联系在一起的。

例如，企图把全球性问题解释为对人类文明及其未来的某种普遍威胁在很多情况下是为帝国主义霸权主义的目的服务的，它要使现代人类不再去注意那些明显的事实。实际上，全球性问题自行产生，特别是尖锐化和出现危机——这是同资本主义的社会经济形态联系在一起的，并且帝国主义阶段正是对人类的全球性威胁。在资本主义形态形成的过程中，人类物质生活和文化生活开始国际化，并且这一过程在不断加强，正是在资本主义条件下这一过程受到了歪曲并在许多方面带来了消极后果。迄今为止，过去存在的问题的全球化和全人类规模的新问题的产生有权要求建立与之相适应的社会结构，社会只有向和平、社会主义和民主的方向发展，这种结构才可能建立。

我们强调了社会主义在这一方面的优越性，但我们绝不是只想用绚丽的色彩去描绘人及人类的前景。马克思列宁主义科学面临着一些新问题，这些问题涉及在存在全球性问题的条件下人类的未来和共产主义建设的前景。今天还不能想象未来共产主义社会会摆脱这些问题，并且，在这里从科学技术的假设和预测出发而得到的某些一般的乐观见解并不多。

当然，我们知道科学技术进步开阔了人类的视野：原子能和生物工程的运用、进入宇宙空间——这些和其他一些科学技术成果都为解决许多最尖锐的问题奠定着基础。但是只看到这一些而看不到人类面临的、由于不可再生的自然资源的枯竭和能源基础的缩小等等而造成的困难，那将是不明智的。

很明显，克服这些困难要求整个社会及其组织作出巨大努力，但这

---

① 奥狄浦斯是希腊神话中底比斯国王拉伊俄斯的儿子。因神曾预言他将杀父娶母，出生后就被其父弃在山崖，但为牧人所救，由科林斯国王收养。长大后，想逃避杀父娶母的命运，却在无意中杀死亲父，后因除去怪物斯芬克斯，被底比斯人拥为新王，并娶前王之妻即其生母为妻。奥狄浦斯效应即指无意中干了自己不想干的事。——译者

也有赖于每个人积极参与解决人类的全球性问题的能力。

所以，深入地思考科学战略是重要的，在这种战略中，社会哲学的、人道主义的基础和因素发挥着极其重要的作用。同资产阶级改良主义势力否定的意识形态积极性相对立的马克思主义提出了这样的战略，而资产阶级改良主义则反对马克思主义所进行的全面的斗争，包括在未来学和全球性问题领域内的斗争。资产阶级改良主义的这种宣传活动的消极影响是不能忽视的，它有时转向高度的哲学抽象和人道主义观念，然而这仅仅是为了用以反对马克思主义和共产主义。默示方式地预言人类文明和人类本身可能（甚至常常是不可避免地）灭亡（无论如何这是一种亵渎）常常是为这种不体面的目的服务的。在这种预言中，引用全球性问题，援引科学技术革命的消极后果，这起着极重要的作用。

当然，看不到下面这些情况是很不公正和没有远见的：在西方有不少未来学家没有站在马克思主义立场上，也不认为社会主义和共产主义是资本主义的合理抉择，但他们却在真诚地为人和人类的命运而担忧；他们在为人道主义道路上已形成的悲惨状况寻找出路，提出了关于人类的社会目标和世界观目标的乌托邦理论，似乎这些目标能够通过理想的途径把人类引向未来。

马克思主义者批评了并将继续批评他们的空想，但赞成同他们对话，赞成在许多迫切问题（包括全球性问题）上同他们进行合作，赞成在为争取和平、裁减军备而进行的斗争中，在为民主、自由和人的尊严、为人的未来而进行的斗争中同他们结成联盟。马克思主义者认为，对于那些热爱人和人类并真诚地关心其未来的人来说，这是一条通向科学立场的正确道路。

从这些立场出发指出和批判现代非马克思主义的和反马克思主义的观念是重要的，在存在全球性问题的条件下，这些观念与对人和人类的未来的研究有关，而这些全球性问题直接或间接地同当今科学技术革命的发展有关。

二 人类文明面临着灾难吗？全球性预测与现实的解决方法。崇拜"科学魔鬼"还是崇拜人？唯科学主义与人本主义的困境，"技术统治乐观主义"和"对科学的批判"

在这里，列举当前西方如此众多的、形形色色的未来学预测和假设是多余的，并且简直是不可能的[①]。古希腊神话曾塑造了卡桑德拉的形象——她是一个预言家，但却没有人相信她的预言。今天的情况却完全相反——人们甚至对未来预测中真实性甚少的东西也颇为相信。现在世界上有许多未来学组织（国家的和世界性的），它们正在从事这方面的研究工作，而不仅仅是（或者说不全是）包括诸如"2000 年的人类"国际科学中心、罗马俱乐部等组织所联合起来的未来学学者，当前正从全球性问题的角度来研究未来问题。实际上研究未来问题已成为许多主要政治领袖和社会领袖以及某些国家和地区的政府组织和联合国国际机构的主要任务之一[②]。当然，正像已经指出的那样，在这里实用主义目的迫使他们持一定的谨慎态度，这与西方流行的未来学的乐观情绪是不同的，而这种未来学的乐观情绪包括所谓"全球水平上的神话"，即社会乌托邦主义。同时，许多表面上似乎不同的、旨在解决全球性问题的"未来模式"多半是互相补充的。这不难理解，因为它们的方法论是一样的，即都是基于把影响社会发展的某些个别因素形而上学地绝对化和相互对立起来，把它们同存在于现代世界中的整个社会关系割裂开来。但后来却发现起初被抛弃的因素具有显著意义，这就有可能使人们开始承认，正

[①] 此处可参阅：И. В. 别斯杜热夫：《未来的窗口》，莫斯科，1970 年；Э. А. 阿拉布·奥格雷：《在预言的迷宫里》，莫斯科，1973 年；Ю. N. 奥热戈夫：《社会预测和思想斗争》，莫斯科，1975 年；В. И. 博夫什：《未来学与反共产主义》，明斯克，1977 年；М. 希曼：《迈向 3000 年》，莫斯科，1977 年；В. В. 科索拉波夫、В. А. 利西奇金：《资产阶级未来理论批判》，莫斯科，1978 年；Г. Х. 沙赫纳扎罗夫：《未来学的惨败》，莫斯科，1979 年；《未来：现实问题和资产阶级的投机》，索非亚，1979 年。

[②] 此处可参阅 В. В. 扎格拉金、И. Т. 弗罗洛夫：《当代的全球性问题：科学和社会方面》，莫斯科，1981 年。因为该书详细地分析了许多预测和设计，所以在本书中我将仅涉及那些与人及其未来直接有关的问题。

是这些因素才是主要的、具有决定意义的因素。

这涉及资产阶级和资产阶级改良主义"未来纲领"所采取的世界观基础和一般的思想倾向,而这些"纲领"是从全球性问题的角度看问题的,并且看到了科学技术革命的消极后果。这类"纲领"以悲观的理论和思想倾向与乐观的理论和思想倾向"相互补充"为其特点。所以,如果认为资产阶级未来学把资本主义社会必然灭亡的趋势绝对化了,因而资产阶级未来学就只是搞悲观论调,那是错误的。实际上,往往存在着另外的,更准确地说是为资本主义辩护的路线,它在未来学方面表现为各种乐观的预测,以便增强对资本主义这个注定要灭亡的社会制度的未来的信心。

实际上,无论是第一种情况还是第二种情况都是对资本主义的社会关系进行改良的变种。在这方面,它们同样是互为补充的:在全球性问题方面,在西方占优势的资产阶级未来学的辩护学派和保守的乐观主义学派在一定的阶段是同广泛流行的、对于未来的默示式的新末世论幻想相冲突的。而在新保守主义和资产阶级改良主义的预测中则出现了一些新趋势,出现了乐观主义与悲观主义的混合。所有这些或者直接同马克思主义和共产主义相对立,或者企图寻找"第三条道路",而这第三条道路则把人类的前景看作资产阶级与社会主义的"趋同",或者是某种"选择运动"①,这一运动的使命是要"抛弃人们所走的没有社会前途的老路",而去建立"新的生活方式"。同时它们把科学技术进步视为罪恶之源,认为生活的意义就是要实现直接同人的"自我"相联系的那些愿望。

在罗马俱乐部对未来的预测中也可以发现类似的、从一个极端走向另一个极端的"思想飞跃"。例如,我们可以把罗马俱乐部最近的一些报告同Дж. 福列斯特在《世界的动态》一书中、同Д. 梅多斯及其合著者在《增长的极限》②一书中制定的最初的世界发展全球模式加以对比。令人惊奇的是,在十年时间内(70年代)看待某一问题的观点竟发生了变

---

① W. 霍尔斯坦:《反社会:生活方式的选择》,第二版,波恩,1980年;W. 什拉弗克:《袖手旁观:选择——错误的道路还是新的世界文化》,科伦,1979年。

② Дж. 福列斯特:《世界的动态》,剑桥(马萨诸塞),1972年;Д. 梅多斯、D. L. 梅多斯、W. W. 贝伦斯:《增长的极限——罗马俱乐部关于人类困境的研究报告》,纽约—伦敦,1972年。

化！如果说在第一份报告中罗马俱乐部解决全球性问题主要是指望在生产、人口等"零增长"的条件下改进科学技术措施的话，那么在 M. 梅萨罗维奇和 Э. 佩斯特尔的《处在转折点上的人类》[①] 这份报告中则提出"有机增长"，认为科学技术建议要由社会伦理道德（既包括整个社会的道德，又包括单个人的道德）的改善作为补充。许多马克思主义学者已注意到上述建议。这些建议在许多方面都是抽象的空想，而该书的题词明显地反映了作者的立场："癌症将使世界灭亡，而这个癌症就是人自己"（A. 格雷格语）。

当然，这种立场未必能鼓舞 M. 梅萨罗维奇和 Э. 佩斯特曾寄予希望的"未来几代人"。但它是一个转折点，这一转折具体表现在罗马俱乐部后来的一些报告中，这些报告是由 Д. 加博与其同伴、Э. 拉兹洛与其团体撰写的[②]。这一转折导致承认（虽然是无差别地、抽象地承认）社会因素在解决人类的全球性问题方面的作用和地位。同时，人类学的倾向越来越明显，它们越来越注意必须改变人本身、人的意识、道德和教育，认为这是所有其他变化，包括科学技术和社会方面发生变化的前提和条件，而科学技术和社会方面的变化则能够解决世界发展的全球性问题。在这里，在许多情况下，罗马俱乐部及其领导者（首先是 A. 佩切伊）要达到的结果实质上是在思想史上，特别是在所谓哲学人类学的领域内，在 Дж. 哈克斯利等人的人道主义理论中已得到一定发展的东西。大家知道，这种立场在 A. 佩切伊的《人的质量》和罗马俱乐部最近的一些报告中表现得十分明显[③]。

---

① M. 梅萨罗维奇、E. 佩斯特尔：《转折点上的人类——罗马俱乐部第二份报告》，纽约，1974 年。

② D. 加博、U. 科洛姆博、A. 金、R. 加利：《超越浪费的时代：科学、技术和自然资源、能源、材料与食物的管理》，纽约，1976 年；E. 拉兹洛等：《人类的目标——罗马俱乐部关于全球共同体的新看法》，纽约，1977 年，本书第一版曾对这些报告进行了批判性分析。

③ A. 佩切伊：《人的质量》，牛津等，1977 年；J. W. 鲍特金、M. 埃尔曼支拉、M. 马利查：《学无止境——罗马俱乐部报告》，牛津等，1979 年；B. 哈里利逊：《向未来进军之路：走向更有效的社会》，牛津等，1980 年。上面提到的 B. B. 扎格拉金、И. T. 弗罗洛夫的《当代的全球性问题：科学和社会方面》一书对这些著作进行了详细的研究。也可参阅：B. H. 伊格纳捷夫：《人的问题与"世界性问题"》载《哲学问题》，1981 年第 3 期；B. M. 列宾：《"世界模式"与人的形式——对罗马俱乐部的思想的批判》，莫斯科，1982 年。

A. 佩切伊于1980年11月在国际系统分析研究所所作的题为"80年代的人类面临着前所未有的挑战"的讲演表现了他的抽象人道主义的人类学观点。在这个讲演中他试图确定全球性问题的未来，作为必要的措施他特别注意采取一些地区性和全球性的解决办法，注意对整个世界的管理并把它作为人们进行自我管理的前提。佩切伊认为，为此必须首先学会在同现存世界的协调之中生活，在后代和其他生命形式面前履行自己的职责，发展自己固有的可能性。所以，他得出如下结论：应该从人类社会的角度去研究全球性问题，要注意到人借助于科学、能源和其他因素能做些什么。

　　在这种情况下佩切伊的出发点是：现代人的发展还没有完结，人的创造潜力还没有被充分利用而有待于进一步发展。如果不是这样，那么，今天在现实世界同它的问题之间存在的裂痕、现实世界同我们对它的认识之间的差距会越来越大。罗马俱乐部的一些最新报告：《学无止境》和《人类学术中心》草案就是研究这个问题的，这个草案的目的是要吸引青年去创造未来。

　　佩切伊的《关于未来问题一百页》[①] 明显地表现出关于全球性问题及其解决途径的抽象的人道主义观点，宣扬了轰动一时的恐怖主义和乌托邦。这本书还谈到人和整个人类，谈到"普遍性和普遍和谐"对于人和人类的必要性，谈到"跨越所有政治界限和社会界限的团结"等等。佩切伊又重新回到这样一种思想上来，即"道德沦丧和生态的破坏"同它们带来的无数后果一起威胁着人类。既然人是"自己未来的创造者和主人"，所以佩切伊呼吁要采取极端措施去解决全球性问题，他希望人类能摆脱危机而建立人所希望的未来。同时他歪曲了马克思主义对于问题的理解，他引用了"我们的朋友—马克思主义者"的话，而这些"马克思主义者"则强调现代科学、科学技术革命在创立新社会的过程中发挥着"主要作用"。佩切伊抹杀了这种立场同"大多数非马克思主义者"的观点的差别，而这些非马克思主义者认为科学几乎可以帮助人们解决人类的全部问题。

　　当然，在此之后论证自己的立场是很容易的，他们注意到某种"科

[①] A. 佩切伊：《关于未来问题一百页》，巴黎，1981年，下引此书不再注明版本。

学的两重性",注意到它对"人类至上问题"的背离和科学进步的"两面性",而后庄严地声明,"概括性的完整的知识"是必要的,科学的综合和任何进步只有在它首先是"习惯和行为方面的道德进步、社会进步和政治进步——一句话,是文化进步"① 的时候才是科学的。上述这些虽然在形式上我们有许多不能接受之处,但是佩切伊所要得出的思想恰恰正是马克思主义者明显而清楚地指出过的东西,这是从马克思本人的经典著作开始的。当然,这种思想与佩切伊妄加于马克思主义的那些唯科学主义观点和技术统治观点是有原则区别的。确实,要探求马克思主义的真理就要认真地大量地分析马克思列宁主义的科学技术革命理论,把它同人的发展联系起来,同时要研究相应的科学著作,关于这些著作上面我们已指出了其中一部分。看来,这同佩切伊的哲学人类学思想、立场和结论是矛盾的。在进一步研究了相应的观念之后,我们就能够发现他的理论实质上是何等奇特。

Б. 哈里利逊为罗马俱乐部撰写的一份报告的哲学人类学原理也属于此列,他给报告起了一个令人抱有希望的题目——《通向未来之路》②,罗马俱乐部的领导人 A. 金和 A. 佩切伊在报告的绪论中对该报告所提出的建议和得出的结论表示支持。

报告撰写者的出发点是,任何社会结构都包括这样一些组成部分,即:价值(个人竞争的、团体的、合作和集体平等的)、政治管理体制(协商制政权和联合式政权)以及经济体系(自由的企业家活动、自由协商的企业家活动和国家管理经济)。因此建立一种最符合"人的本质"的"新的世界秩序"是必要的。

"人的本质"是怎样的,按照 Б. 哈里利逊的意见,在所谓"新的世界秩序"条件下人类的全球性问题将会获得解决,这个"新的世界秩序"的实质是什么?Б. 哈里利逊通过对人的本质进行历史地研究制定了下表,或许这个表比现实更接近作者先验地提出的目标。

---

① A. 佩切伊:《关于未来问题一百页》,第 96 页。
② Б. 哈里利逊:《通向未来之路:走向更有效的社会》,牛津等,1980 年。

人的起源	人的本质	价值、"伦理"的源泉	"输出"的价值
1. 神的意志	善恶或既善又恶	神学关系	个人或团体性竞争和合作
2. 自然进化的产物	作为周围环境产物的善	自然规律	团体的合作或集体平等的合作
3. 生物偶然性	结构的唯一性、认识	人自身、客观必然性	非程序化的、自由选择的合作

我们可以看到，这张表的主要意义在于有关"输出"价值的结论。作者并没有因为他所提出的极端公式化的分类而感到难堪。他确信，正是通过对人的起源、人的本质、人存在的意义这些问题的探索才产生了某种思想体系、价值体系和意识形态。同时，他认为"个人竞争的"价值是属于英国式国家的，"团体性"是属于像日本这样的国家的，而"平等的集体主义"则属于苏联和中国。他认为，现存的社会体系都将向着它们趋同的方向发展，同时，只有与"个人竞争的"（即资本主义的）价值体系相联系的"极端"状况，不适应于自由空间和资源正在枯竭、国家之间的相互依赖十分复杂的世界。至于完全以集体主义（即社会主义）观念为基础的生活方式，则是与世界完全不相符的，因为这时"真正的人的本质"似乎没有得到充分的表现。似乎建立"新的世界秩序"的可能性正是以此为基础的，而在建立了这种新社会秩序的条件下"个人主动精神的活力"，为了"共同的目标"而发挥这种主动精神的能力才会得到保障。

这样，以把"人的本质"人本主义地绝对化为出发点的、抽象的空想理论就完全变成了有明显阶级立场的、具体的社会政治建议和结论。看来，虽然强调"人的因素"对解决全球性问题和对未来人类文明的选择所起的作用和所处地位本身与此没有直接联系，但上述现象并不是偶然的。

类似的观点在罗马俱乐部的报告者 Э. 拉兹洛的《系统主义——对世

界的新看法》① 一书中得到了发展。作者企图发展"人的系统理论",他强调指出,这种理论使人回到了宇宙之中。拉兹洛指出,人是一个社会生物体,同时,"在其自觉的个性之中,人同时又是两面人,他集生物界和社会于一身"②。他认为,虽然今天已不能把人当作宇宙的中心,而只是动物界的一个代表,但他具有其他类似动物所没有的特点——意识、抽象思维和语言。

拉兹洛认为,意识是理解自己特殊的主观态度的能力,它不是自然界系统的普遍特点,但同时又不是一种超自然的现象。它或许是以人工系统的形式被再生产出来的,因为许多人工系统由于"人—机"系统范围其他系统的作用而能得以控制。但是在地球上的自然系统之中只有人才具有这种能力。作者认为,人类文明是"与高级感觉相联系的控制器官进化的结果,它是为生物目的服务的"③。他认为,这种设想是理智的:文化的发展有赖于逐渐地把手段变为目的,因为意识起初是一种生存下去的手段,而到后来它成了人进化的一个目的。当前的问题不在于是否需要一般的文化,而在于这种文化应该是怎样的,因为"我们从先辈那里继承来的文化开始使我们在这个星球上继续生存的能力成为问题"④。

拉兹洛还企图回答是什么因素决定了文化的本质这个问题。他写道,文化是对生活的其他领域产生一定影响的许多因素的综合体。这不是什么别的东西,而是在社会中占统治地位的价值。基本的文化价值可分为合理性、激情、想象和深刻的信念。在原始文化中理性因素、感性因素、形象的和神秘的因素混合在一起。后来,有些因素逐渐在哲学中得到反映,另一些则在宗教、文学和艺术中得到了反映。资本主义的发展导致了物质性价值的产生。当前的发展表明,这些价值已陷入深刻的危机。作者认为,社会的继续进步应建立在新的价值体系之上。问题在于这些价值是怎样的——这是我们时代的最高层次的问题。

作者认为,选择这些价值的客观标准或许直接产生于现代的系统理

---

① E. 拉兹洛:《系统主义对世界的新看法——以当代科学的新趋势为基础的自然哲学》,巴黎,1981年,下引此书不再注明版本。
② 同上书,第69—70页。
③ 同上书,第86页。
④ 同上书,第87页。

论。所有自然系统中都有一些共同的价值：这些系统应该维持自己的生存，并且靠周围环境的无序性和熵来保持自己的秩序和集中能量。正如这些价值所表明的那样，这依系统的特点以及其等级水平为转移。在不同的文化中这些价值也是不同的。现代观点认为，生产日益增多的物品所得到的福利是相同的，它跟这种生产在哪种经济体系（资本主义体系还是社会主义体系）中进行无关。因此，作者提出了"不限于批判现有价值，而且要揭示新的、更好的价值"[①] 的任务。

拉兹洛把所有价值分为"描述性"价值和"标准性"价值。前者是颁布命令，后者则是提出要求，而它们都是从人的自我实现的需要出发的。同时，自我实现被理解为"把我们每一个人都具有的可能性变为现实，把与个人的气质和愿望相应的某种动机变为现实"[②]。那么，正在增强的系统之间的沟通是否会把个人变为一部机器的"螺丝钉"？这些过程是否会有碍于个人的自我实现？作者认为，这样提出问题实际上是要把人和整个社会理解为一些机械系统。相反，系统论把人和社会当作一些动态系统来考察，在组织的动态系统中可能存在着主动性。同时，人们的功能自主并不意味着他们相互隔绝。拉兹洛写道："系统性是部分之间相互关系规则的整合。但这些规则并不是要各部分单独地发生作用，而只是使它们在某个方面发生作用"[③]。他进一步强调指出："我们的人道主义目的是恢复个人实现在社会中的价值，而社会是由差异非常大的个人组成的，它越来越成为决定性因素"[④]。因此，他认为，必须按照个人自我实现的规范来改变文化价值的取向。在西方社会提出的众多价值中，应该有人道主义的积极价值的一席之地。这些价值是怎样的？作者没有规定，但好像他不接受社会主义所提出的价值。他只希望"合理的知识"和"把现代科学联合为一个整体的自然哲学"[⑤] 发挥作用。他认为，这种自然哲学能够给人提供一种知识，这种知识既是事实，又是各种生态系

---

① E. 拉兹洛：《系统主义对世界的新看法——以当代科学的新趋势为基础的自然哲学》，第94页。
② 同上书，第96页。
③ 同上书，第100页。
④ 同上书，第102页。
⑤ 同上书，第104页。

统、政治系统和文化系统的规范。

可见，关于在科学技术革命条件下人的问题的这种提法并没有提供合理的答案，因为作者想不顾一切地超越社会主义同资本主义的斗争，只是在科学知识和哲学内部寻求前进的动因。

这种倾向在《地球的状况》[①] 一书中得到了明显的表现，这是一个关于全球性问题的报告，是 A. 金领导的高级研究所国际联盟撰写的。如同罗马俱乐部最近的一些报告，特别是 A. 佩切伊的《人的质量》一样，该书论述了社会和个人所固有的"外在极限"和"内在局限"问题。这些局限似乎是"人类生物体的本性"所具有的，而这种本性又具有许多性质，它们把人从动物界中分离出来，并能支配其他类，但是今天这种本性却成了人类社会协调发展所必需的条件的"直接对立物"。该书以大量篇幅论述了加强相互谅解的重要性，谈到了世界性团结和建立"世界经济新秩序"的必要性等等。同时，作者认为，在作出重要决定的时候，具有决定作用的将不是社会的技术和科学能力，而是个别人，首先是所有领导者的智慧。可见，在这里把知识和智慧割裂开来以及过分夸大个人因素在历史过程中的作用这些旧观念变成了"新"东西。

说到这里，应该指出的是，上面所指出的在解释科学技术革命的全球性问题时，在解释当前和未来解决这些问题的途径和方法时所表现出来的片面的方法论观点，只是西方资产阶级改良主义思想一般运动过程的局部状况，这一过程还表现为用唯科学主义理论和人本主义观点去理解科学在现代社会中的作用和它同人及社会的关系。这些理论中的一些发端于久远的科学认识史，另一些则多半是在现代科学及其发展的社会条件的基础上产生的。让我们来研究一下与我们的题目有较密切关系的一些理论。

当代的哲学家和社会学家以不同的形式、不同的目的去研究与人及其未来有关的科学问题。一些人认为科学会给人和人类带来无限幸福，另一些人则认为科学会带来无穷灾难，这好像是人和人类为了这些福利而付出的代价，还有一些人既看到福利，又看到了灾难，同时为"全面的人"被破坏而悲伤，甚至怀念上帝。

---

① 《地球的状况》，牛津等，1981 年。

乍看起来，摆在我们面前的各种意见和看法是没有逻辑联系的大杂烩，它们只是一些对人、对科学与人道主义的关系的传统哲学—社会学理论的现代解释。但事实并非如此。在一定时期提出的是哪些原则，什么东西实际上同这些原则相矛盾而又补充着它们，哪些东西同虚构的抉择相矛盾，这是有一定逻辑的，这个逻辑是由社会发展的主客观因素决定的，而这些因素又是同科学进步相联系的。

可以对简要归结的情况作以下表述：在现代科学中，人的思维的极度紧张集中地表现出来，仿佛已经接触到自己的"反世界"，即已经接触到破坏对抗性社会关系的力量，接触到背离真正的科学并力图大众化的荒谬的意识。看来，结果只有一个——那就是社会爆炸，但这种结果又不会发生，因为第一，很清楚，科学已经非常专门化了，以致同异己的群众意识的任何接触都可能更多地耗费科学之深层的，可以说是本质的力量；第二，因为在有伤群众意识和使其不安的现象发生的同时也出现了一些相反的趋势，即具有"缓和效果"的因素发生了作用，物质福利就是其中的一个因素，这种物质福利是直接同科学的成就相联系的，并且它对群众的需要发生了明显影响。

在有关唯科学主义和技术统治论的构想中，这些趋势不可遏止地形成起来（如果在任何情况下不是从理论上看，而是从思想的角度来看的话），这些构想把科学和技术在社会生活中的作用绝对化了，从而断言，科学和技术可以不经过社会因素而直接地改造着生活。1949 年，福拉斯杰的《二十世纪的伟大希望》① 一书问世，它是资产阶级改良主义的技术统治论产生的一个标志。福拉斯杰认为，技术和科学的迅速发展向人类揭示了建立所谓"科学社会"的可能性，而"科学社会"则避免了政治、社会、宗教和其他对抗。在这个未来的社会中，科学和技术不仅仅是作为整体的社会组织生活的基础，也是组成这个整体的单独个人生活的基础。福拉斯杰提出的"计算机乌托邦"被认为是"二十世纪的伟大希望"。福拉斯杰在后来的著作中断言，科学的任务就是要使现存的正在衰亡的价值体系变为无用的东西，并为新的价值体系的产生建立基础，他

---

① J. 福拉斯杰：《二十世纪的伟大希望》，巴黎，1949 年。关于这点可参阅 B. M. 列戈斯塔耶夫《福拉斯杰的技术统治乌托邦框框中的科学》，载《哲学问题》，1974 年第 12 期。

认为这将与新的宇宙性宗教的产生密切相联。这种宗教渗透于未来"科学社会"的所有组织之中并有益于其健康地发展。在福拉斯杰看来，科学的拥护者，确切地说是一些神学家正在完成这一改造，这些人具有科学的试验精神并熟悉最伟大的科学成果①。

乍看起来，福拉斯杰的结论是出乎意料的，但对于技术统治论来说却是合乎规律的。福拉斯杰是最早敏锐地注意到关于现代全球性问题的世界舆论的人之一，这些全球性问题包括与科学技术发展有关的人的问题及其未来问题。但是，从福拉斯杰那里可以明显地看到技术统治论从过分乐观转向悲观、从希望过高转向失望、从把科学绝对化转向对它的可能性发生怀疑甚至诉诸宗教信仰的规律性。显然，在这里，技术统治论陷入了极端。

但是，福拉斯杰的观点还是成了许多技术统治论观点的特殊来源，这些技术统治论观点往往不是直接地而是间接地通过"观念的复合"表现出来的。看一下在美国社会学家贝尔②的著作中表现出来的技术统治论观点，这一点就令人信服了。贝尔认为未来"新社会"的结构和功能将直接依赖于科学技术。他认为，在他称之为"后工业社会"的新社会里最终的决定因素是运用于经济的各种科学知识，所以，主要的问题是"对科学的组织"。贝尔认为，与此相应，在"后工业社会"将会出现新的社会结构，它不以所有制关系为基础，而是以知识和熟练程度为基础。在另一本书——《资本主义的文化矛盾》③ 中，贝尔"深化了"他原来的思想，以至完全否认决定论，他根据"领域的孤立性"的观念而割裂了经济同文化的联系。

"技术决定论"的拥护者和辩护者为数不少，他们认为科学和技术对人和社会，特别是对发达国家的影响是当代社会变迁的主要根源。例如，布热津斯基在《两个世纪之间》一书中断言，由于技术和电子学，特别是计算机技术对社会生活各方面——习惯、社会结构和精神价值的影响，

---

① J. 福拉斯杰：《给四十亿人的公开信》，巴黎，1970 年，第 145 页。
② D. 贝尔：《后工业社会的到来》，纽约，1973 年，下引此书不再注明版本。
③ D. 贝尔：《资本主义的文化矛盾》，纽约，1976 年。

"后工业社会"就变为"技术至上社会"①。虽然布热津斯基像其他许多技术统治思想的拥护者一样也经常谈论全球性的社会变迁，但事实上他在未来模式中引用科学技术的发展状况只是为了证明在世界发生变化的条件下资本主义社会有保存自己的能力。

用唯科学主义和技术统治论解释科学技术革命是荒谬而没有前途的，因为它们认为这一革命似乎是与社会因素无关，否定它在任何情况下与社会因素和一切人的有机的、不可分离的联系。唯科学主义和技术统治论把科学技术进步绝对化，从而把人置于异己的、敌对力量的奴隶的地位，而这种力量则要受高居于基本群众之上的上流社会的控制。所以，这些理论不仅是反民主的，也是反人道主义的：它们把科学非人道化，割断了它同人类的联系，而实际上这种联系既是科学的目的，又是这些目的得以实现的手段。

贝尔的《后工业社会的到来》一书明显地反映了上流社会看待科学及其社会意义的观点，在书中他使用了"能人统治"这一概念——即按贡献、成就和熟练程度把人划分为等级，这就意味着所确立的乃是"结果均等"的原则，而不是必须以在一定的程度上反映所有具有中、高等教育水平的妇女、黑人和小群体的意愿为前提的原有的机会均等的原则。贝尔认为后者是不能接受的，因为"机会均等"原则忽视了人们的智力和精神潜能在遗传上和文化上的差别，它是反个性的。谈到"结果均等"原则，贝尔认为这意味着要鼓励其贡献在整个社会"集体"中最显著的那些人。贝尔认为这种"贡献"创造着事实上的平等，这是同重新看待人道主义价值相联系的。"我们用'各尽所能按需分配'来代替'各尽所能按劳分配'的原则。这些需要对于不由自主地处于不利状况下的人来说是不公平的"②。

看来，贝尔企图利用共产主义的原则，但实际上却赋予它以相反的、上流社会的理解，这是在为社会不平等辩护，并排除了对资本主义制度进行革命性变革、使社会朝着共产主义方向发展的可能性。他认为，"后工业社会"中发生的所有变化归根结底是人的意识的变化，变化的结局

---

① Z. 布热津斯基：《两个世纪之间：在技术统治时代美国的作用》，纽约，1970 年。
② D. 贝尔：《后工业社会的到来》，第 444 页。

是实现个人自由的理想；贝尔写道，但是在这种情况下"冲突的基础——人的两重本质，即侵略的动机与渴望秩序，破坏的本能与渴求协调……"① 并没有消失。

不出所料，用远非真正科学的构想去"解决"人的问题其结果就只能是诉诸永恒的"人性"，这是许多哲学人类学流派所遇到的难题。贝尔的构想被（不仅仅是马克思主义者）判定为"技术统治的乌托邦"不是偶然的。须知这是事实：贝尔认为"知识的上层人物"具有决定性作用，但是正如人们（包括H. 比林包姆）在公正地批判他时所指出的："贝尔本人十分清楚，学者和有学识的人是必要的，但是无论在哪一个社会中他们都没有处在指挥的地位上，而只是为经济和政治上层服务"②。

贝尔本人也承认，对于形成一个阶级来讲，"知识上层"还缺乏一些共同利益。在谈到学者在制造原子弹和氢弹方面的作用时，他指出，每一次富有决定性意义的决定都不是由学者而是由政治和军事当局作出的。并且，在分析大科学（Волишая наука）的情况时，贝尔指出："学者集团认为国家的干预是不可避免的"，"科学探索越来越官僚化"③，同时，他把"科学的时代精神"、"无私地为真理服务的原则"同"不尽人性的技术统治"对立起来，认为这种原则是"新社会的超验道德"。

贝尔的这些思想遭到了他的许多论敌的批判。例如，D. 龙认为，贝尔断言新教伦理是资本主义的时代精神，社会主义思想是苏联社会的时代精神，"科学的时代精神"是正在发生的"后工业社会"的时代精神，这些说法是不正确的。龙认为，马尔库塞是比较正确的，他把科学的合理性定义为努力统治自然，而不是渴求知识本身。龙提醒说，科学是同政府紧密地联系在一起的，它没有自主权；当然，学者可以提出一些想法，但有效的权力仍然掌握在国家手中④。

比林包姆指责贝尔过于克制，指责他的唯科学主义、悲观主义，指责他缺乏空想的热情。他认为正是因此使得贝尔不能指出政治运动的前

---

① D. 贝尔：《后工业社会的到来》，第488页。
② 《纽约时报书评》，1973年7月1日，第18页。
③ D. 贝尔：《后工业社会的到来》，第343页。
④ D. 龙：《对时代的分析》，载《新领袖》，1973年9月17日，第18页。

途，而这种政治运动则能把现代社会变得"更加真正人道一些"。相反，某些批评认为，贝尔背离了从前的技术统治的幻想，这种幻想表现在他的非意识形态化理论之中，而这一理论受到学生运动和罢工运动的冲击①。

事实上，这些和其他一些事件以及"技术统治的无政府主义"的无能为力使贝尔等走向"新的社会哲学"——所谓实际上同以往的技术统治论和改良主义幻想断绝关系的新保守主义②。新保守主义在许多发达的资本主义国家（西德、法国、奥地利等国）得到了广泛传播，同时，一些在很大程度上不太注意经济和科学技术因素，而更加注意价值观和意识、意识形态和道德变化的作用的观点也很流行。但这并不意味着唯科学主义和技术统治论因而就完全退出了历史舞台。相反，这些理论得到了新的发展，但这是在其他社会政治思潮和思想的外衣下进行的。

例如，这些理论在 H. 坎、W. 布朗、L. 马捷尔的《下一个二百年：美国和世界的图景》③ 一书中得到了十分明显的反映。这本书涉及到了科学技术的作用和地位问题（它们是善还是恶？），作者谈到在人类与科学技术之间似乎存在着"浮士德式契约"：人类借助于科学技术获得了力量，自己也面临着科学技术的威胁。但是作者反对用政策去阻止或延缓科学技术进步。相反，他们认为，在保持警惕、预防或减少可能发生的不良后果的同时，加快发展科学技术是必要的。

正是在科学技术进步方面，H. 坎及其同伴看到了普遍转向未来的"后工业"社会的西方文明长期发展的"多向性趋势"。在他们看来，这一趋势表现在下述方面，即在解决社会、经济、政治和文化问题以及利用改造物质世界方面，习惯行为和直觉行为的作用在减弱，开放性的、纯理性主义的做法和社会技术的作用在加强；科学技术知识的作用在提高；文化的消费性在加强；资产阶级的、官僚制的、技术统治的和"能人统治的"（我们记得，这是贝尔的话）上流社会和专家的地位在提高；

---

① J. A. 费瑟斯通：《政治幻想的失败》，载《新共和党人》，华盛顿，1973 年 9 月 15 日，第 168 卷，第 10 号。
② 参阅 А. Ю. 梅利维利《当代美国保守主义的社会哲学》，莫斯科，1980 年。
③ H. 坎、W. 布朗、L. 马捷尔：《下一个二百年：美国和世界的图景》，纽约，1976 年。

世界规模的工业化；文化水平的提高和大众教育作用的增强；"科学工业化"的出现和知识分子数量的增长（进而他们的作用在加强），等等。

同时作者认为，在未来，即在"超工业经济"大规模发生的过程中，西方文明发展的"多向性趋势"就表现为"共产主义、资本主义和基督教的发展"，然后表现为经济的不断增长，技术的不断改进，纯理性主义得到发展，成见被消除，表现为"能人统治"，最后达到开放的无阶级社会，这种社会的信条是：只有人和人的生存才是绝对神圣的。

我们看到，摆在我们面前的是站在"技术统治乐观主义"立场上勾画出来的规模宏大的社会乌托邦蓝图。虽然其中有许多是在切实分析科学技术进步趋势的基础上得出的结论，但其总的社会观却是十分狭隘和片面的。实际上，作者忽视了当今世界上发生的根本的社会变化，很明显，这种变化将从本质上决定人类的前途。他们没有看到在不同的社会经济体系（社会主义和资本主义）中决定科学技术进步特点的那些因素的作用方向是不同的。而预测的质量在很大程度上要依这些因素为转移，这正好说明，他们的想法究竟是现实主义的、科学的，还是空想的、抽象演绎出来的。

应该说，实质上宣布"新祭司"的唯科学主义和技术统治论今天贯穿到主要由政府制定和拨款的许多面向未来的方案之中，这些方案以权力机构为依托，与相信科学和技术是万能的相比，在这些方案中甚至不会发生关于某种其他立场的可能性的问题。可以说这是"实用的"唯科学主义和技术统治论，一般说来，这些构想在理论上没有形成自己的立场。这些构想是最危险的，目前它们在资本主义社会正处于统治地位。①

人本主义与诉诸科学和技术的公开的唯科学主义和技术统治论不同，通常在原则上它不拒绝科学技术，而是力图消除其消极的、"非人道"的性质。这种"对科学的批评"具有久远的传统。例如，M. 海德格尔②以

---

① 由于科学的社会地位，由于学者在社会上的特殊地位，在科学中发生了许多复杂问题，H. B. 莫特罗希洛娃在《当代资本主义条件下的科学和学者——哲学社会学研究》（莫斯科，1976 年）一书中详细分析了这些状况。

② M. 海德格尔：《论人道主义》，法兰克福（莱茵河畔），1947 年。此处可参阅 Г. M. 塔夫利江《海德格尔对技术的本质的"元技术的"论证》，载《哲学问题》，1971 年第 12 期。

巩固摆脱技术决定论的某种哲学前提为目的，在他看来，技术文明的未来是可想而知的，这就是只有在继续非人道化方面假定某种"转折点"，即转向人自身，自然而然地形成新的精神状态，在这种精神状态下人能够以新的方式看待自己、看待自己同所有其他存在物的关系，其中包括看待技术的意义和作用。在海德格尔看来，如果不是这样，技术的飞速发展将把人类引向灾难。所以应该抛弃"技术主义"的思想，用艺术家的直觉去补充这种"不合逻辑的"理性主义，把理智同幻想结合起来，意识到技术和艺术具有统一的本体论基础。

从这个角度继续"对科学进行批判"的有存在主义和法兰克福学派的代表人物，特别是Г. 马尔库塞和Ю. 哈贝马斯。实质上，唯科学主义和技术统治论是在断言，科学和技术的发展意味着"意识形态"的没落。法兰克福学派的代表人物在反对这些理论的时候把科学技术革命看作向新思想体系的过渡，他们把这种思想体系称之为"技术的合理性"。他们也以自己的方式把科学技术绝对化，把它们同社会现实的其他方面对立起来，并在许多情况下公开站在反唯科学主义的立场上（Г. 马尔库塞和其他人①。）"技术的合理性"统治着整个社会生活，这种地位似乎是由"技术的理智"这一概念本身预先决定的。Г. 马尔库塞的《单面人》一书以"发达工业社会的意识形态研究"作为副标题，他在书中写道："以技术为中介，文化、政治、经济融合在一个包罗万象的体系之中，这一体系包括了或排斥了一切选择……技术的合理性变成政治的合理性"②。这就是说，"不是对技术的运用，而是技术本身就对自然和人类进行着统治，而且是有计划的、被科学计算好了的政治"③。马尔库塞认为，科学技术进步正在向现代"工业"社会的所有领域渗透，它创造了一定的思维类型和行为类型，而这些类型表明了其体现者——"单面人"的特点。

---

① 关于此点可参阅《法兰克福学派社会哲学批判》，莫斯科，1978 年；В. Г. 费多托娃：《当代资产阶级哲学中的社会文化趋向批判·唯科学主义和反唯科学主义》，莫斯科，1981 年。

② А. 马尔库塞：《单面人——发达工业社会的意识形态研究》，纽韦德—柏林，1967 年。

③ J. 哈贝马斯：《技术和作为"意识形态"的科学》，法兰克福（莱茵河畔），1969 年，第 49 页。

于是，在马尔库塞看来，"单面性"是"技术的合理性"统治社会的结果，而"技术的合理性"有损于人们的政治要求和思想要求，使需要等方面的差异归于消失。换言之，这是一种被绝对化了的唯科学主义和技术统治论，但是，在现代资本主义社会。这种绝对统治的现实性仍是一个问题，众所周知，资本主义社会的矛盾主要是由所有制关系决定的。然而，马尔库塞"稍微"忽视了这一基本矛盾，而正是它规定着能够消灭资本主义社会关系的现实的社会力量。他要说明"人的本质"，但实质上却离开了真正的社会领域。他把唯科学主义和技术统治论同其明显的对立物——人本主义对立起来，并对人的需要作了"新的"规定，这些"新的"规定是从弗洛伊德的"生的本能"引申出来的，而本能的解放创造者"新的感性"，它似乎能够使现代社会变得革命化起来。

可见，这是人本主义的生物遗传决定论的一个变种，它认为要扬弃"技术的合理性"和与之相应的人的"单面性"的统治就要借助于"人类学的革命"，这一革命被解释为"意识革命"、摆脱潜意识并建立"新的感性"，而这一革命要经过政治实践才能实现。这样，马尔库塞认为，"新的感性"造就了"新人"，"新人"又创造了"新道德"、"新语言"、"新科学"、"新技术"，结果是建立了一种"新社会"。在这种"新人本主义"中，一切都是"新"的，而只有其乌托邦主义和反科学性对于一切人本主义的变种来说仍是旧的、传统的东西，而人本主义在批判唯科学主义和技术统治论时不是指靠社会因素，而是指靠被抽象理解的"人性"。结果，扬弃"技术的合理性"和克服人的"单面性"的措施就只能是左的激进的空想和"暴乱的思想体系"，而不能成为社会实践的实际任务。

法兰克福学派的另一个代表人物 Ю. 哈贝马斯企图走出这个理论和实际上的死胡同，他力图解决科学技术进步同人的需要之间的矛盾，因而把科学和技术的发展与人的需要的统一、使其成果（借助于对管理系统的一系列改良）适合于"个人的综合利益"[①] 这一假设的可能性同"技术的合理性"的统治对立起来。这种改良主义的纲领否认科学技术

[①] J. 哈贝马斯：《后资本主义的合法化问题》，德文版，莱茵河畔法兰克福，1973 年，第 129 页。

"人道化"是对社会的本质性变革，所以毫无疑问，它最多只是一种普通的空想，纯粹是缓和"技术统治乐观主义"和唯科学主义的极端性的一种思辨的妄想。

Γ.马尔库塞宣称的"人类学革命"是一种"反对技术统治的暴乱"，毫无疑问，它在资本主义社会的现实中有一定的客观基础，然而作为其基础的反唯科学主义却没有表现出批判唯科学主义和技术统治论的趋势。但是，实证地解决这些问题的企图是完全脱离社会的实际需要的，它只能激起形形色色的左倾极端主义运动，这种运动是浪漫的空想和绝对的拒绝症所固有的，在对待现代科学和技术的关系上也是如此。在这个基础上，在反唯科学主义的口号下，所谓"对科学的批判"越来越激烈，有时甚至动用了默示录式的预言和咒语，用自己解决人的问题的原则和理论去消极地对待科学和技术。这些理论的拥护者们使用了所谓科学"魔鬼"这样一个神话式的概念，他们断言，科学会威胁人类，所以它是一种敌视生命的力量，这种力量越来越不受人的支配而开始作为一种独立的力量而存在。科学技术带来的似乎只是人是强大的这样一种幻想，而实际上人却成了工业化的奴隶，工业化则破坏了自然环境，带来了文化和道德的堕落，使人类面临着灭亡的威胁。对科学技术的这种责难通常是同这样一些观念结合在一起的，即认为任何科学技术进步都不依赖于社会条件，而科学技术是敌视"完整的个性"及其发展的力量。这些观念的拥护者宣称崇拜人，声称他们的理想是造就不孤独的、"真正的"人，他们试图造成一种印象，似乎存在着这样一条道路，它保障着整个人类的未来和每一个人的全面发展，同时它又与越来越迅速地改变着人们生活所有领域的、以公正而理智的社会关系为基础的科学技术进步无关。

当然，反对这些观念并不意味着忽视这样一种事实：今天在许多情况下，科学技术进步的发展是片面的，并带来了一些消极后果。但是，不能不看到将来这些现象或许只有借助于科学技术才能克服，而这种科学技术又必须是在人应得到的那种社会条件下发展的。消极后果并不是科学技术进步本身所造成的，而是科学技术在广度和深度上发展得都不够，它们变了形，偏离了人道主义目标这些情况所引起的，而这种偏离是由于社会因素与这一目的不相适应所造成的。

然而，对科学的浪漫主义的批评不是更多地诉诸人的理性，而是更加诉诸感情，它没有考虑到上述具有决定意义的情况。它号召要消灭由于科学技术进步和工业化而给人和人类文明带来的那些"变态"现象，恢复人的"多面性"和"完整性"，用以代替人的"单面性"（Г.马尔库塞语），实际上，这种号召是同指望人的文化、意识、道德发生某种乌托邦式变化的幻想联系在一起的。

就其世界观基础来说，那些把科学技术进步的所有现代矛盾都同自然界"不完善"、人"不完善"（一半是动物、一半是上帝、创造者）联系起来的思想家们所取的立场是一样的。当时，莱希在其扬名著作《美国的幼芽》①一书中曾对资本主义滥用科学的现象给予广泛的、鲜明的（虽然其基础是荒谬的）、浪漫主义的乌托邦式批评。莱希号召建立"反文化"来对抗资产阶级的官方文化，他把自己的这一愿望首先同形成新型的、更加完美的人联系起来，而这种人则把非物质价值置于优先地位。莱希认为，美国社会的前途是革命，他把革命看作是高度智慧的胜利，而高度智慧则要创造新的、更加人道的社会，造就新的、自由的人——"完整的"和"有责任心的"人。这种人的行为的内在成果应该是人道主义价值，这种价值是以"新的感性"为基础的，而这种新的感性与在占统治地位的文化中表现出来的、被合理化了的、孤独的形式有着本质的区别。

在这里，莱希诉诸个人及其内心世界，毫无疑问，这包含着对那种不人道、压抑个性、抹杀个性和使其"单面化"的社会的某种抗议。但是，这里也表现出，他不理解人和社会之间存在着不可分割的联系，不明白正是社会的变化才是思想解放和人发展的关键。

在人与现代科学技术进步的关系方面，关于人的那些类似的构想常常不能对该问题给予科学的解决，不能阐明在阶级对抗的社会条件下科学发挥职能的实际矛盾之所在。这些构想注意的是某些伴随科学技术进步而来的现象，同时把它们当作"普遍的"和"命定的"东西，这些构想常常按照现有的消极范例把未来模式化，并断言这是人类不可避免的命运。

---

① Ch. 莱希：《美国的幼芽》，纽约，1970年。

这种观点在"反文化"概念中,特别是在对它的某种解释中表现得十分明显,美国加利福尼亚大学文化史教授 T. 罗扎克的著作就包含这种解释。例如,他在《人—地球:工业社会的创造性蜕变》一书中力图表明:"地球的贫乏同个性的贫乏是不可分离的,这两种贫乏开始一起以巨大的破坏力影响着主要的社会制度,而这种力量又肩负着文化革新的希望"[1]。同时,这里所强调的正是个性,正是郑重声明个人拥有发现"我"、揭示自己生活的本来意义、揭示面临灾难或死亡的个人的象征意义的主权。同时,罗扎克认为对个性造成威胁的一方面是资本主义的、个人主义的自私自利观念和个人利益,另一方面还有"积极的阶级意识,这种阶级意识使个性政治化,以致使它归于消灭"[2]。

当然,这种观点不可能是积极的,同时这也使作者运用"人—地球"的相互依赖性作为"健康的经济政策和生态政策"的主要指标(指示器)这一企图失去价值。同时,罗扎克坦白地站在反唯科学主义的立场上,认为科学要为"压抑个性"负责。他还指责马克思主义的人道主义,因为它"既没有批判科学在文化方面的统治地位,也没有同高度工业一体化的至上命令划清界限,所以……它不能保护已经觉醒的人的个性"[3]。

"政治的发展似乎已经超过了科学的现代魅力和工业发展的需要"[4],它将导致"新的人类个性"的产生(罗扎克认为它"既不是个人主义的个性,也不是集体主义的个性")。但是实际上这意味着作者只是在托尔斯泰、魏特曼、甘地等人的"神秘的无政府主义精神"中谈论"从精神上量度生命"的必要性,而没有给出定义。在这里,罗扎克还攻击马克思主义,攻击它诉诸科学,似乎是根本上拒绝承认人的自由、创造和超验的目的性。最后,罗扎克得出了如下结论:世界需要……新的僧侣和新型的寺院生活,它能帮助世界渡过即将来临的社会动荡和经济混乱。

这是反科学的乌托邦和"为了挽救地球而发现'自我'"[5] 的必然结果,这就是"反文化"的理论家对世界的奉献。这种浪漫主义的乌托邦

---

[1] T. 罗扎克:《人—地球:工业社会的创造性蜕变》,纽约,1979 年,第 XIX 页。
[2] 同上书,第 31 页。
[3] 同上书,第 117 页。
[4] 同上书,第 119 页。
[5] 同上书,第 321 页。

理论在科学技术同人的关系方面是以极抽象的形式来研究科学技术的发展过程，研究人自身、人的本质和发展的，大概这种理论不会有什么真凭实据。马克思在当时曾深刻地揭示了这一点，他指出："留恋那种原始的丰富，是可笑的，相信必须停留在那种完全空虚之中，也是可笑的。资产阶级的观点从来没有超出同这种浪漫主义观点的对立，因此这种浪漫主义观点将作为合理的对立面伴随资产阶级观点一同升入天堂"①。

左倾激进的"科学的批评者"的思想体系，其中包括"新左派"的思想体系，在其同资产阶级技术统治论的相互影响中所发生的变化，证实了马克思的预见的正确性。马克思的结论也完全与法国的所谓"新哲学家"和"新右派"有关。最近几年由于资产阶级报刊、电台、电视的卖力宣传，这些观点在西方已非常流行。"新哲学家"是在七十年代后半期出现在广泛的社会舞台上的，他们是"新左派"的继承人，但又对"新左派"的政治方案感到失望从而主要致力于文化领域，似乎在文化领域中压迫人的极权主义和独裁主义正在加强。"新哲学家"反对整个人道主义文化，声明自己是人道主义的反对者，在他们看来，人道主义是"关于统治的科学"，在这里，他们所指的首先主要是马克思主义的人道主义。"新哲学家"折衷地把结构主义的一部分同自己的有时是故意引人注目的唯科学主义以及同积极的科学性根本对立的存在主义揉在一起，他们断言，用传统的人道主义解释人已经过时。他们用弗洛伊德主义—结构主义关于人的模式去解释了，在这里，实质上"自我"被归结为一种愿望，这种愿望的表现和"非性欲化"似乎能提供自由。

"新右派"的观点引起社会的注意最早是在70年代末，后来贝努阿、波尼亚托夫斯基、鲍维尔等人②的著作相继问世。他们在关于人的构想中也诉诸现代科学，特别是诉诸生物学、遗传学和生态学等等，但他们只是要证明"差异原则"的决定作用，证明创造"有思想的、积极的时代精神"和"新贵族"的必要性，似乎这种新贵族能够"使西方世界复

---

① 《马克思恩格斯全集》第46卷，上册，第109页。
② 确实，还是在1967年法国就建立了"欧洲文明研究小组"（ГРЭС）并实际上开始运用"新右派"的概念。它的总书记（从1978年起）П. 韦亚·尔在《为文化的复兴而斗争，欧洲文明研究小组的发言》（巴黎，1979年）一书中确定了这个小组的基本思想。

活",能够解决威胁它的全球性问题。在独特的《马亚斯特拉》①(Майастра,由神奇的鸟而得名,在人遭受痛苦的时刻它能给人们以勇气和意志)宣言中,"新右派"断言,主要的东西乃是对生活的新的促进和可以为之而献身的理想,而所有其他东西只具有纯技术性。他们的出发点是:意识形态(包括马克思主义)面临着"普遍的危机",他们想"积极地"同马克思主义断绝关系,即以自己对于基本问题(包括全球性问题)的解决去同它进行"科学的"对抗。

"新"的哲学人类学的建立就是以此为目的的。虽然在形式上它依据生物学的资料,包括依据遗传因素制约着人的能力这一论题,但事实上它把这些资料和论题歪曲为社会生物学。应该指出,由于这种理论受到了批判,所以有些"新右派"被迫稍微改变了一下自己的立场。他们坚决拒绝指责社会达尔文主义、"生物唯物主义"和还原论。现在他们断言,人是一种"向世界开放的"、"没有方向"的生物,他创造着自己。他们还宣称,他们根本"拒绝任何决定论,不论人是从生物学、种、阶级、经济、性、结构方面走过来的,还是从形而上学的神学中产生的。他们把人定义为宇宙中智慧的唯一源泉,而在宇宙中,偶然性不外是必然性的别名"②。同时,他们拥护"差异权",主张人们回到"原始状态中去";他们反对"经济主义"(他把它强加于马克思主义),主张用生活的意义来代替生活方式等等。

在这些宣言中有不少是由畸形的资本主义文明所引起并反对这种文明的东西。但试图把这些推广到社会主义和马克思主义关于社会和人在社会中的地位的学说上去,那是荒谬的。在这里,两个极端走到了一起:"新左派"通过"新哲学家"开辟了通向"新右派"之路,新右派则要替换"文化革命"这个含混不清的咒语。实际上,这种"文化革命"的使命是侮辱科学的纯理性主义和人道主义,同时也侮辱人自身,它是"新贵族"和"回到原始状态中去"这些主张的独一无二的纲领,它公开批判马克思主义及其关于人和共产主义文明的学说。

---

① 《马亚斯特拉》:《西方在复兴吗?》,巴黎,1979 年。
② A. de. 贝努阿、M. 马尔曼、P. 韦亚尔:《这才是我们的真实想法》,巴黎,1980 年,第 33 页。

这些构想在很多情况下都诉诸科学，同时又"揭露"科学，它们把人置于所有问题的交叉点上，但又把他贬低到单纯感性的水平。毫无疑问，这些构想实质上是反人道的，它们没有给人的未来指出真正的希望。对人与科学发展的现实联系问题它们不可能作出明确的、深思熟虑的回答。在某种意义上它们试图使人的思想倒退，因为它们鼓吹的是那些不能再现的旧成见。

正如我们所看到的，不管是把科学和客观知识绝对化（唯科学主义），还是反对科学、崇拜抽象的人（人本主义），在科学技术进步条件下它们都充当着哲学—社会学有关人及其本来的许多现代观念的潜台词。在科学与作为认识客体的人的关系方面，唯科学主义和人本主义的这种抉择把欧洲科学发生和发展的特殊性作为自己的起点。但是这种抉择并不总是"诚实的"。

例如，泰亚尔·德·夏尔丹的哲学人类学认为科学不仅是手段，也是目的。这就意味着未来社会是科学的，在这种社会中科学是为人服务的。泰亚尔反对把科学用于军国主义和自私自利等方面。他认为，一般说来至今科学的运用并不是十分合适的，因为它只被当作"更容易获取那些最陈旧的东西——土地和面包的一种新方法"，但是这样一来，"我们就把天马套在犁上。如果马瘦了，即便放开缰绳，它也不能拉着犁跑起来。这一时刻将要到来（它必然会到来）——被很不合适的驾具束缚着的人将会认识到，对他来说科学并不是可有可无的，它是极其重要的活动形式，事实上它是被机器不断解放出来的剩余力量的自然出口"①。毫无疑问，这是一个深刻的思想，虽然泰亚尔没有揭示出科学的社会本质，但他明确地指出了科学的根本命运，指出了它的崇高的人道主义功能。泰亚尔认为，人类不可避免地要走向"人类的科学时代"，而"这个时代在很大程度上是关于人的科学的时代——探索着的人最终会发现，人是'认识的对象'——这是所有自然科学的关键之点"，泰亚尔认为："这概括了我们的全部认识……"②

这种人道主义观点（实际上，这种观点是十分普遍的，它是从社会

---

① 泰亚尔·德·夏尔丹：《人的现象》，第274页。
② 同上书，第275页。

政治观点出发的）成了1960年建立的"生命研究所"这个国际组织的旗帜和目标。

这个研究所要对"人类生存问题进行全球性研究"，以制定一个"全人类的行动纲领"。为此，它提出了人及其文化（包括科学技术进步）同生物环境"共同进化"的理论，提出要加强学者同不同职业、不同地位的人之间，其中包括政治领袖同社会领袖之间的联系，并促进他们交换意见。它指出，任何研究和随之而来的建议都要注意科学技术的人的方面。

许多社会改良主义乌托邦从科学同人的关系方面涉及科学问题。广泛流传的托夫勒的《未来的震荡》[①]一书就是这类乌托邦的一个变种。作者认为，大多数关于未来的著作都发出了一个"无个性的响亮的声音"，他主要把注意力放在未来的"个性"方面或"人"的方面。在这里，托夫勒所研究的主要是精神心理状态，他把它称之为"变化病"、"未来的震荡"，这是由于人同日益加快的生活的接触而引起的。托夫勒认为，必须改变对于未来的态度，更好地理解它在当前所起的作用。所以他提出了一个他自以为是新的、普遍的适应理论——即人的本性要适应变化，"要训练人们去适应未来"。

托夫勒十分详细地描述了"超工业革命"的后果，他规定了人适应迅速变化的极限，分析了帮助人在这种条件下生存下去的战略。从生理的角度来看，他认为"未来的震荡"是人的机体对于过剩刺激的反应。托夫勒认为，为了研究这一现象必须运用心理学、神经学、沟通理论和内分泌学等方面的知识。他认为，科学、技术和社会变迁速度的加快破坏着人类的生物稳定性和化学稳定性，但这不一定是坏事，因为托夫勒认为变化不单单对生活是必需的，而且它也是生活本身，而生活就是适应。但是，归根结底，与其初期相比人越来越成为变化能力有限的生物系统。托夫勒认为，在这种能力不足的情况下，同未来接触就会发生震荡。它可能是心理负担过重、刺激过多、感官"受到轰击"、信息负担过大的结果，是迫使人必须作出决定所造成的后果。

托夫勒认为，科学技术进步是引起变化速度加快的原因之网的纽结，

---

① A. 托夫勒：《未来的震荡》，纽约，1971年。

甚至有可能恰恰是这一网络的所有纽结的基础。所以，他得出结论，单个个人无论怎样努力使自己的生活井井有条，我们无论向个人提供怎样的心理学帮助，教育系统无论怎样变化，整个社会都不能摆脱加速发展的科学技术进步的压迫，至今我们还不能去有意识地管理科学技术进步。我们不能也不应该用一个开关去中断科学技术进步。托夫勒认为，只有浪漫主义的蠢人才空谈回到"自然状态中"去。托夫勒提出了"裁减技术"的问题，他既反对技术统治论者，也反对技术恐怖论者。他认为，科学和技术的发展问题不应当仅仅作为一个特别的科学技术问题来解决；这是一些政治问题，比起当前我们着手解决的大多数肤浅的政治问题来，它与我们有着更直接的关系。

但是，对于什么样的社会结构能够在促进科学技术进步发展和深化的同时，又能够为了人和社会的利益而理性地管理这一进步的问题，托夫勒似乎没有作出科学的回答。他认为西方国家现行的"以经济利益为基础的体系"和似乎在社会主义国家存在的严厉的国家集权化都是过时的东西。托夫勒声称："我们是工业化总危机的见证人，而这种危机正在拭去资本主义和苏联式的社会主义之间的界限"①。托夫勒认为："超工业社会"需要某种结构。至于这一结构是怎样的，他没有明确地予以回答。但从他谈论"计划的人道化"、未来主义的艺术和政治（他认为未来主义能预见未来），谈论在确定我们的社会目标方面必须"进行革命"等问题时的上下文可以明显地得出结论：实际上，托夫勒指的仍旧是资本主义社会，是仅仅作了一点改良的、更加适应科学技术进步所引起的迅速变化的资本主义社会。托夫勒号召不单单要克服技术统治论，并用"更加人道"，"更加有远见和更加民主的规划"代替它，而且要把进化过程置于人的有意识的支配之下，要预见未来和规划未来，——所有这些都是他的善良愿望，是一种普通的乌托邦，这种乌托邦对当前的影响比对真正的未来的影响还要大。

这些观点在托夫勒的新书《第三次浪潮》②中表现得十分明显。在该书中，他企图说明科学技术革命所带来的全球性的社会后果和政治后果，

---

① A. 托夫勒：《经济痉挛的报告》，1975 年第 7 期。
② A. 托夫勒：《第三次浪潮》，纽约，1980 年，下引此书不再注明版本。

同时也谈到了在"第三次浪潮"中发生的、与当代科学技术革命相联系的某种"新文明"。但是，这里指的只是那种资本主义社会的改良的变种，这种社会的主要特点在托夫勒所研究的"新文明"的所有领域都是很明显的，这些领域是："技术领域"（包括能源基地、生产和分配）、"社会领域"（家庭、教育系统、占统治地位的企业类型）和"信息领域"（信息产业）。托夫勒没有把向"第三次浪潮文明"的转变同革命过程联系起来，而是把它同"不同水平上的成千上万的新旧交替现象和矛盾联系在一起……所有这些都要以现代精英、亚精英和超精英的随机应变的能力为转移"①。

这种观点在当代未来学文献中十分流行。毫无疑问，它不可能是保障人和人类在未来能顺利发展的现实运动的基础。但是，这种观点常常（虽然并不是一贯地）反映出许多现实矛盾，即科学在其与人的关系方面借以起作用的当代资本主义方式的矛盾。

在某种程度上，费尔基斯在《工艺人：神话与现实》②一书中阐述的思想也是这种观点。该书以哲学的形式考察科学和技术世纪人的命运问题。费尔基斯谈到了未来的"存在主义革命"，即人类的自我改造，它将把人类引向"工艺人"的新时代。这种人将同创造了"工业文明"的现代"工业人"有根本的区别。费尔基斯指出，"工业人"带有"工业文明"的色彩，这就是：用大机器生产和消费物质商品，摆脱自然并同自然界作斗争，为了演戏或思维而压抑本能，竞争和战争成为首要的目的。费尔基斯认为这种文明是由基督教（特别是清教徒式的基督教）、科学和达尔文主义同人的初级情欲相配合而引起的。

虽然不能否认费尔基斯对于资本主义文明及其缺陷给予了尖锐的批评，但是很难理解，怎样才能把这些不同的现象结合在一起。另外，他提供的出路也是非常含混不清的。"存在主义革命"意味着什么？费尔基斯分析了"社会学预言家"（布热津斯基、埃特齐奥尼等）的预言，总的说来他不同意他们的意见；他发现一些"存在主义预言家"（斯金纳、克拉克、兰杰尔斯、泰亚尔·德·夏尔丹）的预言更有根据。他们认为人

---

① A. 托夫勒：《第三次浪潮》，第 438 页。
② V. 费尔基斯：《工艺人：神话与现实》，纽约，1970 年，下引此注，不再注明版本。

类正处在新世纪的门槛上。在新世纪，人将获得统治自己和周围环境的新权利，这就从根本上改变着人类生存的性质和意义。"存在主义革命"的实质正在于此。费尔基斯认为，这一革命会给人类带来心理上的震荡，将以无人知晓的规模给人类提出一些实际问题。

费尔基斯研究了一系列与"存在主义革命"有关的问题，它们是：人的周围环境的扩大（征服宇宙和世界海洋等）；经济生活、首先是劳动生活的改变（自动化、计算机的运用等）；新的生物手段和药理学手段的出现，这些手段能够在不伤害人本身及其个性的条件下直接影响人的意志；统治集团借助于电子学进行集中监督和社会控制的可能性大大增加；还有，借助于生物手段，特别是遗传工程改变人的生物本性和心理。但这还不是全部。除了纯粹的科学因素之外还存在着一些其他因素，它们把人类引向"存在主义革命"的门槛，人口的增长就是这样一个因素。

费尔基斯写道："透过二十世纪的文明已经清楚地听到了轰轰声响，地球已经在运动"①。这就是说"存在主义革命"正在进行，"工艺人"的诞生就是其标志。实际上，这种"工艺人"至今与其说是现实，倒不如说是神话。因为在社会中资产者居统治地位，而他们是承担不了这场革命的。至于谈到"工艺人"，在费尔基斯看来，"根据定义"他具有看待科学技术世界的新方法，同时，科学技术则保障着未来文明的价值标准。就是"根据定义"，此外费尔基斯并没有指出任何现实的实际道路。例如，他很注意"新哲学"的结构，这种"新哲学"包括"新未来主义"、"新整体论"、"新内在论"——总之包括所有"新"东西，虽然它们明显地带有一些十分陈旧的内容。费尔基斯认为，在这个"新哲学"的基础上应该制定一些伦理规范，它们是使人能够在新条件下生存下去的政策的基础，这将会导致人类文明方向的变化。

费尔基斯反对用社会主义"制度""代替"资本主义"制度"。最后他承认，虽然"新哲学"包括新的决策形式并要求有一个能够把这些形式变为政策和实践的新的社会制度和政治制度，以使教育、经济、国内和国际政治制度成为一种工具，借助于这些工具"工艺人"将能发展自我意识并表现自己的才能，但是，什么样的政策能够更好地对待"存在

---

① V. 费尔基斯：《工艺人：神话与现实》，第115页。

主义革命"所造成的危机却是不很明确的。费尔基斯认为，这样的情况应该是局部的，因为，只要人还是人，那么未来就总是开放性的。这种哲学智慧未必能够鼓舞任何一个人，大概赞尔基斯也没有这种奢望，尽管他认为自己是一个"存在主义预言家"这一点是十分明确的。

很明显，虽然唯科学主义、技术统治论和反唯科学主义在表面上以不同的方式来解决与科学技术革命有关的社会问题和人的问题以及与人类文明和人本身的未来有关的问题，但它们却导致了某些类似的结果。在某种程度上它们都是以未来学为基础的普通的乌托邦和神话。这些表面上互不相同的未来学神话成了轰动一时的东西，成了畅销书，它们渗入到西方的科学幻想作品和纯幻想作品之中。渗入到电影和电视之中。它们使那些意识和鉴赏力不发达的人吃惊、受教育、害怕、使他们得到安慰或者使他们只是感到快乐。

这些在西方得到广泛传播的未来学预测是似是而非、千奇百怪的，但它们起着相同的政治的和意识形态的作用。在这里，一个确定的逻辑是，不论它们中的哪些在当时被提到了首位，都有一种臆想的选择来同它们对立，而实际上只是对它们加以补充。这一逻辑是由社会发展的主、客观因素决定的，而这些因素又同科学技术进步和现代的全球性问题相联系。这就是为什么主要寄希望于科学技术进步的人（福列斯特、贝尔、托夫勒等）这么容易同西方的"对进步表示失望"（阿隆）、对唯科学主义的"批评"（莱希等）、"技术悲观主义"（马尔库塞）和抽象的"科学人道化"思想（哈贝马斯）和平共处的原因之所在。因为所有这些理论都有一个统一的目标。那就是要证明：科学技术进步和全球性问题的尖锐化使人类（它不依现存的社会体系为转移）面临着一个共同的生活前景，因此，资本主义同社会主义之间的差别似乎正在消灭。

在这种情况下，注视着人类未来的马克思主义者就面临着一个十分重要的人道主义任务：论证，即从理论上去说明科学和技术以及人本身（这意味着要揭示它们的真正本质）。但是，事情绝不止于此。当前，制定一个实事求是的科学纲领是迫切必要的，这个纲领应按照科学和人的本质来确定它们未来发展的趋势。要提出这样一个纲领并非容易和简单之举，而说服所有研究这些问题的人相信这一纲领的正确性则更加困难，它需要更长的时间和耐心地对话。

这方面的探索应该从科学的、论据充分的"思想体系"出发，我们认为这就是马克思列宁主义关于科学技术革命以及关于人是科学技术革命的主体和客体的理论。这个理论的优越之处在于，它不仅能够阐明科学技术的发展，而且能够管理它们。人们常常遇到这样一些看法，它们或者认为管理科学技术进步一般是不可能的，或者认为这种管理会带来一些消极后果，因为它压制了科学研究的自由，因而也就阻碍了科学技术的发展①。但是，这类抽象的一般结论只有在这样的情况下才能作出，即脱离科学技术发挥作用的社会条件来考察科学技术，认为它们与人道主义目标无关。其实科学技术的发展也取决于人道主义的目标，特别是在共产主义条件下更是如此，这意味着什么？科学在最近的未来命运如何？

三 科学是为人服务的，人是"一切科学的尺度"：通向新型科学之路，科学问题及其得以解决的全球化，按照新的方式思维和行动的必要性，未来科学的新特质

马克思列宁主义理论认为科学是一种社会建制，它不是一个与人类认识的其他因素绝对无关的领域。科学的真正本质是其深刻的始终不变的人道主义，这种本质在某些社会条件下可能变得模糊不清甚至被歪曲，而在适应科学发展的社会条件下它表现得越来越充分。现代科学的发生和发展总是同工业生产紧密联系在一起的，它变成了直接的生产力。在社会发展的这样一种前景上它会得到与其真实面貌完全相符的实现，这个前景是与科学技术的高度发展、与人的充分而全面的发展相适应的，这个前景就是共产主义。所以，科学在其中发挥作用的所有其他社会领域，都只能被看作是科学形成过程中内容上受局限的一些阶段，不论在

---

① 在第十六届世界哲学大会上（西德，杜塞尔多夫，1978年）出现了一些类似的观点，在全体会议和相应的小组会上，以"驾驭科学技术进步"为题进行了讨论（参阅《哲学和当代科学的世界观问题·第十六届世界哲学大会》，莫斯科，1981年）。

这种情况下科学在具体知识和个别专门学科方面取得了多么卓著的成果。

从马克思主义的立场来看,这就是作为社会建制的科学发展的趋势。但是,科学知识本身的发展又有其一定的内在逻辑,这种逻辑必然能使科学的本质力量得到更加充分的实现。从这种观点来看,一个重要的特征就是不论社会科学还是自然科学,其研究问题的方向都发生着重大变化。同时,正像已经指出的那样,与社会因素、生物因素、心理因素和遗传因素有关的人及其发展问题现在越来越被提到我们的面前。

今天,科学技术进步面临着必须并且也可能从根本上改变人与技术的相互关系的问题,以便不仅确保机器适用于人,而且相应于技术的发展而形成人本身的能力。工程心理学和新科学——人类工程学是解决这一问题的,人类工程学研究的是人在劳动过程中表现出来的可能性和特殊性,利用这些可能性和特殊性可以提高劳动效率,同时也能够促进人的精神和肉体的全面发展。

随着"生物世纪"科学的到来,人的全新的可能性会得到进一步开发,而分子生物学和遗传学（特别是人类遗传学）、生物控制论和其他生物科学的发展为生物世纪奠定了基础。科学正明显地转向人并将为人有效地适应新环境开辟巨大的可能性。无论是社会主义国家还是资本主义国家在这方面都取得了重大成果。但是,如果说社会主义把人的问题当作社会发展的必要条件和目标并从实践和理论上加以解决的话,那么资本主义就只是被迫来研究这些问题的。全世界亿万劳动人民已经看得很清楚,社会制度的胜利最终要依赖于是哪种社会制度能够更好地解决科学技术革命条件下的人的问题。正是这一点使我们对未来特别乐观,因为经验和历史实践都已证明,只有向社会主义和共产主义发展才能有效地解决人的问题。

科学是解决这些问题的主要杠杆,而不依社会主义和资本主义条件下、不同的动机为转移,它正朝着日益与人结合起来的方向发展,尽管在许多情况下它走向反面,从而为军事工业综合体服务。马克思写道,在资本主义条件下"科学,人类理论的进步,得到了利用"①。现代科学的运用引起了一些新的社会矛盾。这些现代科学虽然正为人服务方面作

---

① 《马克思恩格斯全集》第 47 卷,第 570 页。

出了一些成绩，但是正如我们所看到的，它们同人离得越来越远。唯科学主义和人本主义趋势在加强，上流社会的技术统治理论和补充它们的极左思潮、浪漫主义空想，以及作为世界观原则的"对科学的批判"这样一些东西得到了相当广泛的传播。

科学人道化的全部过程无论在广度还是在深度上都在发展，并且具有全球规模。同时，科学本身在很大程度上正转向对文明和人的全球性问题的综合性研究。今天，科学技术进步和未来科学的预测不能不包括这些主要的和基本的问题。这些预测在一些具体的预测工作中，尤其是在我国到2000年和更远时间的科学技术和社会经济发展的综合纲领中得到了反映。苏联共产党第二十六次代表大会指出了1981—1985年和1990年以前苏联经济社会发展的主要方向，向科学提出了一些新任务，这就是不仅要研究现在，还要研究未来。同时，分析科学技术革命所带来的社会后果，分析它对人、人的社会环境和自然环境的影响具有特别重要的作用。

苏联共产党第二十六次代表大会确定了到1990年我国经济社会发展和精神发展的基本方向，强调了科学技术进步正在增长的作用，并把它当作整个共产主义建设事业向前发展的基础和主要杠杆。代表大会强调指出，没有科学就不可能建设新社会。这与"大科学"密切相关，这个"大科学"的基础就是自然科学、社会科学、关于人的科学。在同实践（物质生产、精神创造、新人的培养）有机统一的过程中使这些知识之间相互影响正在成为当前的主要任务。

正如我们所看到的，对哲学与社会的关系和科学（包括自然科学）与人和社会的关系这一广义理解具有可靠的根据，并已成为马克思主义的一个传统。马克思主义者创造性地发展着这一传统，揭示并研究当前的一些新问题，这些问题带有综合性，这就要求采用相应的方法去加以解决。综合的观点注意到了社会科学、自然科学和技术科学之间的相互影响，考虑到了理论同实际、同人的利益的紧密联系，综合的观点越来越成为现代条件下科学发展的一个主要特点。

世界上越来越多的学者开始敏锐地意识到自然科学同社会科学之间的紧密联系问题。而任何一种知识向我们提供的都是人类智慧和精神的最高成果。为了认识现实以造福于人类，自然科学家、社会科学家和不同学科的代表应该继续发展他们之间富有成效的合作,否则整个人类文化就要受到损害。当今,重要的不仅仅是宣传,而且还要在实际上实现各学科之间、所有人道主义文化之间的统一和相互影响①。

当代许多研究科学技术进步前景的著名学者正是通过全面、深入地分析综合性的问题,其中包括全球性问题而发现了科学发展的一些新方向②。例如,还是在1959年举行的科学规划问题国际讨论会上,卡皮查在题为《科学的未来》的发言中就注意到了现在被称之为全球性的问题。卡皮查在讲话中提出了科学面临的一系列问题和任务,而其中的许多问题和任务不仅对于当前和最近的将来是迫切的,而且还超过了本世纪的范围。他关于未来从事创造性科学劳动的人口不断增长(达到活动人口的50%)的思想是饶有兴味的。他对未来的科学发现、新的科学领域的产生进行的预测包括许多新东西。毫无疑问,这里所指的不只是物理学(虽然他最注意它),而且还有进入宇宙空间、管理原子反应堆和把化学能直接变为机械能的问题,就像在动物和人体内所发生的那样。在这方面,他对研究未来的科学方法论问题给予了极大的关注;在卡皮查提出的有关未来生物科学(特别是遗传学)的问题中包含许多有趣的东西,

---

① 苏联科学院主席团科学技术的哲学和社会问题学术委员会就是为此服务的。它的主要任务是协调科学研究机关的活动,密切它同苏联和其他社会主义友好国家的社会发展的关系,密切它同科学地阐明全球性问题的关系。它的主要任务还有对于摆在自然科学、社会科学和技术科学面前的问题,在它们的统一和相互关系之中对之进行哲学的说明。这些问题有:研究作为社会建制的科学在科学技术革命条件下的作用,研究科学在现代社会中、在文化体系中的地位和作用,研究管理科学的组织的方法论问题,研究学者的社会责任、科学活动的道德要素,研究科学和科学技术创造的社会心理问题;研究人、科学、技术的相互联系,研究科学技术革命对人的发展的影响,分析在劳动过程和创造性需要的过程中人的社会心理方面,研究个性、科学技术革命的人道主义方面协调发展的问题,分析人与其居住的环境的相互关系的哲学方面和社会方面,从唯物辩证法的立场出发制定系统方法去研究人类的全球性问题,研究这些问题的社会方面,研究在解决这些问题的过程中科学和技术的作用,研究全球模式的原则;研究人的未来、科学技术革命的趋势在对立的社会体系(社会主义和资本主义)条件下发展前景的关系,制定对科学技术进步进行探索性预测和正式预测的模型的方法论前提与原则,批判资产阶级的未来学理论。

② 参阅:H. H. 谢缅诺夫:《科学与社会》,莫斯科,1973年;M. Л. 卡皮查:《试验、理论、实践》,莫斯科,1981年,下引此书不再注明版本。《科学的未来·国际年鉴》,第1—14卷;《技术和未来——苏联科学家对于科学、技术问题以及发展前景和它们在社会中的作用的分析》,牛津等,1980年;还可参阅:《科学研究和社会目标:走向新的发展模式》,牛津等,1981年。

而掌握控制突变方向的方法等等则为遗传学开辟了新的前景。他的发言还提到了在历史唯物主义基础上得到发展的社会科学方面的问题。①

在《哲学问题》杂志编辑部举办的学者座谈会上（1972年），卡皮查的发言探讨了最近的未来科学所面临的全球性问题，他把这些问题分为三个方面：①同地球上的自然资源枯竭有关的技术经济方面的问题；②在全球性环境污染条件下，同人与其生存的自然界的生物平衡相联系的经济方面的问题；③由于所有这些问题都必须在整个人类的范围内才能解决，因而要考虑到社会政治方面的问题②。他用这种观点批判了当时出现的罗马俱乐部的第一批报告，特别指出这些报告忽视了社会政治因素的作用，这对于制定马克思列宁主义关于全球性问题的一般理论是一个重大贡献。

特别重要的是，在研究全球性的社会政治方面的问题时，卡皮查把它同和平与裁军联系起来（我们知道这常常是许多西方学者回避的问题）；他把视线投向未来，去观察科学和整个人类文明发展的近景和远景。

以新奇的形式（比如撰写一些无人知晓的、超出我们的知识范围的东西）进行预测引起了人们的很大兴趣，这些预测被编为《未知百科全书》③。许多著名学者在书中试图提出一些与未来科学有关的新问题，同时也涉及了许多着眼于人类文明及其创造者——人的全球性问题。

现在看来，科学的未来不可避免地同人和社会联系在一起，并且，科学在日益增长的程度上提供新的研究情况，即人在科学技术进步体系中已经不仅被当作科学进步的主体或客体来加以考察，而且在其辩证的相互作用中加以考察。统一过程的这两个方面——人对于科学技术进步的主、客体关系——的相互联系和相互作用是这样一种理解的基础，即对整个问题的理解似乎正转向新的方面：它已经不是局限于单纯地和单向地分析人对科学技术进步过程的孤立的影响或这一过程对人的（积极的或消极的）孤立的影响。

---

① 参阅 П. Л. 卡皮查《试验、理论、实践》，第419页。
② 同上书，第422页。
③ 《未知百科全书：你想知道的未知事物》，牛津等，1978年。

对科学技术进步过程与人的相互作用的这种理解必须以对其适应为前提，而这种适应不限于改变（减轻或摆脱）科学技术进步的某些现象对人的生理、心理和遗传以及人生活于其中的自然环境的消极影响这一社会反应形式。有时用"反唯科学主义"和"人道主义"术语伪装起来的那种对这些现象的纯感情性态度只是用毫无实际内容的空泛辞藻来断定对待这些现象的方法。但是，恰恰相反，人对科学技术进步过程的适应性反应的最高社会性就是要研究这些过程本身，从而为了人的利益去更快、更全面地推动科学技术进步的过程。

以上简述的方法考虑到作为为人服务并成为显示人的创造可能性领域人道主义社会力量的科学，在其向自我实现方向发展的内在逻辑。除此以外，这种方法还有一个重要的优点，这就是：它能够指出，大概依靠科学技术进步本身的发展或许能够缓和（虽然不能完全消除）科学技术进步的某些消极方面，而在今天消除这些消极方面有时是和对于社会的彻底改造直接联系在一起的。像生产力进步的新的可能性得以实现的情况一样，这里形成了一个众所周知的"自感效应"，这种效应在人类生活领域得到了越来越广泛的传播。我们应该提防这种"自感效应"的某些新的意外后果，要善于准确地把它们之中属于科学技术进步本身带来的某些后果同社会（狭义地）因素带来的、即直接由某些社会条件决定的后果区别开来。

作为人类活动特殊形式的科学力图同这一活动的直接主体——人复归一体，科学人道化的这一过程表现为，同社会疏远的科学越来越成为"人的尺度"，即成为同人的本质与需要相关联的东西。可以说，这些需要不仅最终会以社会目标和结果的形式表现出来，也会直接地表现出来。在达到这一目标的过程中，作为科学活动主体的人的作用越来越重要（虽然认识的技术手段的力量在增加，但它已不再具有科学技术革命初期所具有的"魔鬼般的"作用）。此外，科学越来越深入到人的社会生活和个人（有时是隐秘的）生活之中，并对它进行着根本改造，使它服从于一些新的、前所未有的标准和结构。由于科学越来越依赖于社会，但同时这种联系似乎正在个性化、具有私人性，所以在许多情况下科学正在失去其隐蔽的、同社会疏远的形式。

学者们已越来越广泛而深刻地意识到这一点，这在一系列国际性研究计划（例如在联合国教科文组织的《科学与人的需要》的研究计划和其他计划）中有所表现。科学技术发展的人道主义问题在联合国教科文组织第二次世界文化政策代表会议（墨西哥，1982年7—8月）的文件和报告中也有所反映。正如丹津和普里戈任所正确指出的："科学应该同纯正的人类价值密切联系起来。那时科学的意义就不再局限于特殊的技术领域，就有可能认识人的全部复杂性，认识到他对于社会稳定的需要和对于个人自由的渴望"①。

同时，科学的一些旧的、传统道德—人道主义和伦理学问题又被重新提出或者变得十分尖锐。这样一种确定不疑的事实已表现得十分明显：如果学者们的社会责任感和科学工作中的伦理道德因素的作用不按照几何级数增长，那么科学本身甚至不能以算术级数的速度向前发展。

在今天，学者们日益增长的自我意识表现为各种形式。比如，在帕格沃什（Паяуощский）运动中这种自我意识表现得特别明显。著名的罗素—爱因斯坦宣言为这一运动奠定了基础。在这个运动中一大批学者反对准备新的世界战争，主张削减军备。现代科学变为发达的社会建制，科学进步及其成果运用于实践的重大社会意义不能不促使学者们去进行积极的、有组织的社会活动。为了自己的事业及其后果，学者们的道德感和人道主义责任感在大大加强，所以，学者们的社会活动的形式有所发展，这些活动涉及科学和与之相关的社会制度存在的一般条件。

实际情况是十分复杂的。虽然资本主义国家的大多数科学技术知识分子就其社会地位和经济地位来说属于雇佣劳动者，但是由于许多传统障碍和偏见，他们在意识方面仍然同工人阶级保持着一定距离，他们受到个人主义、悲观主义和政治上的冷漠主义的感染。他们反对资本主义的组织性还不发达，这不仅是因为有传统的资产阶级自由主义思想这个障碍，还因为垄断资本主义执意要利用他们为自己的政权服务。这种意图被各种技术统治论和上流社会论掩盖着，并且利用了社会关系、出身和许多学者习惯的资产阶级生活方式。但是，像整个西方进步的知识分子一样，学者们越来越相信资本主义是敌视文明、敌视人道主义科学和

---

① А. 丹津、И. 普里戈任：《我们需要什么样的科学?》，载联合国教科文组织《信使》，1982年3月号。

人类进步的，因为资本主义把大量能源和资源用于战争，同时它不可能利用科学技术进步为人民造福。许多学者看到，建立在无情的金钱和私利统治之上的资本主义制度不愿意实行人道主义，正是由于这一点，由于民主的、反军国主义的信念，并借助于对由资本主义制度引起的复杂的、折磨人的社会心理问题和矛盾的体验，他们认识到了社会改革的必要性。

职业的自豪感和学者的尊严，创造性劳动的愿望，科学的民主化，合理而周密地组织活动的技能，个人著述的发表权，一句话，所有这些要求和原则，每一步都受到资本主义的限制，受到资本主义社会的矛盾和非正义性以及它的自发性与非理性的破坏，这一切使进步学者们认识到，只有同劳动人民团结起来，他们才能保持自己的创造个性。同时，为争取创造个性而进行的斗争，为创造与发展现代科学的内在要求相适应的条件而进行的斗争必然会同劳动人民反对垄断、争取社会民主的斗争交织在一起。

肃清科学中的军国主义因素、保卫与巩固和平是科学技术知识界民主斗争的最重要目标。这是当代现实中的问题之一。在解决这一问题的过程中学者的作用是不可估量的。苏联共产党第二十六次代表大会建议组织由各国著名学者参加的有威望的国际委员会，其任务是使人民真正认识到，核战争会给整个人类带来多么有害的后果，指出预防核灾难的重要性。这个意义深远的人道主义活动吸引了全世界越来越多对核战争表示"不安"的学者。特别是，许多医学家反战讲话的急剧增加证明了这一点，这些医学家指出了在现代条件下核战争可能会给人和人类带来多么有害的后果。

毫无疑问，这些结论会对世界舆论发生一定影响。所以，谈到研究全球性问题（首先是和平问题、裁军问题、人及其未来问题）的那些学者的活动，不仅指的是学者要对运用科学的后果承担道德责任，而且指的是他们直接影响世界政策、影响人类文明命运的行动。

当然，过高地估计这种影响而看不到真正实现科学的人道主义本质所面临的社会、政治困难和问题那是错误的。此外，科学技术知识界内部严重不纯，这不仅有特殊的社会政治根源，而且甚至在把科学成果运用于战争问题上、在学者在争取和平的斗争中所起的作用的问题上也存在着分歧。众所周知，资本主义国家的部分学者中有过悲观情绪，他们不愿参加带有政治色彩的运动，而有的则公开支持军国主义的侵略计划。在这里，唯利是图和威望上的考虑，不惜一切代价甚至用不道德的或者从根本上给社会带来重大威胁的手段去获取成功的愿望，常常起着重要作用。

看来，情况是十分复杂的，这就要求我们更加切合实际地、从整体上来评价对涉及学者的社会伦理和人道主义责任问题的解决。最终选择只有一个：促进学者的独立探索，支持他们合乎道德的决定。而在西方，这种决定常常受到大众宣传的影响，受到公式化的"大众意识"的制约。增强科学工作者对于人和人类文明的未来的责任感，批判地对待一切可能会毁灭人类文明的因素，是十分重要的。我们正经历着人类文明史上的一个困难的、危险的时期，文明的存在受到威胁。人可能会变得没有理智、不讲人道，尽管人是强大的（如果他的力量用"破坏的单位"来衡量，而不是用建设的单位来衡量的话）。当然，在当今，社会主义和共产主义思想的力量和影响、它们的实际（包括道德上的）榜样发挥着决定性的作用。在这里重要的是给人和人类指出对未来的希望，尽管还不能消除关于未来是否必然如此的问题，这自不待言。应该相信，困难和危险的时候终究会过去，虽然借助于科学而创立的人类文明还不十分完善，但人类是奋力向前的——它要追求真和善，而对于我们来说，这些是与共产主义的前途融为一体的。无疑，在这里只有希望是不够的，还需要有由新思想、由对科学和人道主义的新理解激起的相应的行动，而这种理解是由马克思主义、马克思主义哲学所提供的。

具有历史意义的罗素—爱因斯坦宣言曾指出，为了保护地球上的生命，我们作为"人类的代表"应该学会用新的方式去思维，并为避免战争和军备竞赛而作出实际的努力。著名的学者们的普格华许运动从此开始。在纪念这一运动二十周年的时候，马尔科夫院士提出了这样一个问题，"我们学会用新方式思维了吗？"[①] 人们对这个问题还没有作出相同的回答，大概，现在还不能对此作出回答。可以说人类的前进运动是明

---

① M. A. 马尔科夫：《我们学会用新方式思维了吗？》，载苏联《哲学问题》，1977 年第 8 期。

显的，但还存在着许多尚未解决的问题，甚至出现了一些新的、更加复杂和尖锐的问题。被称为全球性的问题就属于此列。

科学技术进步正是由于同人和社会的发展相联系才成为一个全球性问题。今天我们发现，不仅科学内部更加全球化（这表现为科学之间的综合，各门科学的相互作用和整体化），而且科学的社会发展，包括社会道德和人道主义方面的"参量"也更加全球化。这里也有一个"用新方式思维"的问题。这就是说要在全球范围内向新特质（Этос）和新人道主义过渡。这种特质和人道主义在理论上是由马克思主义表述出来的，而在实践上它们是在建设新的共产主义文明和与之相应的科学的过程中实现的。所以，科学的进一步发展同一系列变革有关，这不但包括科学理论和方法论方面的变革，也包括科学与人的关系方面的变革。科学与人的关系应该具有这样一种结构：科学——价值——人道主义将达到辩证的统一并相互影响。这将是一种新型的科学，今天人们似是而非地看到了它，或许它更多地是我们的理想和目标。

科学的新特质和新的人道主义要求科学具有这样一种结构，即：人、人的自由而全面地发展处于中心位置；这种特质和人道主义包括使人越来越明显地感觉到自己是人类的不可分割的一部分，感觉到个人同托尔斯泰所说的"群体生活"的联系，包括同个人主义和狂热完全对立的人道主义的最高理想。因此，以对科学的人道主义态度来理解人道主义具有越来越重要的意义，这种理解强调人道主义的非狂热性和反独裁主义性质，主张个人有科学创造的自由，学者要对真理和人类负责。正是在这个意义上，在全球性问题尖锐化和人类向"自由王国"——共产主义迈进的条件下，新特质和新的人道主义对科学、对学者们的活动发生着最大的促进作用。

谈到历史发展的这一前景，可以套用普罗泰哥拉的著名格言，只有人、人的全面而自由的发展才是社会进步的尺度和一切科学的尺度。只有这一人道主义方针才能为人的未来和整个人类文化建立坚实的基础。由于人道主义不仅仅同科学有关，所以人类文化具有更广泛的意义。从这种观点来看，把科学在人和人类生活中、在人道主义文化的未来发展中的作用绝对化是危险的，忽视科学、粗暴地"侮辱"科学、把它当作反人道的力量同样也是危险的。科学只有同人的创造、同人类物质文明和精神文明的其他活动相联系，才会获得自己的真正意义。

　　当然，文化不需要同科学缔结"浮士德式的契约"，绝不需要向科学的"魔鬼"奉献出人类的心灵、良心和人的自由。在今天，科学和整个人类文化的道德基础及人道主义基础具有极重要的作用，并且在未来也将保持这种作用，因为没有道德和人道主义就只能是愚昧和空旷的黑夜，就只能是人类精神和肉体的崩溃。可见，在这个方面，预见未来主要的就是作出符合社会道德的、人道主义的抉择。在要求解决全球性问题的条件下，这是合乎规律的，就像只有共产主义的前途才能够拯救人类、人类文化和人类文明一样合乎规律，而共产主义则要求把人道主义和道德进步作为一切进步的精神基础。

　　同样地，这与人的活动的一切领域以及作为社会生物体和社会积极的个性的人的未来有关。我们试图深入研究这一点，研究人及其未来问题的其他方面，首先是研究人的生态和人口的前景，研究人同自然、同人类、同人类的增加和发展之间的相互影响。在现代条件下，不但这些因素之间存在着十分重要的联系，而且它们同科学技术革命的一般过程、同人类文明的命运也有十分重要的联系。

第三章

人、自然和人类：相互作用和增长的协调化前景

历史可以从两个方面来考察，可以把它划分为自然史和人类史。但这两个方面是密切相联的；只要有人存在，自然史和人类史就彼此相互制约。

马克思　恩格斯

即使在坟墓的入口，
年轻的生命也将嬉戏；
即使冷漠的自然也会
闪烁永恒之美的光芒。

普希金

马克思和恩格斯指出的自然和人类发展的相互制约性[1]，不仅涉及人的历史的社会方面，而且也涉及它们作为人类的发展，人类把人的个体的自然生物存在和社会生物存在联合为某种整体。这样，在作为最重要的决定因素的社会关系的基础上，在我们星球上就形成了新的不可重复的整体：人——自然——人类；所以，在探讨人的前景的时候，我们不仅应当分析这一整体的个别部分的发展趋势，而且应当分析它们在今天和未来相互作用的形式。

---

[1]《马克思恩格斯全集》第3卷，第20页。

一 人与自然：相互作用的历史形式和现代的矛盾。自然资源和人类：增长的社会本质、趋势、极限和后果

生态问题、人和整个社会与自然环境的相互作用问题在我们所考察的人——自然——人类这一整体中起着重要的作用①。今天，这种相互作用是怎样形成的？科学技术进步对它发生着怎样的影响？明天，生态状况将向哪个方向发展？人对生态环境的期望是什么？怎样才能影响生态过程使之有利地发展而消除其有害的趋向？显然，这些问题在本质上决定着人的前景。人类所面临的现代生态状况要求人们对这些问题作出刻不容缓的回答。

当代学者对这些问题作出了不同的、有时是矛盾的甚至相反的回答；相应地，他们建议采取不同的行动对策。这种情况是可以理解的，但如果从现代人类的根本利益的角度来评价则未必是合理的。这正在提高学者们的责任心和他们在某种程度上去寻求对生态问题的某种单义提法、去科学地理解生态问题的实质和相互联系、它的原因和结果的义务感。因此，必须密切注视围绕这一问题所展开的争论。同时，最重要的是准确地表达马克思主义关于生态问题的观念，这一观念为人类在此观念的基础上所可能采取的实际行动提出了有益的前景。

人的全部生活和发展都是在一定的居住环境中进行的，这一环境是与人相互作用的自然的一部分；而且，从某种意义上可以说，人也是伟大的"物质自然"的一部分，是它的产物。马克思写道："人靠自然界生活。这就是说，自然界是人为了不致死亡而必须与之不断交往的、人的身体。"② 他又写道："社会是人同自然界的完成了的本质的统一，是自然

---

① "生态学"的概念（来自希腊文"家庭"——房子、住所和"逻各斯"——科学）由 Э. 海克尔引入，最初是为了标志专门的生物科学关于"在自己家中"的有机体而使用的，即作为有机体与其居住环境的相互作用的生物科学而出现的。现在，这一概念已推广到人，因此，我们可以谈论人类生态学、社会生态学等。

② 《马克思恩格斯全集》第42卷，第95页。

界的真正复活,是人的实现了的自然主义和自然界的实现了的人道主义"①。看来,人对自然的依赖和自然对人的反向依赖是同时存在的。科学技术革命以及由它所引起的集约化的工业发展雄辩地说明了这一点。

"人的身体"已不可能仅仅局限于它的生物方面,它也包括早先作为"外部自然界"而被接受的东西。严格地说,在自然生物性质方面人现在已不单单是自然的"一部分",而是自然的有机要素;而这一要素是同那些组成某种辩证的对立统一体和整体的其他要素和部分发生相互作用的。在这个意义上,人不如说是这个整体的一个器官;或许,人也在很大程度上是以其在作为自己"机体"的自然中的解体功能证明了这一点。人的活动(首先是生产)造成了反作用(其中包括消极作用)于自然的可能性。按照马克思的说法,这种消极作用应被理解为人们在毫无理智地损害自己的"身体",也就是在自我毁灭。很遗憾,这绝不仅仅是夸大其词的比喻。目前,由于以带来许多废物的工艺为基础的工业生产在全世界急剧增长,社会和自然、人和他的居住环境的相互作用已成为生态问题的实质,以致这一相互作用已达到这样的极限:由于自然资源的枯竭,以及危及人们生活的居住环境的污染,人类自身的生存已受到威胁。②

借助于技术手段的巨大进步,人们日益集约化地使用自然资源,从而大大改善了自己的文明发展条件和作为 Homo Sapiens(智人)这样一个生物种的发展条件。然而,正是在"征服"自然的同时,人类在很大程度上也就破坏了自己生命活动的自然基础。

人类文明的发展是在与自然相互作用的矛盾中实现的,一些事实和数字说明了这一点。大家知道,在最近 100 年的时间里,人类使能源成百倍地增加;在过去的 85 年里,工农业产品增加了一倍。现在,发达国家的商品和服务总量每 15 年就翻一番,而且翻一番的周期大有缩短之势。但是,经济活动所带来的废物也相应地翻了一番,而这些废物正不断地污染和毒化着大气、水源和土壤。社会生产从自然界取得的物质中,被利用的仅占 3%—4%,而其余 96% 则以有毒物质和废物的形式被重新抛回自然界。工业发达国家每人每年要消耗大约 30 吨物资,其中仅有

---

① 《马克思恩格斯全集》第 42 卷,第 122 页。
② 参阅 П. Г. 察尔菲斯《自然因素对人的影响》,莫斯科,1982 年。

1%—1.5%变为消费品，而剩下的则成为对整个自然界极其有害的废物。

所有这一切造成了人与自然之间紧张的、而在多数情况下甚至是危险的情景；这种情景对于未来的人类文明无疑是一个巨大的威胁。例如，当我们研究自然资源问题、能源问题、粮食问题以及与世界工业的进一步发展和人口的增加密切相关的环境质量问题时，这一点就充分地显露出来了。关于这一问题，在一些著名的科学和科普文献中有大量数据和事实，我们无需再继续引用。况且，这些材料口径不统一，差别极大。

尽管如此，根据官方科学机构和专家们所提供的材料仍然可以看出，在这方面人类文明的未来是极其可虞的。许多非再生自然资源正接近枯竭，一般能源的储量也迅速减少；而同时，世界能源的消耗却在持续增加（1950年人类消耗27亿吨标准燃料，1975年已达到90亿吨，而到2000年达到180亿—230亿吨）。相应地，生物圈的全球性污染也在不断加剧，污染的规模已达到危险的程度。由于人的活动，许多野生动物和植物遭到了毁灭，特别是最近几十年来，情况尤其严重。令人非常不安的是，其他种类的动植物的数量正持续下降，它们的自然分布区的规模也正日渐缩小[①]。尤其令人痛心的是，在最近500年内砍伐了地球上2/3的森林。

世界粮食问题的尖锐化导致了千百万人挨饿和营养不良，而这一问题的尖锐化正是目前和将来的人及整个人类可以直接感受到的极其不利的情形之一。世界上挨饿的人大概有5亿之多，就是说，地球上每10个居民中就有一个在挨饿；总共有10亿以上的人苦于长期饥饿和营养不良，其中有2亿儿童。每年因饥饿而死亡的有3000万—4000万，其中儿童有1700万。

同时，世界（特别是不发达地区）的人口仍在继续高速增长。根据联合国最乐观的人口预测，到80年代人口开始降为中速增长（在世界范围内，将从目前的1.8%下降到20世纪末的1.5%，发展中国家将从2.2%下降到1.8%，而发达国家则将从0.74%下降到0.55%），然而，到2000年人口将净增22.6亿，也就是将增加50%，这样，总人口将达到63.5亿。这

[①] 参阅 Д. 菲舍尔、H. 西蒙、Д. 温森特《大自然处在危机之中》，载《红皮书》，莫斯科，1976年。《稀有动植物面临绝迹的危险》，载《苏联红皮书》，莫斯科，1978年。

时，发展中国家人口增长速度将比发达国家快三倍，而它的人口增长量将占世界人口增长总量的90％。因此，在维持生活水平的现有差别的情况下，到2000年不富裕地区的人口将约占世界人口的80％，而在1950年仅占68％。但是，到2075年以后，预计这一地区人口增长的速度将降低，据初步推测，到2100年以后，世界人口将大致稳定在110亿—120亿的水平。同时，按其他方法计算，如果食品的生产都达到工业发达国家的水平，那么，地球上大约可容纳400亿—500亿人正常生活。但是，到那时自然环境的污染和能源的消耗情况将如何呢？它们是否将濒临灾难的边缘？

这真是一个现代人类面临的愈益尖锐的"哈姆雷特问题"，所不同的只是问题的解决（或者能解决或者不能解决）不再完全取决于人类自己：它同样受客观的自然过程的制约，大自然可以轻而易举和不近人情地（我们记得普希金的诗句："冷漠的自然也会闪烁永恒之美的光芒"）将自己怀着"极大兴趣"而艰难至成的创造物——生命、人的理性毁灭掉。然而，在谈到人在人口学方面的前景时，完全不必多愁善感，要知道，不是自然界本身在决定人类的命运。

因此，我们看到，要预测未来不仅要预测诸如生产的增长、自然资源的消耗、环境污染的加剧这些基本的变化因素，还要考虑到地球上人口数量及人口构成方面所发生的变化。这样，人口过程就成为全面预测人及人类与自然界相互作用、相互联系的未来的主要因素。但是，人们只有在科学方法论的基础上科学地理解了这一过程的实质之后，才可能有真正的力量。而这首先涉及人与自然的相互作用、人与自然的矛盾和危机等一般概念。

鉴于生态和人口问题的尖锐化，一些西方理论家正在大谈当今日益迫近的全球性危机。在他们看来，这种危机似乎不取决于社会制度，而是以同样的程度威胁着世界各国；并且他们认为，这种危机只与工业生产的增长和科技革命有关——一般说来，主要地只涉及人与自然界相互作用的技术工艺方面。

诚然，正如我们所看到的，最近几十年来科技革命得到了发展，它不仅给人类带来了生产力的空前进步，而且使得问题（特别是生态问题）空前尖锐。这迫使人们去认真思考自然资源枯竭的极限问题，以及恢复自然过程以对抗人类活动的自然后果的可能性问题。但是，科学技术进步以及它的运用真的会自行导致自然环境的破坏、自然资源的枯竭以及人的生存条件的恶化吗?所有这一切消极后果是否都受作用于自然的具体方法和形式的制约,受那些与具体的社会系统紧密相关的利用科学技术成果的方式的制约,而社会系统决定着生产力和科学技术发展的方向和形式,从而又决定着它们作用于自然的形式和方法?

我们在马克思主义理论中寻找这些问题的正确答案,马克思主义揭示了自然与社会相互作用的实质,认为这种相互作用在不同的历史时代、不同的社会经济形态中有不同的表现形式。马克思关于生态问题的理论一方面使我们看到生态问题具有综合的全球性特点;另一方面,社会日益普遍的发展、现代生产的日益增长以及科学技术和文化的日益进步也使我们看清这一问题在具体的社会条件下的起源和实质①。

---

① 目前,包括苏联学者在内的马克思主义学者就这一问题写了大量著作,要将其一一列举是十分困难的。我只指出最近几年出版的最主要著作:В. А. 安努钦:《自然利用的原理》,莫斯科,1978 年;吉·比奥拉:《马克思主义与环境》,莫斯科,1975 年;М. Л. 布德科:《全球生态学》,莫斯科,1977 年;А. М. 加列叶娃、М. Л. 库罗克:《社会和自然相互作用的方法论》,莫斯科,1978 年;Э. В. 吉鲁索夫:《系统:〈社会——自然〉》,1977 年;О. С. 科尔巴索夫:《国际环境保护法》,莫斯科,1982 年;И. И. 克拉夫琴克:《现代社会发展理论中的生态问题》,莫斯科,1982 年;И. Д. 拉普捷夫:《生态问题:社会政策和意识形态方面》,莫斯科,1982 年;В. А. 罗斯:《人和自然》,莫斯科,1978 年;В. К. 卢卡乔夫、К. М. 卢卡舍夫:《环境的科学原理》,莫斯科,1980 年;Н. М. 马梅多夫:《生态问题和技术科学(哲学方法论观点)》,巴库,1982 年;Н. Н. 莫伊谢耶夫:《人、环境、社会》,莫斯科,1982 年;Д. П. 尼基京、Ю. В. 诺维科夫:《环境与人》,莫斯科,1980 年;Г. А. 诺维科夫:《普通生态学原理和自然保护》,列宁格勒,1979 年;《科学技术革命、人、人的本性和社会环境》,列宁格勒,1977 年;《利用自然的原理》,明斯克,1980 年;《生态学上的乐观主义问题》,1980 年;《自然环境的破坏·帝国主义的生态危机》,莫斯科,1981 年;Н. Ф. 列依梅尔斯、А. В. 亚布洛科夫:《生物保护词典》,莫斯科,1982 年;《社会主义和环境保护》,莫斯科,1979 年;《利用自然的社会生态问题》,列宁格勒,1978 年;《社会生态问题和现时代》,莫斯科,1978 年;《生态问题的社会方面》,莫斯科,1982 年;《当代资本主义的严重危机(世界经济方面)》,莫斯科,1980 年;《自然环境的管理》,莫斯科,1979 年;Е. К. 费多罗夫:《生态危机和社会进步》,莫斯科,1977 年;《科学和生态的价值方面》,莫斯科,1981 年;《人和自然》,莫斯科,1980 年;《生态和社会》,索非亚,1980 年;也可参见:P. 达若:《生态学原理》,1975 年;Ж. 杰特里:《必须保持大气的纯净》,莫斯科,1973 年;B. 科莫尔:《封闭的圆圈》,列宁格勒,1974 年;Ю. 奥杜姆、Э. 奥杜姆:《人和自然的能源危机》,莫斯科,1978 年;P. 里费列克斯:《普通生态学原理》,莫斯科,1979 年;Ф. 圣马尔克:《自然的社会化》,莫斯科,1977 年;P. Л. 斯密特:《我们的地球之家——关于人的生态学的争论论文论》,莫斯科,1982 年;乌尔普沃尔克:《被侵蚀的土地》,莫斯科,1979 年;B. 沃德、P. 杜博:《地球只有一个》,莫斯特,1975 年;К. 沃克、С. 沃内斯:《空气的污染》,莫斯科,1980 年,等等。

与过度的"技术统治的乐观主义"以及"生态学的悲观主义"相反，马克思主义无论在理论上还是在实践上都坚决主张合理的现实主义，在解决生态问题时，寄希望于充分发挥科学的作用、广泛的世界性的科学家的合作以及不同社会经济制度国家之间的友好协作。

分析人与其居住环境以及社会与自然界的相互影响，是历史上科学和哲学思想的古老传统；但是，在继承这一遗产时，马克思主义是以全新的方式对待这一问题的，从而形成了自己特有的科学研究传统，而这一传统正在现代条件下创造性地向前发展。马克思主义认为，人与自然、人与自己的居住环境的辩证的对立统一，以及它们之间的相互作用都是在物质生产所提供的基础之上进行的。马克思说："劳动首先是人和自然之间的过程，是人以自身的活动来引起、调整和控制人和自然之间物质变换的过程"①。正是由于这种物质变换，人和自然才获得了统一，人们才能改造自然并使之适合自己的需要；也正是由于这种物质变换，人们才创造了受其文化和社会组织的特点所制约的"第二自然"——人居住的人造环境。这样，马克思主义就指出了解决这里所发生的矛盾的方法，即要分析社会的因素，并弄清受这些因素制约的生产的特点。

无论现在的生态环境与马克思当时所处的情况多么不同，马克思对这个问题的理解、他的方法、他解决社会和自然相互作用问题的观点，在今天仍然是非常现实而有效的。在这种理解、方法和观点的基础上，现代马克思主义就人和自然的相互作用问题进行了一系列研究和争论，并在一些基本问题上取得了一致的意见，如社会生态学的对象、处理这些问题的基本方法以及在理论和实践上解决这些问题的形式和方法等。

努力揭示出生态问题同社会生活各方面的联系并重视这些问题的重大社会意义和人道主义意义，这是马克思主义科学地分析生态问题的特点。除了纯粹科学的（认识的）、技术的以及社会经济、政治（其中包括国际法）等方面以外，我们还注意到生态问题具有社会的、文化的、思想的、伦理—人道主义的以及美学方面的重大意义，所有这一切构成了生态这一综合问题的基本内容。其实，这个问题的每一方面也同样都是重大而独立的问题，需要通过专门的研究才能解决。但是，它们之间存

---

① 《马克思恩格斯全集》第 23 卷，第 201—202 页。

在着一定的纵向和横向联系；正是这种联系决定了研究并科学地解决整个生态问题的战略。同时，要想深刻地理解生态问题就必须站在科学的哲学世界观和方法论的立场上对它们进行分析；而科学的哲学在各学科合作中的作用也将随之不断提高。哲学不是去恢复古代的整体性认识的幻想，而是促进整个科学界的相互影响；在这种相互影响的过程中，各学科之间的联合对于研究人与自然的相互作用无疑起着重要的作用。

这样，科学的哲学世界观就为人道主义地分析和解决生态问题确立了根本的出发点。这一观点能避免对这一问题理解的片面性和表面性；相反，如果用与社会现实无关的自然照相式的概念考察生态问题，那么，由分析所得到的结论及设想的解决办法就往往带有反动而空想的、片面而绝望的性质。这种卢梭式的观念归根结底是反人道主义的；因为这种观念认为，为了保持自然界的本来面目，必须限制人类文明的进步。

但是，科学的观点同样也反对那种认为作为积极的创造性的人——创造者至高无上的思想；这种思想认为，人是凌驾于因循守旧的、敌视人的自然之上的，而自然面临的只是人在有目的的实践中对它的改造。这种对人的自由的歪曲的理解体现在经济—生产的模式之中，在科学技术革命的条件下，这一模式显然是与人类在自然中实践的规模和方式不相容的，并成为生态危机的根源之一。而反技术主义对生态问题解释的特点在于，它试图把上述模式看作是在人与自然相互作用过程中利用科学技术成果本身的结果，看作科学技术文明的不可避免的灾害。实际上，在人与自然相互作用的过程中，虽然大部分有害的不协调现象确实与科学技术作用于自然的方式有关，但是，这种不协调是由它们在其中有史以来第一次得以实现的那种社会结构的社会机制所造成的，而这正是资本主义社会经济形态，在这种社会条件下，盛行的是私人占有制和追逐利润，人与人、整个社会与自然的天然关系则被扭曲而变形。

可见，虽然科学技术革命本身为制定最佳的技术措施系统创造了一定的前提，而借助于这些技术措施可以调整对自然发生不同影响的增长着的巨流，但在制定科学的、有根据的生态问题政策体系的过程中，将会发现这一政策对社会政治条件、一般世界观和文化方针有着内在的有机的依赖关系，因而不能把它简单地归结为"生物工程"。因为生态问题是一个社会问题，虽然它由直接的技术手段所引发，但要想全面解决这个问题却只有依靠根本性的社会变革。而这种社会变革则必须保证（为消除生态危机所必需的）经济、生产、社会文化以及价值说的全面发展。就是说，在马克思主义看来，这一问题只有靠与消灭生产资料私人占有制、消灭阶级对立相联系的对社会总体的改造才能得到彻底解决。对抗性的生态矛盾只不过是资本主义制度下的科技革命所造成的。因此，只有在那种被改造过的社会的基础上，能完全克服对抗性的生态矛盾的积极的技术工艺方法才会在全人类范围内出现。这一过程并不是在人类发展的某些阶段（如社会革命、科技革命）完成之后才开始和发展的；而是像科学技术革命一样，同这些发展阶段一道构成了社会进步的有机组成部分。

但是，在废除生产资料私人占有制以后，由资产阶级个人主义的价值体系向社会主义集体主义价值体系的转变也不可能一蹴而就，更不会自行发生。况且，由于遗留下来的旧观念的影响，集体主义原则本身被扭曲，从而产生所谓新的所有制关系无个性的错误观念。关于新的所有制关系无个性的观念，对公共事务缺乏个人参与感和个人兴趣，这将会导致不负责任；而在人与其环境的相互作用范围内，这种不负责任有时会带来极其严重的后果。

因此，只有把社会的观点和科学的观点统一起来才能揭示出生态问题的实质，而这意味着要揭示出社会和自然相互作用的内在矛盾。这种矛盾首先表现在物质生产过程中：一方面，人越来越脱离了对自然界自发力量的直接依赖，而另一方面，人与自然的联系日益紧密，人对物质世界和各种能源的开发也越发广泛，并越来越强烈地把它们纳入到人的生命活动的领域。这一过程在不同水平上进行着。辩证地看待这一过程就意味着，不仅要反对把社会和自然形而上学地割裂开来和对立起来，而且也要反对把生产方式、技术以及工艺等和那些在现实的历史运动中真实存在着的社会经济形态形而上学地割裂和对立起来。

所以，辩证观点反对对于现代生态问题的这样一种回答，即把问题仅仅归结为评价和选择一定的技术工艺手段以使人与自然的相互作用协调起来。现在，这种态度的狭隘性甚至连那些持非马克思列宁主义生态学观点的学者也看得越来越清楚了。单用停工停产的方法不能保持生物圈的"自然平衡"，这一点也愈发清楚了。在科学技术继续进步的基础上，合理地改造自然，使生物圈最优化，这就是通向自然与社会相互作用协调化的主要道路。

辩证的方法要求把这一思想进一步深化和具体化，因此，它决不单纯是分析社会的形式——在其中存在着历史上形成的人与环境的相互联系，而且要分析在一定的社会经济形态内那些社会形式的具体特点。这种态度是许多旨在解决生态问题的西方模型和方案所难以接受的，它们往往把生态问题的全球性绝对化，而赋予它以某种超社会、超民族的意义。其实，在解决生态问题时，正是由于它的这种全球性导致了不同社会集团、社会制度以及某些国家、地区和社会经济体系之间利益上的冲突；因此，生态问题已成为各种世界观争论的对象，成为尖锐的政治思想斗争的焦点。这里的问题不仅涉及究竟怎样理解生态问题的实质及解决的方法，而且涉及在人与自然界的相互作用中人对未来有怎样的期望。

但是，正如我们所看到的，未来的生态学前提是与社会问题和自然科学问题的日益广泛的综合体不可分割地联系在一起的，这不仅包括人与其外部环境怎样相互作用，而且也包括人（它是 Homo sapiens 的代表和人类的一部分）与人类本身怎样相互作用。在这里，正在发生的人口过程是一种现实现象，不分析它就不可能研究人的前景。

个人同整个人类是统一的，人类大概在任何时候也没有像现在这样强烈地意识到这一真理。个人同人类的这种统一既存在于生之中，又存在于死之中。因此，离开全人类的命运就不可能有个人的前途，同样，人类共同的命运也离不开每个个人的命运：整体的命运也就是个人的命运。海明威把英国诗人约翰·东的一段话当作自己小说《丧钟为谁而鸣》的题词："谁都不是一座岛屿，自成一体；每个人都是那广袤大陆的一部分。如果海浪冲刷掉岸边的一块岩石，欧洲就少了一点；同样地，如果一个海角，如果你朋友或你自己的庄园被冲掉，也是如此。任何人的死亡都使我受到损失，因为我同整个人类是统一的。所以什么时候也不要去打听丧钟为谁而鸣，它为你敲响"。

离开全人类的成长就不可能有个人的未来。但是，这种成长和发展究竟是怎样产生的？这里的规律和未来人类所期待的前景又如何呢？

在研究这些复杂的综合问题时，马克思主义人口科学把人口——人的再生产的总和——作为自己研究的出发点，认为它是社会发展的结果和条件①。人口问题是一个社会问题，因此，它的增长和发展与社会上占统治地位的经济关系、劳动分工的特点、所有制形式以及社会的阶级结构等紧密相关。正如马克思所指出的："如果我抛开构成人口的阶级，人口就是一个抽象。如果我不知道这些阶级所依据的因素……阶级又是一句空话。"② 马克思认为，这些因素是作为"一个具有许多规定和关系的丰富的总体"③ 而出现的。这其中包括经济的、政治的、民族的、文化的、宗教的、种族的、家庭的以及其他的关系。

马克思主义强调经济关系、生产力发展水平以及生产方式在人口过程中的主导作用，④ 但他决不像他的某些论敌所断言的那样，仅仅把这种过程归结为经济关系。恩格斯在批驳那些类似的猜想时指出："根据唯物史观，历史过程中的决定因素归根结底是现实生活的生产和再生产。无论马克思和我都从来没有肯定过比这更多的东西。如果有人在这里加以歪曲，说经济因素是唯一决定性的因素，那么他就是把这个命题变成毫

---

① 除马克思、恩格斯和列宁的经典著作之外，可参阅以下著作：А. И. 安托诺夫：《生育率社会学》，莫斯科，1980 年；Э. А. 阿拉布—奥格雷：《人口和生态预测》，莫斯科，1978 年；Г. А. 邦达尔斯卡娅：《苏联的生育率》，莫斯科，1977 年；В. А. 博里索夫：《生育率的前景》，莫斯科，1976 年；А. Я. 博亚尔斯基：《人口及其研究方法》，莫斯科，1975 年；С. Й. 布鲁克：《世界人口》，莫斯科，1981 年；Д. И. 瓦连捷伊：《人口理论与实践》，莫斯科，1967 年；И. Г. 韦涅茨基：《人口统计方法》，莫斯科，1976 年；А. Т. 维什涅夫斯基：《人口学革命》，莫斯科，1976 年，《人口再生产和社会——历史、当代、未来观点》，莫斯科，1982 年；Я. Н. 古泽瓦特：《发展中国家当代问题的人口学方面——科学代表大会的草案和提纲》，莫斯科，1979 年；《人口学模型》，莫斯科，1977 年；《人口发展的规律性》，莫斯科，1976 年；А. Я. 克娃莎：《苏联的人口政策》，莫斯科，1981 年；《马克思列宁主义人口理论》，莫斯科，1974 年；《发展中国家的人口》，莫斯科，1976 年；《人口与环境》，莫斯科，1975 年；《世界人口的昨天、今天和明天》，莫斯科，1980 年；《人口学原理》，莫斯科，1977 年；Т. В. 里亚布什金、Р. А. 加利茨卡娅：《社会主义国家人口的动态和结构》，莫斯科，1979 年；В. С. 斯捷申科：《当代世界人口》，莫斯科，1978 年；以及《人口再生产的研究》，基辅，1982 年；关于西方的人口学研究，可参阅：《人口问题》，莫斯科，1982 年；А. 索维：《一般人口论》，莫斯科，1977 年，第 1—2 卷；Л. 列维、Л. 安杰尔松：《人口、环境、生活质量》，莫斯科，1979 年，等等。

② 《马克思恩格斯全集》第 46 卷，上册，第 37 页。

③ 同上书，第 383 页。

④ 马克思认为："不同的社会生产方式，有不同的人口增长规律和过剩人口增长规律……这些不同的规律可以简单地归结为同生产条件发生关系的种种不同方式，或者就活的个体来说，可以简单地归结为同他作为社会成员（因为他只能在社会中从事劳动和占有）的再生产条件发生关系的种种不同方式"。（《马克思恩格斯全集》第 46 卷，下册，第 104 页）。

无内容的、抽象的、荒诞无稽的空话……青年们有时过分看重经济方面，这有一部分是马克思和我应当负责的。我们在反对我们的论敌时，常常不得不强调被他们否认的主要原则，并且不是始终都有时间、地点和机会来给其他参与交互作用的因素以应有的重视"①。

马克思主义在强调经济因素的主要作用的同时，研究了"参与"人口过程的"交互作用"的所有因素。而人口问题作为一个综合的整体而被科学地分解为不同的领域，由各个专门的学科加以研究。

首先，我们从一般的人口理论中分解出了普通社会学的、社会—哲学的以及政治经济学的原理和概念。这里所说的对人口过程的研究是从社会发展、历史运动、劳动分工、所有制关系、阶级分化等一般理论的规律性着眼的。同样，也必须考虑到社会关系的性质和特点、民主的形式及发展水平、个人状况和权力、个人精神的发展程度以及思想、法律、道德规范和观点的影响等等。至于谈到政治经济方面，那么，它是广义的社会关系的核心。它通过生产关系、生产方式等形式决定着人口过程，决定着最狭义的人口经济学（包括用于人员培养的物质消耗），也决定着劳动训练、保健、社会保障等等。

人口问题的各个方面构成了一个复杂的整体，当代科学从中划分出自然地理学、经济学、民族学、社会心理学、社会卫生学和卫生学等不同学科。自然，对于从人口角度研究人的未来，这些学科中的任何一个都非常重要。这就使得人口预测很不可靠；因为这需要考虑大量极不相同的因素，而其中许多因素在客观上具有偶然性，易受那些常常是不可预知的、经常变动的因素的影响。因此，人口学揭示的规律性多半具有统计的或然的性质，因为它涉及的都是各种因素和现象的总和与整体结构。然而，由于数学统计方法的应用，人口学现在已能科学地预测人口发展的趋势，从而为制定合理的人口政策奠定了理论基础。

但是，人口学是一门正在发展的科学，它在自己的形成过程中必然要分为许多十分重要的部分。例如，按照马克思的观点，人脱离一切"自然联系"并形成发达的人类个性是同最发达的社会（普遍的）联系的

---

① 《马克思恩格斯全集》第37卷，第460、462页。

出现同时发生的①。很遗憾，现代人口过程中个人与整体相互作用的辩证法还远未被充分理解。实际上，如果克服了所有前资本主义社会文化所固有的"传统"，并且完成下述转变，即从行动受到严格的束缚向个人在生活各方面自由选择的转变，就将从根本上改变人口再生产的调节机制。这时，人口过程中个人与社会的交互作用问题也将按一种全新的方式提出。

在评价这些变化的性质时，很多研究者推测，与以前诸如人口数量、年龄、性别等在生产中起主要作用的历史时期不同，在现代条件下，人口的职业结构、文化结构将是决定性的，人口质量也将出现飞跃——有时称作人口转变甚至人口革命。其中，克服过去存在的那种人口和社会经济发展的并行论，将是这一过程的最显著特点。例如，发展中国家的"人口爆炸"现象表明，经济的迅速发展不会降低人口增长的速度，这是因为人口还与传统生活结构有着极其牢固的联系，以致在文化水平、妇女状况等方面尚无充分的准备——既没有在家庭内部调整生育率的准备，也没有在现代工业中进行有效分工的准备。这种矛盾现象在许多发展中国家是相当普遍的。无疑，马克思主义者不会接受"解决"这一问题的那种片面观点，这种观点通常只是特别强调人口现象的某一方面——生物方面或经济方面，而忽视范围更为广阔的社会方面。

人口增长问题决不仅仅是发展中国家的特有现象。即使在发达的工业国家，人口的某种程度的增长也对经济、教育体系、社会结构产生重大影响，并由此引起一系列复杂的问题：按经济区域重新配置劳动力的问题；职业熟练程度及年龄和性别结构的改变问题；干部培养进修工作的改善问题；调整都市化进程问题等等。当然，这里应当考虑到人口问题的社会方面的整个序列。

自然，这并不是说因此就可以忽视生物因素，忽视由历史上不寻常的迁移过程和因这种过程而发生的人类种群的混合所导致的那些结果。毫无疑问，现代人类遗传学提出的那些真正科学的建议，将对世界各国的人口政策产生重大影响。

无疑，对于人和作为生物种群的人类而言，生育率和死亡率的降低

---

① 参阅《马克思恩格斯全集》第46卷（上册），第18页。

不能不对其产生重大影响。在漫长的历史过程中，婴儿死亡率实际上起着自然淘汰的作用，而现在这一作用几乎丧失殆尽。这些变化将引起怎样的后果？目前，发达国家已有老年人死亡率升高的现象。许多科学家推测，这与那些幼年缺乏生活能力的人因"人工的"努力（由于医学的成就）而存活下来有关。显然，就是连诸如妇女生育年龄的改变、怀孕次数以及人口中第一胎人数急剧增加等情况也具有生物学的意义。

问题的症结在于，人口变化与现代生活的其他变化紧密结合在一起，这特别涉及青年。由于体质和智力的加速发展，一方面，社会成熟期越来越晚，另一方面，人们已达到了这样的生活阶段——他们有性生活的准备，但还缺乏组织家庭的准备。现行的社会准则和社会法规保护着现有的真空，而生活却自发地趋向充实。自然，婚前性生活基础的扩大严重地影响着性道德的改变，影响着人们对家庭观念本身的重新理解。看来，发达国家的婚姻年轻化措施可能在某种程度上解决这一矛盾，但却未必能解决整个问题。

最后，这里还有一个业已发生的问题——"第三年龄"[①]和社会的问题。出生率和死亡率向新的水平的转变使得人口中老年人的比重大为增加，导致了人口的老龄化。很明显，这种老龄化是不可逆转的，人类任何时候也不能再重新回到过去的年龄结构上去。这种纯粹数量上的变化不可避免地要影响到老年人在社会生活中的地位。这一问题有两个方面。一方面，老年人不得不去适应"劳动能力丧失后"威望丧失、收入减少等种种复杂情况；另一方面，在大变动的情况下，老年人的大批增加势必影响到整个社会生活。现代社会的发展尖锐地提出了这个问题，并期待着严肃的研究，没有这种研究，要想选择正确的社会发展战略是根本不可能的。

很遗憾，上述许多问题的讨论有时带有过分耸人听闻的色彩。这在某种程度上大概也是难免的。因为人口问题无论对于谁都具有生命攸关的重大意义。而为了对问题进行清醒的科学的分析和讨论，大家似乎就应当尽可能避免这一点。这些讨论波及到了全世界，不同派别的人口理论工作者，其中包括马克思主义学者积极参加了这些争论。对这些问题

[①] 第三年龄指老龄。——译者注

的争论能够更完美而全面地阐明人口问题的实质、人口发展的方向,能更准确地评价人口问题的可能的社会后果及其对人类前景的影响。

基于上述,我们将对人口问题以及在有关人与自然相互作用问题的讨论中围绕人口问题的争论进行一番考察,以期更准确地确定和评价各种观点,对我们感兴趣的人——自然——社会这一整体进行动态的分析。

二 人类面临着怎样的抉择?关于人类和自然的未来以及协调它们的相互作用和增长的途径与方法的争论:恐怖主义、技术统治主义和新卢梭主义;新马尔萨斯主义、人口虚无主义和抽象—空想的乐观主义

自然、社会和人类(其增长常常与经济发展没有直接联系)的相互作用的危机情形导致了这个整体的总进程的恶化,也导致了粮食和其他全球性问题的尖锐化,造成了资本主义国家新的社会大动乱。这种大动乱既是结果,同时又是资本主义在其发展的现阶段及其远景(历史已注定其"灭亡")上总危机的附加指示器。① 上述这一切大都在资产阶级意识中获得了思想上和哲学上的歪曲反映,产生了形形色色的观点、预测和方案,它们涉及如何克服自然和人类相互作用中出现的那些危机现象和人类增长中的不协调的途径和方法。正像在科学技术进步与人、人的需要和未来的相互关系方面一样,在这里,悲观的、耸人听闻的技术统治主义和乐观的技术统治主义的观点,新马尔萨斯主义的方案、人口虚无主义和抽象的人道主义的乐观主义也是彼此冲突而又常常互相补充的。

显然,要历数西方非马克思主义关于自然和人类相互作用前途的思

---

① 参阅:A. A. 阿尔巴托夫、A. Ф. 希凯:《原料问题的尖锐化和国际关系》,莫斯科,1981 年;B. Ф. 巴尔托夫:《现代资本主义和自然》,莫斯科,1976 年;Г. C. 古多日尼克:《科学技术革命和生态危机》,莫斯科,1975 年;A. K. 日里茨基:《生态危机与反对垄断的斗争》,1979 年;B. M. 马克利亚尔斯基:《生态的飞去来器:环境保护问题的阶级观点》,莫斯科,1980 年等。

想的所有变种及其细微差别是不可能的①。但毕竟应当指明它的某些基本概念和观点；不如此就根本不能清楚地看出人同自然和人类相互作用的前景。应当指出，西方思想界在解释生态和人口问题方面已有某种变化，比如，在人和自然的现状和未来方面已由最初的恐怖主义转变为各种技术统治主义的方案，而最近几年则又提出了越来越多的社会空想方案。同时，在人口学方面对未来问题的态度也有了某种程度的变化。

多年来，对生态和人口问题进行预测的兴趣正在稳定地增长，而兴趣"大爆炸"却基本上始于 70 年代。西方非马克思主义关于生态和人口思想的基本观点正是在此期间形成的。这绝非偶然，因为正是在这时人与自然以及人与人类发展的相互作用的危机最大限度地暴露出来了。

从此，各种旨在克服这一危机的方案纷至沓来，并常常用外推法评述未来；而未来似乎并不依赖于某一国家的社会制度，似乎全人类都是一个模式。

也就是在此期间，各个发达的资本主义国家为解决资源、能源、环境保护等问题做了不懈的努力，虽然用于这些目的的开支有时达到巨大的规模，但他们并未得到预期的效果。这引起了广泛的抗议浪潮，发生了多起群众运动。这些群众运动并非始终对自己的目的和任务抱有科学的认识，并受这种科学认识的指导；它们有时受到独特的新卢梭主义浪漫而空想的纲领的鼓舞。至今，不仅为"技术统治的乐观主义"辩护的观点，而且那些改良型的乌托邦理论也在反对这些方案。

H. 坎和其他人合著的《下一个 200 年》② 一书在"技术统治的乐观主义"方法论的基础上发展了生态问题的观点，这一观点在社会方面是很有代表性的。作者反对悲观主义的预测，他们正确地认识到科学技术的可能性将不断增加，正是基于对这种可能性的直接分析，他们提出了解决"后工业社会"生态问题的办法。但是，H. 坎及其合著者在涉及科学技术的可能性时，并未考虑到资本主义社会私有制的本质这一障碍，因此，他们所标榜的乐观主义未必是充分可靠的。

---

① 参阅：Э. A. 阿尔布—奥格雷：《人口和生态预测》，莫斯科，1978 年；E. K. 费多罗夫：《生态危机与社会进步》，莫斯科，1977 年。

② H. 坎、W. 布朗、L. 马捷尔：《下一个 200 年》，纽约，1976 年。

这也涉及他们对人口的预测。作者坚决反对新马尔萨斯主义的下述命题：人口的增长超过粮食的增长，因此，饥饿似乎是人类不可避免的命运。他们批评"零度增长"理论，并研究制定了一些"电影脚本"，这些"电影脚本"预先规定，要逐渐降低人口增长速度，把人口稳定在150亿的水平上；同时用超速增长的食品来保障，而这要依靠科学技术与经济的发展来满足——这种发展将形成"超工业"或"后工业"经济。

作者还预测，将来要在地球上建立海上浮动工厂和水下工业综合体，还将向宇宙移民等。但是，他们主要是把希望寄托在经济和人口的"转变"以及"穷国"向"富国"的转变上，而他们却不去分析那些制约这种"转变"的具体社会经济原因和因素；他们把希望寄托在科学技术和经济方面，把"西方文明"即资本主义社会奉为榜样，但是他们和其他资产阶级未来学家一样还不能证明这一社会不需要一定的改造和改良——当然，这种改造和改良也并不损及它的实质。

在某些"区域性"预测中，例如在对西欧的预测中就很清楚地表明了这一点。这一预测在1977年于伦敦出版的集体研究成果——《2000年的欧洲》一书中表现得尤其明显。该项研究是在П.霍尔教授指导下，由欧洲文化基金委员会的学者专家小组在"2000年的欧洲规划"的题目下进行的。作者把西欧的未来同一系列全球性问题的解决联系起来，这些问题主要有环境保护、自然资源和能源的节约、人口增长与食物资源的保障以及都市化等等。作者认为，只有从异化、从当今的政治经济的合理性转变到新的文化的合理性才有可能解决这些问题。据说，在这种情况下，人们将不再被视为达到抽象目的的工具，而是目的本身。其实，这是在抽象地承认真理，即承认资本主义文明原则的基础是完全无能为力的；虽然作者并没有明确作出这种结论，而只是在强调科学技术工艺和生产的改变以及道德的变动时提出了一些"文化和文明的相互调节"的问题。

这种狭隘的观点是罗马俱乐部全球模型和预测的特点，这也包括它们最近几年的研究成果。他们最近的研究虽然已注意到这一点，即在某种程度上考虑到了社会经济因素在解决包括生态和人口在内的全球问题中的作用，并运用了系统分析、数学模拟的方法；但是，他们的重点仍主要是在道德、伦理以及改变"人的品质"等方面①。此外，他们在研究方法上还有很多错误②。脱离现实的悲观主义始终是他们整个世界观的基础；而这种悲观主义具有形形色色的社会表现：从人道主义的乌托邦开始，到反动的政治结论为止。这同样也适用于人口和生态的预测——无论是把它们看作相互联系的还是彼此孤立的，都是如此。

尤其是威胁人类的生态危机的严重性和人类生态问题的全球性与综合性大大地助长了悲观的、有时是非常黯淡的预测，正是这些预测在近几年的科学及近似科学的文献中大量涌现。对未来持消极的态度常常是大多数预测的特点，这证明了这些预测的作者受到了某种"生态震荡"（借用托夫勒《未来的震荡》的概念）。而这些预测，正如我们所看到的实际上是在特殊的"社会真空"中抽象地研究未来；因为它们往往不考虑世界上现有的社会结构；殊不知，正是在具体的社会经济结构中某种建议和方案才有可能实现。

同时，与那些露骨地为资产阶级技术统治主义及其变种进行辩护的人不同，在生态问题上持自由主义—人道主义立场的学者和政论家在很多场合都尖锐地揭露了资产阶级文明的矛盾，并进而注意到那些必须要由深刻的社会变动才能加以解决的问题。悲观的恐怖主义通常是西方文化的普遍趋向。正是这种趋向导致了我们上面所说的"对科学的批评"。当谈到西方文明的生态危机时，它的拥护者们往往喜欢把这种思想推广到整个人类社会。所以，他们一再号召拒绝至今存在的一切有价值的东西，主张把生态问题放在首位，并建立"生态化文化"。

值得注意的是，类似的观点不仅来自正由恐怖的悲观主义向空想的构成主义转变的那些"反文化"的拥护者，而且也来自不久前还赞成"生态工程"之技术统治幻想的那些人。现在，这些观点越来越成为这些极端思潮的一般人类学思想和抽象的人道主义思想。这种思想强调改变人的意识的必要性，并把这作为解决整个生态问题的条件。许多著名学

---

① 详阅该书第一版，以及 В.В. 扎格拉金、И.Т. 弗洛罗夫：《现代全球问题：科学和社会方面》，莫斯科，1981年。

② 参阅：В.А. 格洛瓦尼、А.А. 皮翁特科夫斯基、В.В. 尤尔琴科：《全球系统模型》，莫斯科，1975年；Е.К. 费多罗夫：《生态危机和社会进步》，莫斯科，1977年。

者已经意识到"纯粹"工艺学的不足，今天正纷纷加入"乌托邦生态主义"的行列①。

在试图解决生态问题时以抽象的乌托邦精神对待问题的社会经济方面，这在1971年巴黎出版的Ф.圣—马尔克的主要著作《自然的社会化》一书中表现得尤其明显②。这一著作除了那些专门的极有意思的材料和现象以外，非常明显地暴露出资产阶级改良主义立场的矛盾和不彻底性——在批判资本主义个别方面的同时，又对整个资本主义制度进行全面的辩护，并且表现出卢梭式的生态乌托邦主义的倾向③。他在另一著作——《人在进步还是在堕落？》④里认为，有必要建立某种"人道的社会"，以作为"唯物主义社会"的一种抉择。在这种新社会里，不是人的生活的物质方面而是在"生态经济"条件下发展起来的精神需要和"集体幸福"的指标（自由、友谊、美丽、健康等）获得了首要的意义。至于实际上如何达到这一目标，作者并没有说，但是他认为，在通向人道社会的道路上不仅要抛弃许多资本主义的"价值"，而且也要抛弃一系列"马克思主义的教条"，并建议"把社会主义和民主制统一起来"。

这种典型的西方自由主义—改良主义的空想表明，从资本主义危机局势中寻找出路已达到一个新的阶段。这一危机正是资本主义在人与自然和社会的关系上所造成的。生态运动的发展虽已不限于原来的范围；但是，超出这些范围就往往产生一些基本上是诉诸人的意识和道德的空想理论。

与此相联系，在从日益迫近的生态危机中寻找出路时，西方对生态问题实质的理解也有某种新的东西。在这方面，集体著作《历史生态学——环境和社会变迁论文集》是很有代表性的⑤。该书企图弄清生态危机的历史根源。作者从我们生活的基本条件（其中也包括社会制度的特点）出发，从对环境的直接依赖性中寻找答案。他们针对特有的自然条件、加

---

① 参阅例如韦茨塞克尔《危险中的冒险》，慕尼黑，1976年。
② 参阅Ф.圣—马尔克《自然的社会化》，莫斯科，1977年。
③ 法国马克思主义者Ги.比奥拉在《马克思主义与环境》一书中对圣—马尔克的这种观点进行了严肃认真的批评（莫斯科，1975年）。
④ Ph.圣—马尔克：《人在进步还是在堕落？》，巴黎，1978年。
⑤ 《历史生态学——环境和社会变迁概论》，L.比尔基主编，纽约—伦敦，1980年。

工和经营水平而研究经济组织、工艺学、文化、政策和其他一些社会制度。作者认为，大家虽然对自然环境和社会生活的相互联系都深信不疑，但至今对这种相互联系的具体形式研究得还很不够，而只是局限于研究人应付环境变化的能力，局限于调整自然同社会智慧的相互关系。

　　作者认为，要理解现代环境问题就必须对生态历史有清楚的了解；虽然研究生态危机的历史并不能给我们提供在危机中行动的单义的规划。社会智慧（социум）对付生态危机可能有三种主要的办法：（1）社会试图依靠运用新工艺来加强对周围环境掠夺的办法来加固基本的社会结构；（2）社会开始改变自己的某些制度，特别是改变那些使生态危机加剧的制度；（3）选择调和的解决方法，即第一、第二两种方法的某种组合。无疑，了解过去的情况、了解环境的文明史理论将有助于最优方案的选择。

　　但是，作者认为，研究生态危机的历史所获得的知识并不能为个别的乐观主义提供根据。社会的作用受包括社会价值体系在内的一定思想体系的制约，而这种社会价值体系是以社会对环境的一定关系为基础的。社会和环境的这种关系的形式即使只发生局部的变化也将使该社会的生存本身受到威胁，即导致社会和政治的极度混乱。社会如果拒绝根本改变自己的社会原则和价值，那么，它就限制了自己以有效的方式解决日益迫近的生态危机的能力。这样，情况就将复杂化——在这种情况下任何解决办法都会使凝固不变的社会制度受到威胁。总之，有一点是很清楚的，即作者认为不可能找到解决生态危机的乐观方法，只好俯首听命于技术统治主义的理论；而这种理论是一贯忽视一定的社会结构的现实要求的。

　　文集中其他一些论文对危机本质的最新解释则表明：大多数作者都认为危机是由人口的不可控制的增长造成的，也正是这种增长造成了食物的不足，以及水和能源的缺乏。在这方面生态危机重复着过去的老路，即人口的增长以及由此引起的饥饿导致了生态危机。但是，环境的现代危机也有它自己的特征，这是因为它产生于高度工业化的社会，而这一社会又具有自己的特征（能源和矿物资源的缺乏；由于排泄到生态系统的废物超过其净化能力而出现的一些过去文明所未知的环境污染问题；现代生产对动植物群落所产生的消极影响；最后，主要是伴随都市化而来的现代生态危机的社会后果）。

总之，作者的结论是：技术统治主义的幻想是虚假的。他们认为，西方社会那种认为科学和技术万能的根深蒂固的信仰妨碍着学者们真实地指出日益迫近的危机的程度及其生态和社会后果。即使有教养的人也不了解，科学不具有也不可能具有宇宙智慧的绝对真理，而只是拥有部分知识：学者往往只是从自己的职业特点出发研究自然，这种研究的片面性决定了他不可能获得完整的自然知识。同时，在大多数情况下，工艺学还远远落后于科学，而且它所使用的也是一些落后的理论。此外，学者不掌握政权，因而就无力改变他那个社会的制度和集体意识。这样，作者就发现了不可避免的冲突：一方面，科学的成就受社会智慧的制约；另一方面，科学的成就又反作用于社会。解决这个冲突是很困难的，但是人们想要调整自己与自然的关系，并避免日益迫近的生态危机的悲惨后果，却又必须解决它。

但是，作者并未提出任何实际的解决办法，而且他们也不可能做到这一点；因为他们不去分析作为生态危机的基础和根源的资本主义社会关系。这样，这些生态学家也终于走上了同样的道路，所不同的只不过是提出了不同的乌托邦见解而已。

在这些著作中，资产阶级生态学思想的各个流派互相转化而又彼此冲突。看一看他们究竟怎样理解这种转化和冲突是很有意思的。例如，《未来的性质：迈向人道主义的生态学》[①] 的作者勒基认为，现代生态学力图彻底了解人的前景，敢于提出二者择一的社会模型，但这种生态学仍远未完全充分地解释引起各种生态危机的事实。生态学的术语和方法论武库还非常狭小，它虽然制定了环境保护纲领并试图加以实施，但事实证明，有意识地干涉社会和自然之间业已形成的关系，虽然目的是拯救濒临灭亡的各种动植物或使自然保护区免遭文明的破坏，但对于环境来说，却往往引起意外的、有时是非常悲惨的后果。

作者认为，目前人类面临的任务是寻找包括心理在内的人与生态系统、首先是构成人的日常生活的现实环境的整合形式。这就意味着"人道主义生态学"将取代原来不能建立未来文明模型的业已解体的"旧"

---

① E. 勒基：《未来的性质，迈向人道主义的生态学》，巴黎，1979年。

生态学。而人及人的问题将成为人道主义生态学的中心。勒基认为，可以从三个方面去发展环境科学和人的科学的联盟：（1）把生态学原则用于人类环境，用于形成新的生活方式，以帮助人们抵抗现代世界的侵犯；（2）促进多样化，反对拟定过分简单的计划；（3）培养新的世界观。

"人道主义生态学"承认日常生活之具体人道主义的重要性，承认它同人的未来紧密相联，承认具体地理解人的必要性；但它所提出的措施，其中包括改善劳动条件的措施，却是空想的，并未超出资本主义关系的范畴，其目的只不过是对这些关系做一点"人道主义"的改良而已。

类似的"同庞然大物决裂"的抽象的人道主义的号召，以及对"可选择的解决办法"的寻求，已逐渐成为目前西方生态学思想的主要方向之一，并且这种"解决方法"也越来越强调个人和道德关系方面。这在已经提到过的 T. 罗扎克的《个人—星球：工业社会的创造性蜕变》一书中表现得很明显。作者企图通过确立"个人—行星"间的直接联系在生态范围内找到克服工业主义（按作者的意思，不仅是资本主义的）缺陷的道路。作者建议放弃传统的政治斗争形式，通过发现"自我"的时代精神，通过个人的榜样，通过密切的交往来确立行星的时代精神。

这种对待生态问题的精神—末世论的观点要求与占统治地位的现代工业主义价值观彻底决裂，同时，它又把关于未来的乌托邦幻象作为某种旨在控制人的自然—生物生活基础的原则。这时，由于生态危机的原因好像是"社会经济系统的先验性（трансц-ендентна）"，因此，只有"新的乌托邦"才能够具有检验人对环境之作用的实际价值，但这只有在"人的意识得到同步发展"的情况下才有可能[①]。

近些年来，乌托邦式的理论推论具有异常明显的实际目标，这个目标是在"二者择一的运动"中经过理论论证的，这些"选择运动"既拒绝把资本主义、也拒绝把社会主义（因为它们似乎只是现代工业社会的两种不同形式）作为未来人类的榜样，并且提出了不同的实际上被实施的试图调整人和自然的相互作用的乌托邦模式。在这方面，"激进的生态学唯物主义"可作为一个实例。它的目标是把地球上的社会生活进行

---

① U. 波罗布斯特：《政治生态学：在社会政策和乌托邦之间》，美因河畔法兰克福，1980年，第102、106页。

"生态转换"使之作为"以生态能源（акоэ нергетический）原则为基础的新的世界秩序"①，并且，它把这一目标的实现想象为"关键的生态学原则"，即继续生存原则在社会生活和国际范围内的实现。各种自发兴起的群众运动，如生态学运动、"绿色运动"以及反对利用原子能的运动等等，都是肩负起建立"新世界秩序"任务的社会力量。

这些运动在最近几年不断高涨，其具体特点表现为理论和政治成分的极端驳杂：从"生态社会主义"到利用某些反动—浪漫主义保守倾向的"生态法西斯主义"，五花八门，无所不有。因为他们通常反对包括共产党和工人党在内的传统政党，这就决定了他们社会成分的极端驳杂性；但居民中间层的代表在各种生态团体中占有优势。他们的根本战略是"草根革命"，即他们指望通过长期的群众工作，逐渐改造群众的觉悟和行为，包括对待生态问题的觉悟和行为。

确立以新的"生态化"的生活方式作为通向"更高级人类社会"的道路的试验正在日益发展起来，而这种试验是以建立各种实现"非工业主义"理想的公社和居民点的形式来完成的。在西方出现了"新公社"，它的使命是"在根本上改变本身之后改变社会"，其中包括改变人的生活的自然—生物因素。这些公社鼓吹拒绝传统的价值，但是，它们在多数情况下也不完全拒绝文明的成就，也常常谈到"具有人性的工业主义"的必要性。这些公社被吹嘘为"未来的生动模型"，而宗教神秘主义、"青年宗教"始终是使所有在此基础上建立起来的公社团结一致的思想。这些宗教是从社会乌托邦和生态乌托邦出发的，正是这些乌托邦掩饰着思想的乏力和探索的无望，而这种探索既不去科学地理解生态问题的实质，也不想通过对社会经济关系和人本身、人的意识和行为进行社会主义和共产主义的改造来求得这一问题的实际解决。但是，只有这种办法才能使人从其所处的复杂情景中找到现实的出路，这一点是越发明显了；而这种复杂情景是由人与自然相互作用的矛盾的尖锐性引起的，正是这种矛盾的激化导致了西方的生态危机。马克思主义向全世界表明自己是卓有成效的。马克思主义者实际参加了这一迫切问题的争论，而这一问题已引起世界舆论、政府、国际组织的越来越大的注意。

---

① G. 采伦廷：《与怪物告别：政治选择的生态学解读》，汉堡，1979年，第181页。

特别是最近几年来，社会主义国家的学者在这方面表现出了巨大的积极性，捍卫并发展了马克思主义生态学理论。有关生态问题的争论涉及的范围很广，例如，在 70 年代初期和中期这一争论引起了巨大的社会反响并产生了显著的实际效果。比如，1972—1974 年在《哲学问题》"圆桌会议"栏上展开了一系列争论，就"人及其生存环境"以及"科学和现代全球问题"①进行了专题讨论；同时，在近几年发表的一系列其他文章中也展开了类似的讨论。这些争论推动了生态问题的社会—哲学方面的深入研究，它的一系列成果具体反映在上述专题著作和文集中。在这方面，第三次全苏现代自然科学的哲学问题会议关于"科学技术革命时代中的人、社会和自然"问题的讨论（西多连克、费多罗娃、莫伊谢耶娃等作了报告和发言）向前迈出了新的一步。②

分析生态问题同世界人口增长的相互作用具有重要作用。我们已经指出，许多西方非马克思主义的观点恰恰是把生态危机的根源归结为"人口爆炸"，这种观点未必能令人满意。没有科学的态度就不可能确定人在同自然和人类相互作用中的前景，这就是科学态度的重要性之所在。

对未来人及人类的人口问题的科学态度是在同一系列相互矛盾的观念、方案和建议的斗争中确立和发展起来的；其中的许多观念、方案和建议虽然具有明显的非科学的、甚至是反科学的性质，但却具有异乎寻常的生命力。这首先是指马尔萨斯主义。这个学派的创始人，英国牧师 T. 马尔萨斯于 1798 年出版了轰动一时的著作《关于人口规律的经验》。自那时以来，马尔萨斯主义尽管随着历史条件和科学发展的阶段而不断变化，但却始终没有退出历史和科学的舞台。

马尔萨斯在其著作中声称他发现了人类一切灾难的根源和原因，这就是"绝对人口过剩的铁律"③。它"在人们生存的任何时候和任何可能的条件下"都同样有效。根据这一规律，人口的增长好像是按下述规律实现的：如果人口的增长没有任何障碍，那么，每经过 25 年它就按几何

---

① 参阅《哲学问题》，1973 年第 1—4 期，1974 年第 8—11 期。对上述争论的评论见本书第一版（第 140—143 页）。
② 参阅《自然科学和人的问题的辩证法》，载《第三次全苏自然科学的哲学问题会议文件》，莫斯科，1983 年，第 4 卷。
③ 马尔萨斯：《关于人口规律的经验》，圣彼得堡，1868 年，第 1 卷，第 472 页。

级数增长一倍，而同期的生活资料即使在人类劳动得到充分利用的最理想的条件下，也不会超过算术级数的增长速度。马尔萨斯由此得出结论：人从呱呱坠地时候起，他的位置就已被别人占满，因此，他们没有取得食物的任何权力；因为他本来就是完全多余的人。在这个自然界的豪华宴会上没有他的餐具。自然界命令他走开，而自然界为了实现这一命令也确实采取了措施：它依据"理智的博爱"原则，将那些刚刚入席但没有席位的"不速之客"毫不客气也驱逐出去。

马尔萨斯和他的现代追随者——新马尔萨斯主义者认为，不能抗拒这一"自然的铁律"，相反，要促使它最"协调"地实现。众所周知，马尔萨斯本人曾告诫人类节制性欲以大大降低生育率。现代马尔萨斯主义者在这方面比他们的精神之父走得更远：他们建议，为了人为地缩减地球上的人口，不要局限于"伦理的"因素，而应广泛地利用战争、疾病消除"在遗传方面有缺陷的"那些人的生殖能力、消灭老年人以及借助于"许可证"控制生育率等等。

现代马尔萨斯主义者所依据的主要是社会达尔文主义、民族主义、地理政治论等虚伪的社会学概念。他们把自然规律用于社会生活，似乎永恒的"生存斗争"规律在人类社会中也同样有效。例如，他们认为，"生存斗争"是人类高等民族和低等民族的永恒斗争，是一切战争的根源。这样，改头换面的法西斯主义的"生存空间"概念（地理政治论）又被重新搬上了舞台。例如，美国遗传学家 P. 库克在其臭名昭著的《人的生殖力——现代的抉择》一书中，以"骇人听闻的人口爆炸问题"吓唬世界，同时又表示很难过，其理由据说是由于科学和医学的进步削弱了人类社会所固有的永恒的"生存斗争"。这导致了人类"遗传的退化"，因为"遗传方面有缺陷的"人能继续生存下去并留下后代。福格特的《通向人口之路》、《人！生存的威胁》等书就获得了这种不光彩的声誉。而埃尔利希那本新马尔萨斯主义的书《人口炸弹》①，于1968—1970年出了13版，总数超过200万册。作者在其著作中建议采取"断然措施"限制人口的增长，先把人口缩减到10—20亿，最后降到5亿。

人们有时认为这种新马尔萨斯主义观点基本上已经过时了。其实，

---

① P. R. 埃尔利希：《人口炸弹》，纽约，1963年。

事情绝非如此。鉴于历史的经验，现代新马尔萨斯主义在掩饰自己方面真是比过去更巧妙也更谨慎了。有时，它甚至采取人道主义术语，但并不因此就改变了它的实质①。

很遗憾，类似的一些大学者——不是人口学者而是其他学科的专家——有时也为这种思想辩护。如法国生物学家莫诺在《偶然性与必然性》②一书中，在草草研究了作为能思维的生物的人之产生以及浮光掠影地划出人类精神和体质进化的基本阶段以后断言：以种内斗争为基础的选择是人类最初阶段进化的主要因素之一；这种斗争特别表现在种族和部落之间的战争中。他认为，正是这种选择促进了那些"具有更高的智慧、更丰富的想象力、更坚强的意志以及高度自爱"的民族的扩大。莫诺预先料到他这种观点可能遭到批评，他自己也承认，这是一个"简单化的公式。"而在这一公式完全失效之前，他将始终坚持下述观点，即人类文化的进化不仅影响体质的进化，也影响基因库（即基因总和）的变化。虽然现代社会也存在着选择，而这种选择——莫诺不无遗憾的断言——却并未能促进"适者生存"（统计表明，儿童的智商与儿童的平均数并不相符）。他认为这是一种危险，因为最高的遗传潜力有可能集中于日益狭小的少数人的范围。他还认为，试图借助分子—生物因素对基因的干预来保护人类免遭退化，以新的品质丰富人的遗传性是徒劳的：这不仅因为目前尚未达到基因的微观水平，而且他认为任何时候也不会有这种高明的手法。在他看来，只有严格而有计划的选择才能拯救人类，才能"改善"人类的基因潜力。

英国生物学家哈克斯利持类似的立场。他在《人道主义的危机》一书的《世界种群问题》一章里论述了人口"过剩"问题，在他看来这是比原子战争还要大的危险，因为新的战争正是由人口的不断增长所致。哈克斯利写道："生存空间的需要这一老调被多次重弹，这是为侵略战争进行辩护。我们在德国、意大利、日本看到了这一点。如果世界人口照

---

① 进步的美国政论家 A. 切斯在《马尔萨斯的遗产：现代科学种族主义的社会代价》（纽约，1977年）一书中，对马尔萨斯主义和它从优生学及"科学的种族主义"（均诉诸遗传学和自然选择等理论）立场进行"论证"的企图进行了坚决而有力的批判。

② J. 莫诺：《偶然性与必然性》，巴黎，1970年。

这样的速度一直增长下去，这种需要必将构成世界的严重威胁"①。他进一步断言，世界人口爆炸必将导致"独裁政体，导致各种形式的专政，导致人的个性和整个人类的退化"②。哈克斯利把马尔萨斯的人口增长"规律"作为自己的全部论据，认为这一理论是"经典性"的，而且越来越显示出自己的现实性和生命力。

甚至帕热斯也主张为马尔萨斯恢复名誉，在《法国及国外生育率的控制》③一书中，他力图为马尔萨斯辩护，使之免遭社会主义者和马克思主义者的批评。帕热斯把马尔萨斯主义的产生同伟大的法兰西革命联系起来，并把马尔萨斯视为"新文明"的代表。作者甚至认为，必须以立法的形式把作为我们文明之集中体现的马尔萨斯主义的思想牢固地树立起来。

迈尔在不同的方面以不同的目的对待这一问题，他力图彻底实行人道主义的"平等原则"。在他看来，这一原则就是"不依遗传上的差别为转移的法律面前的平等和人的社会关系上的平等"④。迈尔把自由解释为"机会的平等"和机会的多样性以及对那些非公式化的人的容忍，然而，他最终还是暴露了他所捍卫的人道主义的抽象性。至于真实地体现人道主义的"平等原则"的具体的社会环境具有什么意义的问题我们已在前面谈过了。

但是，迈尔的下述思想是令人信服的，即智力的遗传制约性和它同生殖力的联系是极弱相关的统计现象，目前具有较高智力的人其生殖力之所以较低并非受生物因素的制约，而是受社会因素——家庭规模计划的影响。不过，在这种场合下迈尔对社会因素的解释是极其抽象的，在很大程度上是空想的。这种解释仅仅考察税收政策和一系列（正如作者所认为的）旨在"反对社会最优秀成员"⑤的行政权力以及政府法律。因此，迈尔号召为"理智的人种政策"而斗争，同时，他赞成从人的自由的指标中删除无限制的生育权这一建议⑥。但是，问题在于由谁以及在

---

① J. 哈克斯利：《人类的危机》，华盛顿大学出版社，1965年，第70页。
② 同上书，第99页。
③ J. 帕热斯：《法国及国外生育率的控制》，巴黎，1971年。
④ Э. 迈尔：《作为生物种的人》，载《自然》杂志，1974年第2期，第42页。
⑤ 同上。
⑥ 同上书，第43页。

怎样的社会基础上去贯彻这种"理性的政策"。值得注意的是，在社会分裂为一些对抗阶级的条件下，这种政策是否能够更有效地削弱这方面的特权。

迈尔拒不讨论类似的问题；在我看来，正是这一点使他得出人口过剩是威胁人类的灾难这一近乎启示录式的结论。尽管他并没有指明预防这一灾难的有效措施，但他的观点与马尔萨斯主义以及新马尔萨斯主义对待人口问题的"解决办法"是大相径庭的。后者的理论基础本身——"人口绝对过剩的铁律"——就是错误的、反科学的。事实证明，地球上现有的生活资料完全足以维持比现在更多的人口。与马尔萨斯同时的 K. A. 季米里亚捷夫在回答马尔萨斯所断言的似乎在"自然的盛大而豪华的宴席"上没有"多余的人"的席位这一问题时指出："在未驱逐参加宴会的任何人之前，最好先关心一下现有食物之可能的分配方式，看一看参加这一豪华宴会的人究竟领取多少盘菜才是非正义的。然后就产生了第二个问题：自然界所能提供给人类的全部食物是否都已摆在这个宴席上了？"

这些问题恰恰触到了马尔萨斯主义的本质；对这些问题的科学回答是对这一伪科学的致命打击。问题在于，目前人类取得生活资料的实际可能性在许多国家所遇到的绝不是"自然"性的障碍。这些障碍具有社会性，并包括这些国家占统治地位的生产方式的私有性、剥削性在内，在这种生产方式条件下，决定着生产资料发展的绝不是人们的真正需求，而只能是支付能力所制约的需求以及生产资料所有者制造产品所获得的利润。劳动人民的饥寒交迫是由社会的原因造成的，而绝不像马尔萨斯所鼓吹的那样，是由于什么食物的天然不足这一"永久的"、"自然的规律"所造成的。

马克思写道："马尔萨斯的特点是思想极端卑鄙"，而这特别表现在"他从科学的前提做出的那些看人眼色的而不是毫无顾忌的结论上"[①]。如果我们仔细考察一下世界粮食问题的现状，再把发达的资本主义国家的资料和以前曾是它们殖民地的那些发展中国家的资料加以对比，那么，这种"卑鄙的思想"就表现得尤其明显。这里值得注意的是，现代马

[①] 《马克思恩格斯全集》第26卷（第2册），第124页。

尔萨斯主义正是借助于"马尔萨斯定律"来解释经济困难，似乎这些困难是由于"人口爆炸"所引起的，并企图由此证明"马尔萨斯定律"的正确性。他们忽视了社会经济发展水平所必然引起的那些原因；因此，他们为克服这些困难而炮制的那些措施就往往归结为纯粹的人口方面，即借助于绝育以及医学宣传等手段人为地降低生育率。但是，列宁写道，"一方面——医学宣传的自由和保护男女公民的起码民主权力是一回事，新马尔萨斯主义的社会学说是另一回事。觉悟的工人永远要进行最无情的斗争，来反对把这一反动的怯弱的学说加到现代社会最先进的、最强大的、最有决心去进行伟大改造的阶级身上的企图"①。

马克思主义在其全部社会观点中和实际运用中，例如对"多余的人"这一假问题的解释，一贯反对这种"反动的怯弱的学说。"马克思在《资本论》中证明了"绝对人口过剩"这一论题的虚伪性；这一论题掩盖了资本主义社会存在的相对人口过剩现象，掩盖了大量的完全而经常失业的"劳动后备军"存在的事实；正是这种"劳动后备军"随着生产和技术的发展以及生产劳动的增长而愈益扩大，从而创造了愈益苛刻地剥削工人的可能。马克思指出，这里所说的并不是某种"永恒的"人口规律，而仅仅是资本主义所固有的人口规律。随着社会制度的变革和资本主义生产关系的消灭，人口规律也势必发生相应的改变。

社会主义经济制度不仅消除了人口绝对过剩（即便在资本主义社会也不存在），而且也消除了相对的人口过剩。社会主义生产的发展不会产生"多余的"（没有工作）人，因为由技术进步而解放出来的劳动者总会在不断扩大的其他劳动部门找到工作，从而能最大限度地满足劳动人民不断增长的需要。所以，社会主义社会具有自己特殊的人口规律，它随着社会主义社会向共产主义社会的前进正愈来愈充分地体现出来。社会主义者以完全乐观的图景和对未来的信心对抗资产阶级辩护士——马尔萨斯主义者的悲观主义预测。

这种乐观主义确信现实的人道主义，它与抽象的人道主义空想以及"人口学的虚无主义"毫无共同之处。一般说来，抽象的人道主义空想以

---

① 《列宁全集》第19卷，第229页。

及"人口学的虚无主义"无视人口增长中的重大问题,因而常常想当然地认为无须依靠我们的努力一切都会安然地自行解决。人口增长问题当然存在,只有瞎子才看不到这一问题的全部尖锐性。但是,这决不能成为悲观主义者尤其是厌世主义者的理由。因此,我们不能接受马尔萨斯主义者解决这一问题的"处方",而应积极地创立有助于新一代人过当之无愧的幸福生活的条件。

当然,这绝不意味着人口的增长应当屈从于偶然的意志。必须考虑到目前世界的现实而理智地对待这一问题,决不能像通常所发生的,比如说像许多西方人口学的未来模型那样,仅仅从抽象的推测出发。

把人口问题多半归结为道德方面的问题,这在美国社会学家希恩的《人口与人的尊严》[①]一书中表现得很明显。作者在书中公开声称"人口爆炸"是一个道德问题,是一个必须改变伦理传统、权威信条、政治措施以及家庭传统的问题,是一个用新伦理代替旧伦理的问题。

对待人口问题的这种抽象的人道主义观点是罗马俱乐部一系列报告的特色,其中包括佩切伊的著作。他在其最近的著作《关于未来问题一百页》中多次谈到"人口爆炸"、"人口过剩"是导致现代人类所有其他全球性问题尖锐化的原因,他认为,世界人口"无限制"的增长是"最令人头痛的"问题,是贫穷和痛苦的根源。这是人类"癌的扩散",因为人口的增长必然伴随着"需要和个人奢望的爆炸"[②]。但是,正如我们所看到的,他所得出的"结论"未必能够现实地解决人类面临的人口问题,因为它同马克思主义者关于必须进行根本社会变革的主张没有丝毫联系。

目前,马克思主义的这一主张正被越来越多的人口问题研究者所接受。任何力图使自己的分析更进一步并使之具体化的客观的研究者,都将不可避免地得出这种结论;事实上,这些研究者也确实正在与马尔萨斯主义和其他抽象的公式化概念划清界限。同时,马克思主义者不强迫任何人接受自己的立场;无论通向这一立场的道路多么坎坷、矛盾而漫长,相信人们终将采取这一立场。当然,马克思主义本身也始终在探索

---

① R.L.希恩:《人口与人的尊严》,载《环境危机的容量》,纽约,1971年。
② A.佩切伊:《关于未来问题一百页》,第46页。

之中，也在不断变化和发展。

这一点在马克思主义学者的有关争论中，其中包括在人口问题的许多争论中表现得特别明显，其中专门涉及人口学的社会—哲学问题的争论是由《哲学问题》杂志组织的。这一争论在学术界和社会上引起了巨大的、与该问题的意义完全相符的反响[①]。

这场争论的最后强调指出，要想在全人类执行明智的人口政策，就必须先在全球范围内确定理智的社会制度。当这些前提尚不具备时，我们的人口政策就应有所不同。人口问题在不同地区、不同国家自有其不同的表现形式。学者们在研究人口过程的规律性时不能不考虑到，目前还不能建立统一的理想模型，而人们必须由以出发的确定的现实是：人类社会划分为社会主义和资本主义阵营，而它们各有其不同的人口规律在起作用。发展中国家也自有其本身的人口规律。应当看到，正是社会经济的发展决定着人口方针本身的重大变化。

参加《哲学问题》杂志"圆桌会议"栏目讨论的许多现代人口学者在谈到经济领域时，是这样提出问题的：人出生以后，究竟需要有多少食物和衣服才能维持简单的生存？这是最起码的人口学目标。我们不能抽象地对待这一目标，而且也不能仅从这一目标出发；我们还有共产主义理论所确立的那些原则所必然要求的其他目标。按照这些原则，发展生产的主要目的是满足人的物质需要，它仅仅是社会发展一定阶段的目的，其中包括社会主义阶段；而到共产主义社会人的全面而自由的发展将成为人的目的，而这正是历史发展的必然。因此，作为远景而言，满足起码的物质需要将不再是我们人口学目标的主要标准；我们还有应加以思考的更高的人口学目标。对人口的控制最终不仅是为了不致使人饿死；人比只会消费的生物更高级，而这正是需要我们深思的。

我们的人口学理论应该力图使人不再成为单纯的"生儿育女的工具"，应该力图使人不再失去其个性。人口学是这样一门科学，即它不是从人们现实的各种关系和联系的丰富综合中得出的抽象概念。不言而喻，人口学面临着极其复杂的任务，实际上这一任务比建立一门拥有现代科

---

① 参阅《哲学问题》，1974 年第 9 期和第 10 期，1975 年第 1 期。对这一争论的评论见本书第一版（第 183—186 页）。

学由以武装的全部工具和方法的新学科要复杂得多。人口学应当包括其他一些看法和观点；这些观点和看法应当考虑到，人是一种非常复杂的生物，生儿育女也绝不是单纯的生物需要。这种生儿育女行为与人类之爱、人的复杂的本性以及深刻的精神生活密切相关；没有这一些，所谓具有现代文化的、有高度修养的人就是不可思议的，同样，没有这些许多人就不能想象他们的生活，就不能把这种生活的目的作为一种最高的价值而加以接受。当一个新的生命降世时，每一个有文化、有修养的人就担负起一定的责任并考虑到他把这个新的、他亲生的小生命带到怎样的世界上来。对"严格"的科学来说，应该而且一定要把这些不寻常的问题全部综合起来，也许，在这里，人口专家和哲学家的联合是极其必要的。

综上所述，可以发现，马克思主义学者的立场虽然不是单一的——这种非单一性有时甚至导致了尖锐的争论，但非常明确地阐述了关于人口及其控制问题的立场，这就是要把科学和人道主义有机地结合起来。如果简单地把科学和人道主义观点混合在一起，就有可能使控制人口增长的问题仅仅局限于具体的人口政策的范围①。这同样与调节我们所感兴趣的人——自然——社会这一整体的相互作用过程及其发展有关。确定协调这一整体的相互作用及其发展的途径是科学和社会实践的重要任务。在这里也同样需要综合的方法，这一方法能够把生态问题和人口问题的各个方面结合起来，而其出发点则是这些问题在有关人的前景的历史发展进程中的动态。只有在这一基础之上才能制定出保障人、自然、社会之未来的切实可行的措施，才能制定出协调它们之间的相互作用及其发展的长期科学战略和社会战略。这一战略正是由马克思主义者制定的，并且正逐渐体现在社会主义利用自然、控制人口的不断发展的经验之中。我们将更具体地考察这一问题的国际方面和全球性方面；而主要是强调这一问题同人及其前景关系最密切的社会—哲学方面和世界观方面。

---

① А. Г. 维什涅夫斯基在《人口再生产和社会——历史、当代、未来观点》一书中强调了用价值观去确定人口政策目的的必要性，莫斯科，1982 年。

三 保障人、自然和人类未来的科学战略和社会战略：生态和人口的控制、教育和培养；生态学—世界观—文化；人—家庭—社会的现在和未来

人对自然关系的新战略——作为对科学技术文明发展的某种调整是在这一文明的历史发展中形成的。这种理论方案绝没有卢梭主义和自然恐怖主义的空想特征，且能充分考虑到社会本身的特点以及社会和自然的实际关系。这种战略是同人类实践的永恒目标、现实福利相一致的，而这种福利是人作用于自然的结果——自然界不仅以永恒的规律运行着，而且当人们一旦违背这一规律时也会遭受不可避免的灾难。如果在改造自然环境的过程中人们自觉地考虑到自然的规律、生物地理群落的相互关系以及所有次要而久远的可能后果，如果在此基础上所进行的各方面的科学分析是长期而顽强的劳动成果，而不是毫无根据的空洞计划；那么，这种改造自然环境的过程就可能而且应当给地球上的人类带来幸福。

这种向与自然界保持理性的相互作用的战略转变，只有在充分深入地认清人及其实践在自然界的现代进化中的作用之后才有可能。目前，人及其物质生产是改变自然的有力因素；但如果今后人对自然的作用实质上仍是自发的，不对其作适当调整，那么，这种作用在未来将破坏自然界的平衡，并将导致整个生物界的毁灭性灾难。相应的理论模型应当以这种认识为基础。所以，根本的解决办法看来应当转向这样一种影响自然的战略，即必须保持和维护自然界的动态平衡。马克思主义者把这种转变同人类的社会主义和共产主义远景联系起来。在这个转变的过程中与人口控制、人口增长有关的问题将得到解决。人口增长也应该与经济发展，与粮食问题的解决，与在社会领域、人的世界观和文化、教育和培养以及家庭婚姻等方面的一系列重要而复杂的改造协调一致起来。

科学、科学技术的进步为人类提供的新的可能性对解决诸如制定和实现人、自然、社会的相互作用的长期战略等问题具有十分重要的意义。这首先涉及科学发展、科技进步的生态目标，它不仅体现在寻求解决全球问题（资源、能源、粮食，同对生物圈的污染进行斗争等）的办法上，

而且也体现在整个现代科学的生态化上①——在这种情况下，生态学的观点就是一般科学的观点，而把生态学观点运用于各门具体学科正逐渐成为现代思维的不可缺少的因素。生态学观点不仅涉及各门自然科学，而且涉及这些科学在技术工艺上的运用——技术科学领域，并通过它们涉及工业生产实践；正因为如此，生态学观点大大促进了这些科学的质的改造，而这种质的改造至少能保证在科学技术方面解决生态问题，协调人与自然的相互作用。

当前，为人类开辟新的远景的现代科学的主要努力方向就在于此；同时，不仅自然科学和技术科学，而且社会科学，首先是经济学、法学、哲学、教育学、文化理论等也最大限度地参与了这一过程。后者十分重要；因为它能从极不相同的角度制定协调人与自然之间相互作用的科学战略和社会战略，因而这种战略就具有多领域、多因素的特点，而且必然涉及人及其未来生命活动的各个方面。

自然，这里还有许多争论。最近十年来，生态学的定义、概念已成为各类学者（社会科学、自然科学和技术科学等不同领域的代表）的口头禅。新的生态学科层出不穷。这样就产生了一个问题：所谓科学的生态学化这种现象发展的前景如何？譬如，科学的普遍"生态学化"实际上意味着什么？一切科学的发展、进步都服从于一个统一的使命，即服从于社会同自然的正确的相互作用，——这可能吗？

毫无疑问，对解决生态问题的途径的探索，将进一步加深和扩大科学研究的范围，并要总括所面临的全部问题。但是，科学中的整体化趋势并不仅仅在对待人类全球性问题的态度的生态学的上下文中体现出来。况且，生态学的观点也未必能担当起"整合"所有科学的唯一角色。虽然为了解决生态问题本身，不用说，必须考虑到科学的相互作用以及这种作用的不断加强，但这并不意味着一切相互作用着的科学因而也都要"生态学化"。全部问题在于怎样理解"生态学化"，以及我们能否把它绝对化？实际上，之所以考虑生态因素首先是由人的需要决定的。人、人的需要，这本来就是协调社会同自然的相互关系的最终目的。所以在接

---

① 参阅 И. П. 格拉西莫夫《现代科学生态化的方法论问题》，载《哲学问题》杂志，1978年第11期。

受"生态学化"这一概念时必须保持某种警惕性;因为这会产生一个疑问:这样讨论问题,我们不是离开人了吗?我们不是在脱离人而单方面地考察自然吗?因为"被抽象地孤立地理解的、被固定为与人分离的自然界,对人说来也是无"①。所以,我认为,仅仅根据某一现象怎样影响到自然界就对这一现象进行评论是不够的;因为我们最终的目的是要找到这一主要问题的答案,即这一现象究竟怎样影响到人本身?又怎样影响到人同自然界的相互作用?正是在这一方面,对自然界的评价本身恰恰取决于人的需要。

正像我们所看到的,这种观点获得了日益广泛的应用,而且与目前生活和科学发展的趋势极其吻合。所以,不是简单的"生态学化",而是科学的人道化最大限度地促进着生态问题的解决。因此,应当在更大程度上根据人的需要,其中包括人同自然界相互作用的需要来调整整个科学、科学技术进步的方向。

今天,科学在根据现代问题推断未来的时候,只是着眼于满足地球上日益增长的人口所需要的诸如资源、能源、粮食等几个主要的、基本的方面。但有一种令人伤心的怪事,这与用于准备战争的力量和物资比较起来仅是其无足轻重的一部分。然而,正是在这里,科学技术进步的主要路线指明了这一进步在 3000 年甚至更远的未来的明确方向。而到那时候,地球上非再生自然资源、通常的能源(首先是石油、煤炭等)的极度匮乏,必将进一步加剧,而现在全世界学者的努力方向则是寻找新的能源,创造能代替天然物质的新的人造物质。

在这方面,第一批利用太阳能、风力、地热水的试验和科学研究具有重要的意义;而最主要的还是原子能的发展,特别是对受控热核反应的掌握将从根本上解决将来的能源问题,为人类开辟不可穷尽的能源。②科学技术向新的方向的发展将发挥越来越大的作用。例如,生物工程,特别是通过模拟和在工业上再现生命细胞和肌肉活动过程等工作原理而制定的获得能源的方法,必将发挥越来越大的作用。

---

① 《马克思恩格斯全集》第 42 卷,第 172 页。
② 参阅 Н. Н. 谢缅诺夫:《科学与社会》,莫斯科,1973 年;П. Л. 卡皮查:《试验、理论、实践》,莫斯科,1981 年;А. П. 亚历山大罗夫:《原子能与科学技术进步》,莫斯科,1978 年。

这里无须详细陈述,只需指出,科学技术的进步不仅在原则上能摆脱能源危机的威胁,而且能为当之无愧的生活和人类之日益发展创造一切必要的可能。问题的关键在于实现这些可能性以造福于人及人类的社会条件。

当我们考察世界粮食问题时,这一点就变得特别明显。问题的尖锐性不仅直接受经济发展的制约,而且受人口增长不平衡的制约。同时,还受那些根据人的需要和远景来控制人口增长的要求的制约[1]。科学技术为解决未来这些最尖锐的全球性问题究竟提供了多大的可能性呢?

自然,最有效地利用传统方法获得食品的问题(借助于作物栽培、畜牧业、养禽业、渔业等)在这里占有极其重要的地位。今后,农作物、畜牧业的产量将越来越高。但是,这一传统方法必将导致食品的昂贵、蛋白质实际资源的降低;此外,还将增加对生物圈的有害影响。大家知道,目前世界上有150亿公顷可耕地;但是,人类每年丧失600—700万公顷,而且其中大约90%是因土壤侵蚀而丧失的。据推测,到2000年还将开发3亿公顷土地,但由于侵蚀作用世界可耕地总面积不会增加。还有,人类所开垦的土地的作物产量正急剧降低,而沙漠化过程也正进一步加剧(沙漠占陆地的10%,而其中一半有人居住)。农业的废物对生物圈的污染比所有其他污染的总和还要多。磷肥、钾肥、化学杀虫除莠剂给自然带来了更大的危害。

今天,人类虽然能从现有的耕地上获得88%—90%的食品,但如果考虑到人口增长因素,那么,传统的方法甚至在遥远的将来也不能解决粮食问题。"绿色革命"的结果证明了这一点,而不久前还使人感到有乐观希望的"丰富食品革命"也同样证明了这一点。所以,考虑到人类3000年以及更远的前景,科学就必须借助非传统的方法找到获得食物的新方法,以对付世界不断增长的人口。[2]

某些学者认为,如果全世界都转到生产人造食品,那么,其作用将相当于以往6000多年整个农业经营的总和,并将对人类文明的发展产生

---

[1] 参阅《世界粮食问题(图书手册)》,莫斯科,1980年。
[2] 参阅 В. Б. 托尔斯托古佐夫《人造食品:获得食物的新途径及其远景》,莫斯科,1978年。

重大影响。这里指的不仅是从原来不适于人食用的物质中获得新的人造合成蛋白食物，也不仅是利用全世界海洋的巨大可能性等等；而且还包括直接利用无机元素模拟并在工业上再现生物合成的过程（生产食物的无机方法）。在这方面，生物工程及基因工程为人类开辟了新的可能性。

显然，科学、科学技术进步的这些新的可能性只有在适宜的社会条件下，即只有当这些社会条件能最大限度地促进人、自然、人类普遍协调的情况下才有可能实现。既然是由现代科学技术发展的规律来推断未来，就必须清楚地了解这种规律得以最大限度实现的那种适宜的"社会环境"。

问题首先涉及作为协调人与自然的相互作用的科学战略和社会战略基础的总原则。从马克思主义观点看来，这首先意味着要为人建立健全生活环境，而这种环境的社会和自然参数能最大限度地保证人发展的可能性。马克思主义的科学把对环境的合理组织看作形成新人的条件之一；与此相适应，也把形成合理的有益于人的环境的过程看作生态的发展过程。这样，使所形成的自然环境最大限度地适应人的需要，就成为生态学上平衡发展战略的基本目的；正是这一战略的最根本的原理在社会主义和共产主义建设中得以形成和实现。

这种结论不仅是今天理论分析的结果，也是概括社会主义实践的结果[①]。最近几年，为了保证合理地利用我国的自然资源，解决粮食问题，有效地进行自然保护，特别是保护我们国家的大气圈、动物界等等[②]，所采用的整个立法体系强化了这一结论。苏联共产党第 26 次代表大会的决议就这方面的工作制定了到 1990 年的宏伟纲领，正是这一决议给这一行动（保障人、自然、社会的未来及协调它们之间的相互作用）带来了新的动力。

在这里，我们有许多工作要做，许多困难有待于克服，因为这些问题具有多面性：它们不仅涉及社会的社会经济关系的性质，而且涉及社

[①] 更详细的可参阅：A. B. 列昂捷娃：《社会主义国家环境保护协作的法律基础》，莫斯科，1982 年；《自然资源的合理利用与环境保护（社会主义国家的经验）》，莫斯科，1979 年；《社会主义与环境保护》，莫斯科；И. Т. 弗罗洛夫：《科学技术革命的生态问题及其在社会主义条件下的解决方案》，莫斯科，1976 年。

[②] О. С. 科尔巴索夫：《生态学：政策—法——苏联自然保护法》，莫斯科，1976 年。

会的经济上的可能性、社会文化的发展、价值观，最后，还涉及那些直接与个性、与每个人有关的诸多品质。这些品质往往严重地制约着总原则的实现；因为这些总原则并非自动发生作用，相反，它正是通过个人、集体及领导者的活动而实现的。这同样适用于环境保护和自然资源的合理利用问题。我们在这方面做了大量工作，通过了一些很好的法律；但很遗憾，这些法律并未始终得到贯彻执行，特别不能容忍的是不仅个人而且还有许多企业和国家机关在破坏着这些法律。看来，这需要更严格的法律监督，而尤其重要的是社会监督。

苏联政府和共产党一贯重视自然保护问题；没有广泛的社会运动环境保护就不可能成功。我们虽然开展了这一社会运动，但显然还欠充分。就是在人的生态学教育和培训方面也还有大量的工作有待我们去做，特别是对于即将生活在极度紧张的生态环境中的青年人来说，更是如此。无须把这方面的局势紧张化，但必须看到我们目前的实际困难；而且也不应认为，借助于某种万能的指令性的决议就能立刻克服这些困难。生态学的修养、生态文明的养成与人的全面发展密切相关，这自然需要一定的时间；但这一时间不应过长，因为生态的情况正日益恶化，社会舆论必须明了这一点，并为此做出一切努力；否则，我们的孩子和后代就将指责我们无知，指责我们有时甚至野蛮地对待自然。为了在任何情况下都能避免这种可悲的后果，我们就必须做出一切努力！

最近一个时期，与调整人同自然的相互作用的实际活动结合在一起的生态学教育和训练不断发展，且正受到人们越来越密切的注意；不仅中学和大学，就连各种各样的社会组织以及党和共青团的学习系统也都参加了这一高尚而有前途的事业①。和其他社会主义国家一样，我国积极参加了由联合国教科文组织所通过的自然保护教育国际纲领和联合国环境纲领的活动，采取了国际组织所实行的一切生态教育和培训措施。

自然，这不仅仅指生态学的教育和培训，也指那些旨在促进解决全

---

① 详阅《自然保护教育问题》，新西伯利亚，1980 年；Ю. Ю. 图佩齐亚：《利用自然的生态—经济效益》（第四章，第一节，教育），莫斯科，1980 年；А. М. 加列耶娃、М. Л. 库罗克：《生态问题研究班讲义》，莫斯科，1980 年。

球范围内人与自然的协调作用问题的全部措施①。这首先是指我国参与制定的经互会范围的生态问题的决议。正是苏联在联合国首先提交了《为了现在和我们的后代国家肩负着保护地球环境的历史责任》的文件（1981年）。这个文件的采纳是社会主义关心地球的现在和未来的必然结果。这一文件不仅宣传一般的原则，同时也指出了调整全球范围内人与自然相互作用的具体途径。

我们这个星球的大自然是一个综合的相互联系着的整体。所以，在局部活动中任何把大自然的某些因素排除出去的做法都不可避免地会引起周围环境的矛盾。根据马克思主义的观点，要想使得自然资源的开发或自然系统的改造不致引起周围环境的退化，只有一种可能，即实现生产的自然条件和社会条件的公有制。只有这种发展才是合乎理想的，因为它能满足人的合理的即综合的需要，能满足人之能力和素质全面发展所必需的条件。最后，比较而言，这种发展的最大好处还在于它能迅速而有效地消除原来各国之间存在的经济上的不平等。苏联和社会主义阵营国家的发展经验证明了这一点。

社会主义经济管理的经验明显地显示在生态问题上综合的观点的优越性；只有从这种观点出发制定的发展战略才不会造成对环境的危害以及生态资源的枯竭。显然，生态的合理发展与社会的合理发展是一致的；因为只有社会的合理发展才能形成旨在协调人与人、人与大自然的关系的社会组织。

当前，人与自然相互作用的一个重大课题是把科学技术革命同社会主义经济制度的优越性有机地结合起来。为了完成这一任务，不仅需要进一步发展科学技术，而且要尽量完善经济—生产结构，并采用综合的系统方法——这种方法能避免通常所发生的一个部门对另一部门的生态损害，从而能避免整个生态状况的恶化。因此，必须在新的基础上对生产逐步加以改造，建立生产综合体，从而消除贵重原料的不合理消耗，避免生产的副产品对自然环境的破坏。

---

① 《保护地球——弗恩岛和科科约克（КОКОЙОК）讨论会以及斯德哥尔摩会议通过的环境问题的基本文件》，莫斯科，1981年；Ю. К. 耶弗列莫夫、Г. С. 霍津：《自然保护的全球战略》，莫斯科，1981年；О. С. 科尔巴索夫：《环境保护国际法》，莫斯科，1982年。

科学技术革命同社会主义优越性的有机结合正在为采取工艺措施以减少对周围环境的污染、保护自然以及进一步改善自然、净化生物层提供前提。这需要耗费大量的物质和劳动，自然，这种物质和劳动消耗是逐步生产出来的，并将随着社会主义向共产主义的进一步发展而不断增长。恩格斯曾强调指出，历史在向"人类同自然的和解以及人类本身的和解"[①] 的方向运动。但是，只有用共产主义原理改造自己的生活，才会最终达成这种"和解"。

制定解决这一重要问题的积极的科学战略和社会战略，以及这些战略在全球范围内实际实现的前景和必要条件就是如此。正像毕生研究人与自然相互作用问题的科学院院士维尔纳茨基所说："人类思想和劳动所面临的问题是改造生物圈，使其符合作为统一整体的自由而能思索的人类的利益"[②]。只有遵循这个方向前进，才能为人类文明及人类本身的未来创造自然的前提。

这里指的是这样一种未来，到那时，人将积极地、有意识地在科学和人道主义基础上为了全人类的利益去建立自己同自然环境的相互作用。马克思在谈到这一未来时写道："联合起来的生产者，将合理地调节他们同自然之间的物质变换，把它置于他们的共同控制之下，而不让它作为盲目的力量来统治自己；靠消耗最小的力量，在最无愧于和最适于他们的人类本性的条件下来进行这种物质变换"[③]。

世界与人的前进与变化，即人的生产和劳动活动、生活方式以及意识的前进与变化，这就是"扬弃"人类所面临的两难问题的前景。现代人应当发展同自然的协调关系，了解它的发展过程并理智地利用它，像马克思所说的那样——促进自然的丰富、人化、人道主义化。

这必须以整体综合的质变为前提；这种变化不但涉及经济与社会领域，而且涉及世界观基础和整个人类文化、涉及人类在自然界中生活的价值取向和道德基础[④]。大家知道，在人类刚刚出现之际，人类关于自然

---

① 《马克思恩格斯全集》第 4 卷，第 603 页。
② В. И. 维尔纳茨基：《生物圈（生物地球化学选集）》，莫斯科，1967 年，第 356 页。
③ 《马克思恩格斯全集》第 25 卷，第 926—927 页。
④ 参阅《科学和生态问题的价值方面》，莫斯科，1981 年。

的意识主要是从必须"征服"自然、"征服"自然力的观念出发的。必须逐步改变这种世界观模式（它具有悠久的历史传统，而且在今天还远未被克服），相应地，在人的世界观中应愈益牢固地树立起这样一种信念，即现代人决不能把自己置于自然的"征服者"的地位而对自己的行动后果漠不关心①。但是，这主要和基本上取决于有关社会、国际法、政治和文化诸问题的解决。

在这方面，有关新的"生态文化""生态伦理"以及"生态文明"的提法是合理的，这也正是共产主义向我们昭示的东西。因为在共产主义社会人与自然的协调关系恰是促进人本身协调发展的重要因素。

当在科学、社会和人道主义的广泛基础上协调人和自然的普遍的相互作用的时候，未来社会同人类本身的增长也就在这一基础上以同样的方式得到了协调。有鉴于此，马克思主义者和所有进步的学者拥护积极而有效的人口政策，赞成有意识地控制人口。同时，要着重指出，这种政策虽然也带有对大多数人的个人自由和权利的某种限制，但它并不贬低人的尊严。正如希恩在自己《人口和人的尊严》一书中所指出的：需要找到某种药物，但它对人不应比疾病本身更坏。

人口政策的根本原则的实施及其具体方法的制定，实质上取决于下述情况，即一般说来人们怎样理解人口问题，以及怎样理解这一问题同某种国家社会结构的特点、同该国占统治地位的意识形态、传统等等的关系。也正是在这里，马克思主义依据现实的社会主义的实践和政策开辟了崭新的道路。苏联共产党第25次和第26次代表大会提出了制定有效的人口政策的任务，把它作为科学和实践的近期总任务，并把系统地综

---

① 指出下面一点是很有意思的，即还在上一世纪末俄国唯心主义哲学家 B. C. 索洛维耶夫就曾指出过这一点。他认为"人对待外部自然界有三种可能的关系：第一，作为自然的一部分被动地从属于自然界；第二，将自然界视为一种无关痛痒的工具，主动地同自然界作斗争，征服并利用它；第三，确立自然界的理想状态，即通过人的努力使它成为应该具有的状态"（《文集》，圣彼得堡，1903年，第7卷，第359页）。无疑，他认为只有第三种关系才是正常的和最终的关系（参阅《哲学问题》，1978年第8期，第135—136页）。M. M. 普里什温写道："和谐是人在自然中找到的与自己的精神相适应的状态。"他号召对自然采取宽容的态度并保护自然，因为他认为："只有人才能把自然界的一切联合起来，使它们在自然界中各得其所，如果真做到了这一点，那么，生活中就将获得可称之为文明、进步、创造的某种新的东西，而这时整个自然就将与人融为一体（《通向彼岸之路——日记》，列宁格勒，1982年，第39、48页）。

合地分析人口过程作为研究的方针。有效的人口政策的制定促进了科学探索和争论,在这一过程中首先讨论了有关人口政策直接对象的定义问题:究竟对象是生育率、死亡率、结婚率、离婚率等过程本身,还是认为这些过程是由人的全部劳动条件和生活条件派生出来的,而这些条件的变化归根结底制约着人口过程的变化?许多苏联人口学者把这一问题看作整个人口政策的关键①。

根据苏联共产党中央委员会第 26 次代表大会提出的人口政策的科学原则,代表大会后立即通过了苏共中央和苏联部长会议《关于加强对有孩子家庭的国家帮助的措施》的决议,通过了共产党和苏联国家的其他决议,它们是这些原则的实际体现。

其他社会主义国家也在类似的基础上执行着人口政策,从而使社会主义人口政策的一般原则得以不断发展和完善。自然,人口政策在不同国家有其不同的形式,这是由这些国家的历史特点、由它们的社会经济发展条件以及它们的文化和生活方式传统决定的②。

但是,人口问题不仅在某些国家或地区,而且在世界范围内也有着越来越广泛的联系;社会主义国家解决这个问题的经验无疑具有重大的国际意义。

苏联和其他社会主义国家积极参加了研究人口问题的国际组织,并积极支持该部门一切能促进人类进步的活动,其中包括联合国在人口方面的活动③。

目前,世界上解决人口问题的方法是极其多样的,困难与积极的因素并存。这可从联合国秘书长向两年一次的大会所提交的报告中明显地

---

① 参阅《人口政策》,基辅,1982 年;《社会主义社会的人口过程》,莫斯科,1981 年;《苏联人口状况》,莫斯科,1976 年;《人口学者的思考、争论与建议》,莫斯科,1981 年;Л. И. 瓦连捷伊:《人口发展过程的控制问题》,载《哲学问题》,1978 年第 2 期;А. Г. 维什涅夫斯基:《人口再生产与社会——历史、当代、未来观点》,莫斯科,1982 年;А. Я. 克瓦莎:《苏联人口政策》,莫斯科,1981 年;Г. И. 利特维诺娃:《苏联的人口过程与法》,莫斯科,1981 年;《人口发展的控制原理》,莫斯科,1982 年;В. И. 佩列韦坚采夫:《两亿七千万》,莫斯科,1982 年;Р. И. 西弗曼:《苏联生育率动态》,莫斯科,1974 年;等等。

② 参阅《以欧洲国家—经互会成员国为例的社会主义社会的人口问题》,莫斯科,1981 年。也可参阅本书第一版(第192—193 页)。

③ 参阅《国际人口问题》,莫斯科,1981 年。也可参阅本书第一版(第 193—196 页)。

看出。正如他在1981年第36次大会的报告中所指出的，越接近20世纪末叶，就越是有力地证明，发展中国家的生育率正在降低，世界人口增长速度降低的倾向也依然存在。虽然降低的幅度并不很大，但却带有持续的性质。但是，在许多发展中国家仍然保持着人口的明显增长，这是决定人类的现在和未来的基本因素之一①。

和发展中国家生育率降低一样，生育率的持续降低也是发达国家现代人口状况的主要特点之一。报告指出，70年代西方大多数发达国家合法婚姻的数量正逐渐降低（以每千人计算）。实际上，根据1970年以后的资料，所有发达国家出现了结婚年龄越来越大的倾向。这在某种程度上说明，西方在最近一个时期，人们对待合法婚姻的态度发生了重要的变化。目前，妇女结婚的年龄也愈来愈大，但是，同居或口头同意的婚姻在合法婚姻之前发生了，而同居的最初年龄比公认的合法婚姻的平均年龄要早几年。这些变化可由妇女社会地位和作用的重大改变、有效的避孕药剂的广泛流行以及不仅对同居而且对非婚生子女教育的接受程度之极大增长来说明。

正如报告所进一步指出的，大多数政府在注意国家的发展规划得以成功的基本因素的同时，开始研究那些因人口方面的状况而引起的问题。同时，报告也承认，人口问题不能仅局限于人口增长的速度，还必须包括人口在个别国家以及世界范围内分布的不平衡。各国政府已特别重视生育率问题。随着国家人口政策的国际影响的不断增长，许多国家开始承认人口的意义以及它同经济和社会发展的联系。

联合国报告指出，最先进的国家正实行经费补偿制，这种经费用于儿童教育或者向家庭提供补助金，其中某些措施不仅体现了社会正义的目的，同时也是出于保持或提高生育率的需要。许多东欧国家为了解决母道和积极参与社会活动的矛盾，不但采取了保障母亲继续学习或提高其职业技能的法律措施或法律规范，而且实行了付酬照料儿童的制度。

在126个发展中国家里，有38个实行了降低生育率的政策。这种政策的基本方针包括一系列旨在调整家庭规模和奖励节制生育的父母等综

---

① 参阅《人口问题：发展中国家的现代人口状况》，莫斯科，1982年；也可参阅 И. В. 萨宗诺娃《联合国在发展中国家人口问题上活动的基本方针》，莫斯科，1981年。

合措施。这些措施既带有法律性质,又带有技术性质。

根据联合国的资料,最近几年来实行了一系列为调整家庭规模提供服务的措施。这里包括实行保健服务和改变传统村庄或现代村社,特别是农村、市区和企业的方向等相应纲领。这些措施包括广泛利用辅助医务人员通过现代或传统的商业网出售避孕药剂。经济奖励或劝告措施具有极为重要的意义,这些决定着向某些个人和主要社会团体提供控制生育率方面的公用设备的需求的满足。

法律措施对生育率水平的高低具有重要的影响,通过这些措施可以看到妇女结婚年龄正在发生变化。世界人口大会(1974 年)以后,人们对影响社会经济的因素——它们决定着生育率水平的高低——诸如教育、卫生、劳动制度、收入分配、妇女状况、土地改革等等的兴趣正急骤增大。执行限制生育率政策的国家所采取的发展计划证明:在这些方面所作的努力大都达到了人口学的目的。1981 年世界人口状况报告的结论就是如此。

我们知道,这里情况相当复杂。虽然对人口增长趋势的这种详尽研究表明了人们力图调整人口的增长,但却没有为这些乐观的结论提供相应的论据。这里出现了新的问题;这些问题超出了纯粹的人口范畴,涉及整个社会经济关系、文化传统、人际交往的各个方面。因而,从全球的角度研究人口问题就能同时看到个别国家和整个世界在尖锐复杂的具体政策这一问题上的多种色谱。世界上不同国家和地区以不同的方式解决自己的问题;但重要的是,总的说来,正在发生许多人口现象国际化的过程,并可以看到一些在制定和实施协调人类增长的总体战略方面的新趋势。正是这些趋势指明了人类发展的前景。

因此,必须再一次强调,我们应当极端谨慎地对待人类的未来,避免只解决那些不容拖延的问题,而拒绝那些可能对未来造成危害的事情。恩格斯在考察人口数量的增长——必须规定这种增长的界限——的抽象可能性时指出:"如果说共产主义社会在将来某个时候不得不像已经对物的生产进行调整那样,同时也对人的生产进行调整,那末正是那个社会,而且只有那个社会才能毫无困难地作到这点"①。

---

① 《马克思恩格斯全集》第 35 卷,第 145 页。

这些是在地球上，而不是在任何其他星球的居民点上发生的；由于人口数量的增加，人类似乎将不可避免地被迫去这样做。须知，如果容许向外星球上移民这种可能，那么，我们也不能否定第一种可能；而且，如果承认未来人类可能住满其他星球，也就无权否认它可能达到某种更容易达到的目标，即在必须调节人口数量时，"在自己的家里"合理地解决自己的问题。当然，这一切不是发生在培养带有预先给定特征的人的某种人类孵化器中，像哈克斯利在其社会幻想小说《美好的新世界》中所描写的那样。

在批判所有这些乌托邦理论时，必须强调指出，只有社会和个人的不断进步才能在历史前景中理智地解决那些领域中的人口问题，在今天看来，这些领域尽管还是未知的，但对人和由他所创造的社会来说却是应该加以注意的。那时的人和人类将真正是不可分割的整体：每个人的财富与整个人类的财富是协调的，如同人类的目的与每个人的目的是协调的一样。而这是真正的自由。在人口行为方面，这种自由就是被意识到了的必然性。人们不是麻木不仁的"生孩子的"生物，而是活生生的、爱别人且被别人所爱的人——男人和女人，他们将实现这种自由和必然性；他们所生的那些像他们自己甚至更现代化的孩子，不仅带着他们千百年来的基因，而且最主要的是带有社会性和人性。正是这种社会性和人性将自己的特征赋予那个人们自由结合并生育新人的社会形式，当然，这首先是家庭。

现代家庭具有多方面的社会功能，而在不同的社会制度下，这些社会功能在性质上也时有不同①。但是，家庭婚姻关系也具有某些全人类和全球性的特点，而它们是在人类文明、文化和人本身发展的进程中历史地形成的。这种特点首先是指男女之间亲密的爱情、孩子的抚养。在这方面家庭始终是个人和社会的"交点"，而爱情则是社会和人类本身发展的指标和要素，也是"人在何种程度上成为并把自己理解为类存在物、人。……人具有的需要在何种程度上成了人的需要，也就是说，别人作

---

① 参阅《婚姻与家庭—人口学观点》，莫斯科，1975 年；《家庭与社会》，莫斯科，1982 年；А. Г. 哈尔切夫：《苏联的婚姻与家庭》，莫斯科，1979 年。

为人在何种程度上对他来说成了需要"① 的指标和要素。

男女之间的爱情、父母对子女的爱以及子女对父母的爱，这是人类的经济、社会文化以及个人长期发展的结果。而这种发展是同家庭的发展紧密相关的：人们之间的这种爱越来越富于社会文化的意义，正是由于这一点，同时也由于克服了妇女的不平等，家庭正由经济和社会的"细胞"而变为男女之间、父母与子女之间的亲密的个人关系的集合点。

未来的趋势是人—家庭—社会的三位一体，社会主义及其向共产主义发展的事实证明了这一点。根据苏联宪法，家庭受国家的保护，婚姻自由，男女平等。

但是，我们知道，社会主义社会在家庭婚姻关系方面还存在着许多复杂的、有时是病态的问题。这些问题需要进行认真的科学研究，需要开展广泛的社会讨论。其中很多问题是由经济不发达所引起的；而另一些则源于人的文化发展的不够充分，源于过去继承下来的那些意识和行为的传统与模式。但是，正是社会主义实现着男女之间、父母与子女之间新的属于未来的社会关系方式，这始终是不容争辩的事实。

今天，在西方还能遇到很多对"未来的设计"，它们或者以带有全部"家长制"特点的资产阶级家庭的传统形式（如同人们为了得救所需要的"锚"）推论家庭的前景，或者谈论因"性革命"而导致的家庭之不可避免的衰亡。某些"反文化的"思想家不久前还是后一种观点的信徒，今天却提出了截然相反的思想。这种思想认为，"新家庭"应当发展，它的作用正发生着实质性的变化：它不是使人社会化，反而使社会"人格化"（T. 罗扎克）。不仅如此，他们还认为这种家庭将恢复家庭经济，使劳动重新进入家庭，从而保证家庭经济上的独立性。据说，只有用这种方法才能"顺应星球的发展"。

但是，这种乌托邦是缺乏现实性的。与科学技术、经济和社会文化进步、个人的发展密切相关的文明的历史发展，正趋于确立这样一种形式的婚姻家庭关系，它正是在社会主义条件下形成的，且具有全人类全球性的特征。这是一种男女之间具有越来越充实的社会文明的爱情关系；在此基础上建立的新的共产主义家庭中的父母与子女之间的爱具有越来

---

① 《马克思恩格斯全集》第42卷，第119页。

越丰富的感情色彩，教育过程本身将成为人和社会之间协调关系的反映，而这种协调关系是共产主义社会的必要条件。

从这个意义上说，未来是越来越壮观的培养人类之爱的过程；这种人类之爱体现在包括婚姻家庭以及它的社会文化和道德基础之发展的各个方面，其中包括人的性欲、性爱和复制行为。而且很明显，这一过程还将获得越来越高尚的形成，因为人本身不仅在精神方面而且在体质方面都在不断变化着，而主要的将是消除男女之间一切歪曲的社会不平等关系，从而加强他们彼此在自然—生物和个体等方面差别的意义。

我们就是这样考虑我们感兴趣的整体，即人—自然—社会相互作用协调化的某些过程的。当然，在这里只能从最一般的社会哲学的角度进行考察，基本目的在于了解它们怎样影响着人的前景。现在，让我们直接考察一下人的未来：从一个方面看，人是自然—生物个体，是智人（Homo sapiens）的代表；从另一个方面看，人是独特的富有创造性的积极的个人。这两个彼此联系着的方面揭示了人的怎样的前景呢？到3000年甚至更远的时候，等待着人们的究竟是什么？对某些必然性人类现在就应准备些什么？为了不仅保存自己而且作为一个人而完善自己，从而保障今天和未来人类的进步和发展，人应该预防什么又应当重新创造些什么呢？

第四章

作为个体与个性的人的未来：新的潜力和新生活方式、人性财富的发展是目的本身

> 任何人的使命、目的、任务就是全面地发展自己的一切能力……
>
> 马克思、恩格斯

> 人研究生活只是想使生活变得更加美好。那些推动人类前进的人们就是这样研究生活的；但是，除了这些真正的导师和善人以外，现在依然还有一些脱离了讨论目的的空谈家。
>
> Л. Н. 托尔斯泰

在分析与人的未来有关的问题时，哲学的方针和逻辑，要求把人看作社会本质与自然—生物存在的统一，大家知道，这种统一本身是由社会条件决定的。并且，这种统一要求：第一，严格区别个体与个性的概念；第二，以我们在第一章中所说的马克思主义关于人的观点的方法论前提出发，考察它们的辩证的相互联系。因此，我们的出发点是：一方面，个体是人类的自然—生物性的那一部分，这一部分按照基因型和表现型特征，并通过个体发育和系统发育而同人类关联起来；而个性则是个体发育过程中个体之社会发展的结果，是社会整体的一部分。另一方面，考虑到人所具有的社会因素和生物因素的辩证法，考虑到在社会因素的影响下人的生物因素得以间接地表现出来并受到改造，我们就不能用纯粹自然—生物特征（基因型等等）来限定人类个体，也不能把人的

个性及其形成和发展、个性在社会中的活动看作纯粹的"社会智慧的凝结",否则,就会把个性同这些特征完全割裂开来,而这些特征至少决定着个性的特征。

我们将进一步看到,这种关于个体和个性的理解具有多么重要的方法论意义,特别是在批判地分析那些用改造人的生物本性的方法来"设计"未来人的方案的时候,就更是如此。我们首先要讨论的正是这个问题;这在今天具有重大的哲学的、社会学的和思想政治的意义。让我们来研究一下,例如,在这里科学为分析今天和未来人的新的潜力和生活方式、为研究人的生物学和遗传学以及人的生理心理发展的可能性创造了哪些实际的前提。

一 "生物学世纪"中人的前景:认识和实践的新途径——基因工程学和生物工程学、人类遗传学和新医学、大脑的潜力和"人工智能"、人类工程学和人的生理心理的发展

从人的各个不同的方面——它们往往包括在人的生物学的一般概念之中[①]——研究人的生物本性的特点,其目的是要揭示人的自然—生物特性、进化、发育和结构、神经活动类型、个体的生理心理差异、生物调节和生命的节律、人类种群的基因结构,揭示所有这些的变化规律,揭示决定人的适应、健康与疾病、衰老与死亡的过程[②]。与此相关的还有关于延长人的寿命以及人的生物本性的自然进化或人为地改变人的生物本性的可能性等问题。

[①] 参阅:ДЖ. 哈里逊、ДЖ. 外内尔、ДЖ. 滕内尔、Н. 巴尔尼科特、В. 列依诺尔茨:《人的生物学》,莫斯科,1979年;А. А. 马林诺夫斯基:《人的生理学》,莫斯科,1972年;В. Ф. 谢尔然托夫:《人的生理学的哲学问题》,列宁格勒,1974年,等等。

[②] 参阅:А. И. 克廖林、В. П. 奇捷措夫:《人的体质学说的生理学问题》,列宁格勒,1979年;Б. М. 鲁萨洛夫:《个体心理差异的生物学基础》,莫斯科,1979年;Т. А. 卡利莫夫、В. А. 卡尔波夫、В. В. 泽连金:《生理控制的特殊规律》,列宁格勒,1981年;Н. И. 莫伊谢娃、В. М. 瑟苏耶夫:《生理节奏与现代环境》,列宁格勒,1981年;Н. П. 博奇科夫:《人的遗传学:遗传与病态》,莫斯科,1978年;《遗传心理生理学问题》,莫斯科,1978年;Я. 斯特列利亚乌:《气质在心理发展中的作用》,莫斯科,1982年。

作为 Homo sapiens（人类）的代表，人能在其无限的历史远景中保存自己吗？是否像很多未来学向人类所证明的那样，人类在生物、基因方面面临着退化的危险？也许，现在就必须采取某种措施来防止这种危险？最后，能否在不损害人性的情况下干预人的生物学和遗传学的隐秘过程？在这里干涉所允许的界限是什么？一般说来，这种干涉是需要的吗？

正是这样一些问题在现代科学文献中、在科学幻想作品中、在纯幻想的艺术作品中和缺乏艺术性的作品中被广泛地讨论着。现在我们就来着手讨论这些艰难的、大半是有争议的问题。我们将看到，对这些问题的回答有的与科学有着直接的关系，因而应当加以考虑；也有的纯粹是妄想，有的是恶意的虚伪学说，它将损害科学的声誉，因而只配被科学所抛弃。

在研究未来人的生物学方面时，我们不能回避"生物学世纪"之类的概念；这一概念可能不太精确，但却在学者中间广为流行。这一概念意味着什么？它包括一些什么东西？它是怎样提出人的问题的？有时，"生物学世纪"的概念被解释为某种比喻；这种比喻被科学研究者用于表达他们对当今科学和生活中所发现的或希望明天将要出现的那些成就的积极的反应。这时，人们并没有考虑到这一概念首先是由一些生物学家和物理学家引进科学中来的，这一概念旨在强调那样一些质的变化，这些变化尽管在今天的科学中已经发生，但却基本上属于未来，甚至属于非常遥远的未来。

"生物学世纪"——这是在极大的程度上取决于生物科学方面的革命的科学技术进步的崭新阶段，因此，生物学也像从前的物理学和化学一样已成为自然科学的带头学科，并开始决定着自然科学发展的基本方向以及在生产中利用科学知识的形式。而生物学在改变生产的同时，与其他学科一起改变着人类生活的其他领域。

生物学革命已经开始。它的基本特征是什么呢？这主要是：邻近学科（首先是物理学、化学、数学）方法在生命系统研究中的集约化运用，这使生物学知识成为精确的和可实证的知识；生物学的认识已达到分子水平，这导致了分子生物学的诞生和蓬勃发展；同时，系统方法、控制论模拟等也被广泛地应用于生物学之中。总之，现在出现了这样一种研究情景，即与生物学邻近的其他学科和现今最发达的那些学科（首先是物理学、化学和数学）正愈益集中于生命过程的研究，并为生物学服务。就是说，生物学已成为自然科学体系中的一个中心学科。

在科学认识的一定进程中所出现的这些倾向最终导致了可以用"生物学世纪"这一术语来描述的这样一种情况。但是，这些倾向的实现是一个复杂的过程。虽然随着划时代的科学发现，这一过程在今天正在进行，但是显然，这一过程尚需很长的时间，生物学认识之上述倾向将在此期间继续发展并将占据主导地位。这些倾向发展的前景如何？这是一个重大而复杂的问题，现在还很难作出确切的回答[①]。

必须指出，目前，对于什么时候将要有什么样的生物学发明的各种预测是非常流行的，而这些预测所考虑的基本上是如何解决已经存在于科学中的问题。这就证明了马克思所说的"……人类始终只提出自己能够解决的任务，因为只要仔细考察就可以发现，任务本身，只有在解决它的物质条件已经存在或者至少是在形成过程中的时候才会产生"[②]。同时，不用说，由现在推断未来的直接外推法是不可靠的，特别对于科学来说更是如此；因为在科学中可能会出现根本不可预知的情况。

必须以这些保留条件来评价那些具体的预测，因为这些预测涉及未来那些直接或间接与人有关的生物学发现。例如，许多科学家认为，2000年后将会弄清复杂的脑力活动过程的化学基础，弄清参与记忆过程的化学结构，将研制出改善人的思维能力的方法和药品，将搞清衰老的机制并制定出预防细胞衰老的方法，并将合成最简单的有生命的单细胞有机体。专家们认为，到2000年将能够从分子生物学的角度解释听觉和视觉器官传递声音和视觉形象的机制，将创造出预防意外流行病的行之有效的科学方法，将弄清农业化学制品和工业废物对生态系统的影响，将制定能科学地预言利用这些化学制品和废物的后果的方法，将制定环境污染所容许的最高限度的世界指标。

根据鉴定家们的意见，在2000年之前，将设立用于检查人的健康的中心系统，该系统将首先把关于医疗调查结果的资料汇集起来，最后制定出能显示人体中遗传病载体的有效方法，而有关的调查结果将通知

[①] 详阅 И. Т. 弗罗洛夫《生命和认识》，莫斯科，1981年。
[②] 《马克思恩格斯全集》第13卷，第9页。

"婚姻咨询处"。到这时将会制造出自动诊断疾病的机器，通过诊断机体对药物的感觉，找到预防因药物制剂而引起的变态反应的方法；同时，将制定出预防成年人疾病的最佳营养标准。而到2000年以后，将能做矫正腹内胎儿先天缺陷的手术。这样。在基本上是围绕2000年左右的一系列预言中，有关分子生物学的发展、有关物理学和化学不断增长的影响以及有关细胞生物学的预言占有最显著的位置。至于说到最重要的包蕴着"相互作用的总和"①（这是Ф.克里克的说法）的一般生物学问题，学者们通常是极其谨慎的：他们推测，到2000年的时候，这些问题仍将处在研究的初期阶段。这就是说，很多学者今天作为最近的前景、甚至作为已经实现的事实而谈论的"生物学世纪"未必能像某些人所想象的那样迅速地到来；须知，它恰恰要求在解决一般生物学的重大问题方面，在建立和发展统一的生命理论方面，而主要是在这一理论直接为人的活动、为人自身服务方面出现重大进展，这就要求整个生物科学，特别是关于人的科学的性质发生根本的改变。

正是从人、人的生物本性和居住环境方面来研究生命过程这一点能最大限度地说明我们称之为"生物学世纪"科学发展的那种状况。科学技术进步主要的潜在可能性在这里得到了集中的表现，而实现这些潜在可能性的程度和形式自然是由社会因素决定的。今天，这一点表现为医学和健康的空前进步，对调节生物圈和生物地理群落方法的探求，以及在掌握有目的的改变遗传规律方面所取得的成就。所有这一切揭示了真正神奇的前景，而现在简直不能想象那个由人所创造的新世界，这种人掌握了生命的秘密，他不仅能够维持或消灭生命，而且也能创造生命。

由于分子生物学、遗传学和生物控制论等学科的成就，科学技术革命的生物学阶段的前提在今天已越来越明显地呈现出来；这意味着，随着对生命系统活动机制的研究水平由低级到高级的推进，科学正在不断加速向人的方面"转移"。借助于科学，人的生物本性将能越来越适应科学技术进步所创造的新的环境条件。但是，在这里也可能会出现一些新的、更加复杂而困难的问题。

------

① 参阅Ф.克里克《2000年的分子生物学》，载《自然》杂志，俄文版，1971年第7期，第45页。

例如，我们知道，依靠"接通"脑神经元（目前140亿个神经之中只有7%积极参加工作）联系的更大系统来强化、提高人的思维活动效率的许多方案，今天却面临着肌体的整体"功能失调"的危险，并且，这种干预的一般生物学后果和界限尚不清楚。另一方面，人的智能本身至少在其生物学前提方面已通过遗传而被编成了程序。所以，研究遗传和环境的相互作用的人类遗传学将成为一条途径，借助于它，"生物学世纪"的科学将能实现"为人服务"的使命，从而使人的本性适应文明的新条件，并从根本上增强人的适应能力。

今天，遗传学已能提供借以开辟解决这些问题的崭新途径的一系列方法。而这仅仅是开始，尽管很鼓舞人心，但仍然面临着许多越来越新的疑难问题。然而毕竟不能不看到像人工合成基因这种划时代的发明；这种基因能在细菌群落中复制出激素的精确模本，而这种激素是由下丘脑在大脑基础上制造出来的，并且它能帮助控制那种能操纵肌体之众多反应的垂体的活动。利用人造基因生产激素、特别是胰岛素的成功，正属于这种划时代的发明之列。这意味着借助细菌制造药品的新阶段已经开始。

利用人造基因能够扩大人的适应能力，正是这一现实的远景指出了新型医学的起点。比如说，借助于对人的遗传的预防性的干预，以同遗传疾病作斗争和减少病态突变，这是能做到的。

目前，遗传疾病是一个非常普遍的现象（世界上出生的患有此种疾病的儿童一年比一年多）。这些遗传疾病从肉体和精神上摧残着千百万人的生命。同这些疾病作斗争以及养活这些先天疾病患者已成为人类的沉重负担。此外，在我们星球上放射性污染日趋加重，大量的诱变化学物质抛向大气层，这一切大大加剧了遗传性的病态变异。人类面临的任务不仅是使自己防备这些现象，而且要以某种方法"改造"自己的本性。在很大程度上遗传学堪当此任。无疑，它在生命科学中的主导地位必将随着科学进入"生物学世纪"而不断增强。

为人服务的遗传学，这就是人由于掌握了有机体的遗传性和变异性规律而能从科学所获得的一切。这不仅指创造出新的更有效的农作物和动物品种以及微生物系列，而且一般说来是指一种根本的转变，即用另一种方法——无机方法获得食物①。人类遗传学——这是探索人的生物存在奥秘的科学。因此，它可能使人更充分地摆脱自然界的控制；因为这时人将成为真正意义上的自我创造者。

在这方面，通常所说的遗传（基因）工程的研究是有前途的，它的长远目标是在实验室的条件下获得具有预先设计的新的遗传性质的有机体。这是通过从外面引入新的基因或基因群直接干预有机体的基因器官而获得的；而这些基因或基因群或者是从其他有机体分离出来的，或者是用生物或化学方法人工合成的。"改善"病态基因可能是适用于人类的基因工程的最近阶段，而更远的前景则是用正常基因代替病态基因，从而可能为预防遗传疾病开辟出新的道路。

现在，已取得了第一批成果。这首先表现在下述几个方面，即现在已制定出从有机体外获得基因（基因合成），并把它们移入遗传机体（基因移植）的方法和手段，同时，也制定出使新基因适应对它们来说是异常的遗传环境和生理环境的方法。自然，这些成果的意义还非常有限，而且距离在人的基因中实际运用也还相当遥远。但其特点在于，这些结果已成为各学科热烈讨论的对象——不管这些学科对它们持过分的怀疑主义态度还是持非理智的乐观主义态度。

但是，即使最坚定的怀疑主义者今天也不得不承认，基因工程原则上是人类认识和实践的崭新方法，人借助于这一方法有可能积极地干预自然事务并在某种程度上对它加以改造。但是，必须使这种干预以及这些暂时还相当谨慎的"改造"自然的尝试利大于弊，特别是当谈到将来把基因工程方法运用于人类的时候，就更是如此。这就是为什么全世界都十分注意制定有关这一工作以及一切有关人的试验工作的严格规则的缘故②。可惜，这些规则并非时时处处被人们所遵守；但它们的调节功能

---

① 第 14 届国际遗传学大会（莫斯科，1978 年 8 月）所提供的最新资料表明了遗传学对促进人类繁荣的人道主义作用。大会通过了"遗传学与人类繁荣"的口号。正像大会秘书长、科学院院士 Л. К. 别里亚耶夫所指出的，这一口号符合全世界人民的希望，表明了遗传学在解决目前人类面临的迫切的重大问题上所具有的巨大可能性。这不仅是指同遗传疾病作斗争，而且是指遗传学为人类提供充足的食品、促进环境保护的新的可能性等等。在实际运用于农业、医学的所有重大的科学研究中，遗传学占有特殊的位置（参阅《遗传学与人类的繁荣》，莫斯科，1981年）。

② 参阅本书第一版，第 222—262 页。

（在科学研究的道德同实施这种道德的社会因素和条件相结合的条件下）将随着直接用于人及其未来的科学研究的扩展而不断增长。

基因工程的应用意义之所以特别巨大，还因为它已成为生物工程的新的强大源泉，也许在实际生产——工农业生产方面的生物工程最能表征"生物学世纪"的特点。这里所指的是实现前面谈到过的人类生产和生活之广泛而深入的生物化思想的可能性问题。鉴于科学技术革命新阶段的来临，鉴于生物科学的决定性的成就，以及它们在实践中的运用，这种可能性已经展现在人们面前。苏共中央和苏联部长会议制定的《关于进一步发展物理—化学生物学和生物工程并将其成就运用于医学、农业和工业的问题》的决议（1981年），着重强调了这一科学和实践方向的重要性。为了在这一领域开展综合的大规模研究，苏联科学院已采取了专门措施；目前，这一领域已成为世界带头研究领域之一[①]。

在与物理—化学分子生物学和基因工程的发展相联系的新领域中，生物工程方向也大大地促进了实际运用生物学（比如微观生物学）的那些为科学所熟知的形式的发展，其成就开辟了生产可再生原料和能源的新途径，提出了保健的新方法[②]。生物工程，首先是基因工程，虽然仅仅迈出了第一步，但它目前的成绩（如在生产胰岛素、干扰素方面）却引起了医学实践的重大变革，这既指对于先天性遗传疾病的治疗，也包括对那些由周围环境的诱变因素所引起的疾病的治疗[③]。

人类遗传学在其医学应用方面，借助人的遗传制图术，通过广泛的基因咨询网的活动，开辟了预防遗传性疾病的新的可能性，特别是对于已婚的未来父母来说，意义更大。自然，在这里不仅会遇到形形色色的成见和无知（这表现为对遗传学宗旨本身的歪曲），而且还会出现许许多多把这种思想用于反动的种族主义目的的蓄谋已久的企图。无疑，人类一定能克服所有这些积垢，并在一定的范围内发展自己的文化，把它建立在尊重个性、尊重人道主义以及合理地协调每个人的个人利益和社会

---

① 参阅 Ю. А. 奥弗奇尼科夫《苏联化学和生物学发展的成果与远景》，载《苏维埃科学：成果与远景》，莫斯科，1982年。

② 参阅 Г. А. 扎瓦尔津《21世纪的微生物学》，莫斯科，1981年。

③ 参阅：Р. Л. 别尔格：《遗传与人的遗传疾病》，列宁格勒，1971年；Н. П. 博奇科夫：《人类遗传学：遗传与病态》，莫斯科，1978年。

整体利益的崇高道德原则之上①。

今天，全世界都在讨论人类遗传学问题及其社会—哲学和伦理—人道主义方面。涉及人类未来的科学文献也十分注意这个问题。生物学——首先是人类遗传学问题的未来学方面已成为许多苏联学者专门研究的对象②。

许多现代生物学研究的逻辑本身就把科学引向极其复杂奥妙的人的问题；对于这些问题，至少在今天还难以找到任何单义的解决办法。另一方面，对于与人的生物学和遗传学有关的一些新问题出现了这样一种解释的倾向，它要求一种有根有据的批评，因为这些研究对人及其未来有着明显的威胁。

这里首先指的是彻底改造人的本性，特别是基因型的各种方案，指的是干预人的大脑和心理行为，就其实质而言，这种干预是想造就迥异于 Homo sapiens（人类）的"新种"，创造出具有"超级大脑"的、具有超常智慧和心理能力的"超人"，而这些能力只有天才和各种"出类拔萃者"才可能具备。这种改造是否可能？它受人类的现实需要所驱使吗？它会给人类带来怎样的后果？这正是这里必然要产生的一些问题。同时，这些问题也是现代人类更为普遍而迫切的问题，即适应在科学技术革命及其所引起的因素的影响下而发生变化的生存条件的问题的结果。

近十年来，经济和日常生活中所发生的巨大变化尖锐地提出了生活条件的变化对人的生物和心理特点的影响问题。社会的发展并非总能在人的生物学方面引起有益的后果。讨论并考虑到某些社会因素对人体的消极影响是现代科学最重要的问题之一。因此，在这种情况下人如何适

---

① 参阅：В. Л. 季马科夫、Н. П. 博奇科夫：《人类遗传学的社会问题：社会和人的健康》，莫斯科，1973年；И. Т. 弗罗洛夫、С. А. 帕斯杜什内：《孟德尔主义与现代遗传学的哲学问题》，莫斯科，1973年；Г-М. 季特利、Г. 加泽、Г-Г. 克兰霍利德：《社会主义社会的人类遗传学：哲学—伦理学问题和社会问题》，莫斯科，1981年；С. А. 帕斯杜什内：《作为哲学分析对象的遗传学》，莫斯科，1981年；Н. П. 博奇科夫：《现代人类遗传学的方法论和社会问题》，载《哲学问题》杂志，1981年第1期。

② Н. П. 博奇科夫：《社会进步与人的遗传学》，莫斯科，1971年；Н. П. 杜宾宁：《遗传学与人类未来》，莫斯科，1971年；А. П. 佩霍夫：《遗传学的社会问题》，莫斯科，1975年；И. Т. 弗罗洛夫：《人的前景》，载《哲学问题》1975年第7—8期；还有《人—遗传学—伦理学》，载《辩证法与人本主义》，英文版，1976年第3—4期，等等。

应周围环境的问题就是非常迫切的了。

目前，人们对人的生物适应的理解是极其广泛的，不能仅仅归结为保持生物学的自稳态，即达到生物机体在变化的环境条件下的稳定的平衡和自我调节，还包括通过人的特有活动——社会和技术活动保持积极的自稳态[①]。总之，人的适应包括广泛的生物因素和社会因素，而且后者在许多情况下支配着前者。因此，不但人的生物学，而且社会学、心理学、教育学、道德教育理论、劳动的科学组织方法等也都面临着这些艰巨的任务和问题。

未来人将借助包括药理学和心理疗法在内的各种方法大大扩展自己的适应能力；毫无疑问，这将使人类有可能在最复杂、有时是临界的条件下工作而不致损及他们的身体。今天，已有精确的资料证明，人的生理本性及其心理生理能力有着前所未知的潜力。人的"全套生物学装备"明显地表现出自己的普适性。因此，作为"天之骄子"的人应当拿出自己生物性的新潜力，并使它同社会、心理及伦理力量相协调；虽然，目前人们尚未学会把这些力量牢固地保持在自稳态之中。

例如，这涉及所谓的精神紧张状态，以及在情绪极度激动紧张情况下所产生的各种心理畸形等[②]。目前，已制定出各种方法，人们想用它们同上述那些病态的致病因素作斗争，以期达到所要求的自稳态平衡。但是，要做到这些则基本上是将来的事情。还有许许多多人类生物性的奥秘有待科学去揭示；而最大之谜乃是人的大脑、智力以及作为意识和本能之综合的心理。显然，这一领域中的探索必将在"生物学世纪"产生最令人难以忘怀的科学成果。

研究大脑的活动，这是现代科学最复杂的问题之一。它将直接关系到全面解决人在其发展中生物因素和社会因素的相互关系问题，这既涉及如何确定积极影响人的精神活动、意识及心理的途径和方法，又涉及如何从社会—伦理和人道主义角度出发确定这些途径和方法之可能的界

[①] 参阅：《适应理论的哲学问题》，莫斯科，1975年；《人与环境》，莫斯科，1975年；Ф.З. 梅尔松：《环境、精神紧张及预防》，莫斯科，1981年。

[②] 参阅：Г. 谢利叶：《没有忧伤的精神紧张》，莫斯科，1979年；В.Б. 苏沃罗娃：《精神紧张的心理生理学》，莫斯科，1975年；П.В. 西蒙诺夫：《易激动的大脑》，莫斯科，1981年。

限和形式。现代神经生理学正在蓬勃发展，某些学者认为，它在最近50年内将解决许多世纪以来脑科学所提出的一系列主要问题。这不仅涉及要在细胞和分子水平上，而且要在宏观水平上研究大脑的活动；而这种宏观的研究则要求以研究系统的联系和相互作用为前提①。在这方面，巴甫洛夫的思想和理论具有重大意义。安诺欣根据脑科学的现代资料在其功能体系理论中发展了巴甫洛夫的思想和理论；根据安诺欣的功能体系理论，那种在功能上决定着器官（这里指的是人的大脑）的形成的那些因素，将在系统的活动及其对新条件的适应过程中发挥系统构成的作用②。

万能的人脑组织在分子水平上决定着神经细胞对于系统功能的特殊能力，从而使人的高级神经活动、心理过程、智力以及意识表现成为可能。人脑的组织本质上依赖于遗传密码，因此，科学上提出了破译生理现象的神经生理密码的任务③；这一任务的完成对更有效地利用大脑的潜力将起重大的促进作用。在这里，无论自然科学还是社会—伦理科学都面临着一系列复杂的问题。许多学者承认人工影响大脑工作的可能性（化学兴奋剂、电刺激等），但也对在这方面可能产生的消极后果非常担心。他们正为究竟怎样才能避免这些消极后果而忧心忡忡。按照安诺欣的意见："如果什么时候使精神能力成为化学和教学实验室的产品的愿望得以实现的话，那么，就完全可能出现以下情况，即在科学继续发展的情况下我们将在更高的科学水平上看到，变化把什么东西带入人脑，可惜，不可逆变化这时已经不可消除。"④

---

① 参阅：Ф. А. 阿塔—穆拉多娃：《发展中的大脑：系统分析》，莫斯科，1980年；H. A. 舒斯京：《大脑的系统活动》，列宁格勒，1980年；A. C. 巴图耶夫：《大脑的高级整合系统》，列宁格勒，1981年。

② 参阅：П. К. 安诺欣：《生物学与条件反射神经生理学》，莫斯科，1968年；还有《功能体系理论及其在理论生物学体系中的位置》，载《动物个体发展速度的进化》，莫斯科，1977年；《功能体系的中心问题》，莫斯科，1980年，等等。

③ 参阅：Н. П. 别赫捷列娃：《人工影响人的精神的可能与极限》，载《科学革命与人》，莫斯科，1977年；Л. И. 杜布罗夫斯基：《信息、意识与大脑》，莫斯科，1980年；《心理生理问题的系统观点》，莫斯科，1982年；《行为的神经生理机制》，莫斯科，1982年。

④ 参阅 П. К. 安诺欣《未来人与大脑活动的研究》，载《科技革命与人》，莫斯科，1977年，第115页。

因此，很明显，我们的任务是更有效地利用大脑的现有资源以提高智力的能动性问题，尽管这些资源暂且还是未知的秘密①。至于说到未来的大脑活动的完善，那么这里指的应是科学目前还不能回答的那些问题，即在大脑的自然进化过程中，它的一定部位的新潜力和资源是否表现出来的问题。正如阿塔—穆拉多娃所说："下面一些问题摆在人们面前：在目前，Homo sapiens（人类）染色体组的这样一些区段（它们决定着意识领域及与之相联的符号系统的意想不到的作用）的进化是否仍在继续？为什么在由南方古猿到 Homo sapiens（人类）这一人类起源的决定性阶段大脑体积的急速增加突然停止了？是否存在着这样一些因素，它们能够制止这种不久前明显表现出来的进化趋势，但又坚韧而顽强地为自己开辟出到达进步之巅的道路？"②对这些问题的回答或许能够预测人类的心理生理、精神和情感可能性以及能力的未来发展。

现在很难在某种程度上精确地指出究竟在哪个方向上和主要用哪些方法来实现这种发展。看来，这将不是某一种方法（自然的或人工的），而将是综合的方法。X. 杰利加多建议将现有的方法分为两组：1）物理作用和化学作用，它们导致神经生理活动性的变化；2）正强化或负强化作用，这种强化以个体同环境，主要是同作为刺激源的其他人的感觉的联系为基础（接近刺激、条件反射的建立、社会的强制形式、心理疗法、催眠术、感觉信息的切断及其方向的改变等等）③。在他看来："不应当把人的大脑学习影响其原来的物质基质和功能基质这一事实看作改变'宇宙秩序'的愚蠢的企图或'上帝意志'而只应看作是在进化过程中一种新机制的产生"。人正在"完善着新的、最佳的自稳态机制，这种机制在将来可能被称之为'心理稳态'，应把这一点理解为神经器官为了在内在影响和外在影响下保持心理稳定而做出的理智适应。进化的过程应该促进这种机制的发展；这种机制无疑对于在现今世界上承受着紧张和冲突的人来说，具有重大的意义。但是，进化，这是一个过于缓慢的过程，如果我们明白了这一新的发展方向的决定性意义，那么，我们就有可能

---

① 参阅 Л. Г. 沃罗宁《了解大脑的秘密》，载《科技革命与人》。
② Ф. A. 阿塔—穆拉多娃：《发展着的大脑：系统分析》，第292页。
③ 参阅 X. 杰列加多《大脑和意识》，莫斯科，1971年，第242页。

学会促进理智对其自身的物质基础——脑生理学的反作用"①。

特别是，我们把这种"理智的反作用"看作神经生理学研究同技术的，乃至近十年里由生物控制论和人类工程学，包括有"人工智能"创作和心理学发展的规定所支持的行为科学相结合的新的方面和形式。我们还是再回到由这些问题所产生的一系列争论上来吧。在这里，我们感兴趣的只是那些与人的生物学、遗传学及心理学的未来有关的未来学方面。而由此应当指出，在学者们看来，所有这些新的研究方面揭示着人的发展的新的可能性与潜力。

人的神经生理机制的控制论模拟及其在电子计算机中技术上的再现（其目的是建立人工智能，它可以执行无限广泛的天然智能的功能），也为"理智的反作用"开辟了新的道路。不言而喻，这里还有很多不清楚以及尚有争议的问题，其中涉及智能和理智的起始定义问题，甚至单以外在的表达方式也能看得出来——这些词有的带引号，有的就不带引号②。当然，重要的不在于形式上的标志，而在于问题的实质，因为一些学者总是否认创造"人工智能"，特别是创造理智的可能性，相反，另一些学者却在这里看到了无限的远景③。

但有一点是毫无疑问的，即生物控制论的研究将大大促进人的精神和心理生理可能性的扩大，并将在未来的医学、人类工程学（它是在同运用技术手段相联系的活动的一定条件下，对人进行综合研究的一门科学）中获得更加广泛的应用④。

---

① 参阅 X. 杰列加多《大脑和意识》，莫斯科，1971 年，第 240 页。
② 参阅：A. M. 恩德留：《大脑和计算机》，莫斯科，1967 年；Дж. 斯雷格尔：《人工智能——以启发式程序设计为基础的方法》，莫斯科，1973 年；M. 阿尔比布：《比喻的大脑》，莫斯科，1976 年；《人工智能与心理学》，莫斯科，1976 年；《管理、信息、智力》，莫斯科，1976 年；П. 温斯顿：《人工智能》，莫斯科，1980 年；《无限的可能性与可能的限制——控制论发展的前景》，莫斯科，1981 年，等等。
③ 参阅《"人—机"系统的社会—哲学问题》，载《哲学问题》"圆桌会议"1979 年第 3、4 期；还可参阅《生物控制论和医学控制论的进步》，莫斯科，1974 年。
④ 参阅：B. П. 津琴科、B. П. 穆尼波夫：《人类工程学原理》，莫斯科，1979 年；A. 济格利、Дж. 沃尔弗：《"人—机"系统中的群体行为模型》，莫斯科，1973 年；《人类工程学》（全苏工程美学科学研究所丛刊），莫斯科，1976 年，第 10 卷；《控制系统中人机互相适应的心理生理问题》，莫斯科，1980 年；Г. Л. 斯莫良：《人与计算机》，莫斯科，1981 年。

在神经—情感高度紧张的极端条件下，比如说，在技术控制的条件下①，对心理生理现象进行分析，不仅发现了大量鲜为人知的人的可能性，而且发现了人们之间重大的个体—心理差异。考虑到这些差异，研究那些在人与伴随着他的活动的所有因素的相互作用中所产生的一般心理生理现象，不仅是人的心理生理适应的一个基本途径，而且也是在其中发展相应的能力的一种基本方法。例如，人类工程学利用生物学、生理学、心理学以及技术和社会经济科学的资料和方法，研究作为活动（首先是劳动活动）主体的人，从而查明了包括高级心理表现在内的人的潜力和创造可能性。这样，人类工程学就发挥了深刻的人道主义作用，因为，正如 X. 杰利加多所正确指出的："要控制人所引起的巨大力量，就需要发展人的某些心理特性，这些心理特性不仅能把人的智力引向征服自然的轨道，而且能够指引它去创造人的文明心理"②。

因此，心理学研究，其中包括在其基础上进行的不仅是对心理的神经生理前提的研究，而且首先是对于在人的活动的情况下心理的诸多社会机制的庞大系统的相互联系的研究，就具有更大的意义③。未来的心理学在"生物学世纪"的一定阶段上将具有决定性的意义，因为它能最大限度地使研究人的科学，其中包括人的自然—生物存在以及人的创造性活动的高度发挥的综合体得以具体化和统一起来。甚至有一种假设认为，考虑到人的多方面的复杂性，例如，在其相互联系与相互作用中研究"自然人"与"文化人"的未来生物学，归根结底将变成新型的人类学，它将包括哲学—政治背景问题，包括它的价值观，并将把理论和实验研究同实际的活动领域结合起来④。这种预言能否兑现，要由时间来鉴定；不过，今天正在发展中的人的心理学的综合研究已经为这类预测提供了重要的根据。

---

① 参阅：Б. Ф. 洛莫夫：《人与技术》，列宁格勒，1965 年；A. A. 列昂诺夫、В. И. 列别杰夫：《星际航行活动的心理生理特点》，莫斯科，1971 年；等等。

② X. 杰利加多：《大脑和意识》，第 250 页。

③ 参阅：С. Л. 鲁宾斯坦：《普通心理学原理》，莫斯科，1946 年；还有：《心理学发展的原则和方法》，莫斯科，1959 年；《普通心理学问题》，莫斯科，1973 年；A. H. 列昂捷夫：《心理学的发展问题》；H. 弗列斯、Ж. 皮亚杰：《实验心理学》，莫斯科，1966 年；K. A. 阿布利汉诺娃：《心理活动的主体》，莫斯科，1973 年，等等。

④ 参阅 П. 弗列斯《论未来的心理学》，载《心理学杂志》，1981 年第 8 期，第 2 卷。

综上所述，必须再一次强调指出，在关于人的生物学、遗传学以及心理学研究中，现代科学的成就不仅能使人更好地适应自然和人工环境的新因素（这些因素在科技革命、社会改造等影响下发生了极大的变化），而且为人们开辟了积极改造自己的生物本性的前景，从而使作为自由而协调发展的生物的人，在其生活的各个方面都能够适应其认识和实践的新任务的需要。

这时人的自然面貌在哪些方面发生了变化？在各方面都异于现代人的某种"超人"不会取代 Homo sapiens（人类）吗？与生物控制装置，即独特的"生物控制有机体"合为一体的某些新的人类存在形式不会产生吗？人类不会进入自己进化的新阶段吗？就是说，在这个阶段上人将被当作借助于基因工程和生物控制论"大规模制造出来的"、具有超感觉和超智慧品质的"超人"（Homo sapientissimus）而在很大程度上用人工方法制造出来。

诸如此类的问题并非凭空幻想；不仅一些固执的幻想家，就连某些严肃的学者也往往热衷于类似的推测和方案。对于未来人的那些科学预测常常伴随着形形色色的空想；而这些空想往往诉诸科学，并且企图依靠外推法，根据现在的成果推测未来。因此，必须批判地分析这些空想，必须仔细研究那些在现代科学中围绕着未来人的生物学、遗传学及心理学问题所展开的争论。我认为，这将有可能科学地克服那些仍然极其流行的生物遗传决定论的观点，能更准确地提出作为个体和个性的人的发展前景问题。

二 科学预测和改造人的生物本性的空想的方案："被大规模制造出来的超人"——Homo sapientissimus 还是"生物控制有机体"——Machina sapiens？关于新优生学与未来生物控制论的争论；无意识问题；心理分析和心灵学：神话和现实。Homo sapiens ethumanus——未来人

人工造人，即用特殊的"同质工艺"把人都造成一个样式，如果实

在不能成为上帝老爷那样，那么至少要成为上帝的对立物——魔鬼；这种思想存在的时间大概同人自己的幻想和想象力、虚构的能力以及科学预测的能力同样久远。在科学中，这种思想首先是作为对科学思维所产生的力量和威力的一种尚带前科学性幻想的模糊而杂乱的感觉而出现的；它是一种面向未来的幻想；同时，又是对未来的科学"魔鬼"的忧虑。让我们回想一下歌德和他的《浮士德》吧，他在那里塑造了一个新的"英雄"荷蒙库卢斯——他是瓦格纳在梅菲斯托弗尔帮助下在试验室里创造出来的与后者面貌相同的人。不错，荷蒙库卢斯已经意识到，他还必须"在 i 上面加一点"，即"把事情做完"，以使自己完全成为一个人。而歌德也因此发现，像荷蒙库卢斯这样有生命的东西并不忧郁，也不以完全成为人的化身而满足。

但是，梅利·雪莱在其长篇小说《弗兰肯什坦还是现代的普罗米修斯》中所塑造的类似人的怪物却吸收了所有这些消极的后果，它们在今天还附加上借助于科学而培育出"新人"的许多空想的方案。O. 哈克斯利在其轰动一时的小说《美妙的新世界》中把这一思想引到了荒谬绝伦的地步，但是，这一思想至今仍使那些幻想作家，而且也使一些学者，特别是那些拥护优生学及其新变种的学者的理智陷入混乱，而这些优生学的新变种则试图利用基因工程方法和无性繁殖等方式来"制造"人。

大家知道，"优生学"这一术语（来源于 eugenes——优种）是 Φ. 加里通于 1869 年在《天才的遗传性、它的规律和后果》一书中提出来的。作者在书中首先指出，像任何其他生物一样，人的遗传性也仍然服从于同样的遗传规律；第二，作者提出了通过增加和培育有益品质而减少或消除有害品质以改善人类遗传性的任务。既然有害品质出现的概率同近亲婚配有关，因此，限制这种婚姻，开展医学—生理学咨询等就能减少这种有害遗传发生的可能性。这是在很多方面同今天医学遗传学的研究相吻合的"消极"优生学的目标。而"积极"优生学则为自己提出了更为广泛的目标：以那些具有优异智力或生理品质的人的后代中获得基因型，然后通过培养这些基因型而培育出"新人"。这一优生学方针（有时与其拥护者的人道愿望相反）往往被各种反动派和种族主义者、特别是被法西斯的"人种卫生学"以及种族灭绝的理论家和实践者所利用。

自然，这类优生学思想的威信扫地势必要导致它的破产，尽管在许多情况下它依据一系列有科学根据的推测和大批以自己的人道主义观点而驰名的学者（Н. К. 科利措夫、Г. 穆勒、Дж. В. С. 霍尔顿、Дж. 哈克斯利等）的威望，也无济于事。诚然，"古典"优生学的基本假设——通过育种学有可能定向培育出具有优异智能的人——已被现代科学以及关于人及其个体和历史发展的科学所推翻。这迫使众多的优生学拥护者仔细研究它的某些最初的定理，且更多地注意人发展的社会因素。然而它的基本原理却始终未变。

从这一观点来看我国优生学思想的演变是很有意义的。很遗憾，这一演变过程常被歪曲，因此我认为应当对这一演变过程作哪怕是粗略的考察①。早已出现的俄国的优生学运动只是到了1920年才建立起组织，在莫斯科创立了由Н. К. 科利措夫任主席的俄国优生学协会，正是在他的积极参与下，很快组织出版了《俄罗斯优生学杂志》（出版了7卷）。1921年在彼得堡产生了第二个中心，Ю. А. 菲利普琴科在这里组织了优生学委员会，它成了俄国优生学协会的基层分部。委员会有自己铅印的机关刊物《俄罗斯科学院优生学委员会公报》。对我们的研究最有意义的是头三卷（1922年、1924年、1925年）。最后，С. Г. 列维特领导下的医学—生物学研究所（从1935年起改称医学—遗传学研究所）也曾是一个研究优生学的机构。这个研究所可以有条件地称为第三个中心，因为它所研究的人类遗传学和医学遗传学在当时是优生学的组成部分。每个中心都研究自己的专门课题。例如，以科利措夫为首的集体，它们的特点是既研究正常人的遗传，又研究病人的遗传，就是在今天，人们对于当时用于分析人的心理品质的出色的遗传学大纲仍抱有浓厚的兴趣②。而以菲利普琴科为首的遗传学派则认为主要任务是用调查表对科学家、艺术家和大学生的天赋作遗传学分析，为结婚者提供优生咨询的系统分

---

① 关于这一点，更详细的可参阅：В. Л. 阿斯塔乌罗夫、П. Ф. 罗基茨基：《尼古拉·康斯坦丁诺维奇·科利措夫》，莫斯科，1975年；Н. Н. 梅德韦杰夫：《尤里·亚历山大洛维奇·菲利普琴科》，莫斯科，1978年；С. А. 帕斯图什内：《遗传学是哲学分析的一个对象》，莫斯科，1981年。

② 参阅Н. К. 科利措夫《人的心理特征的遗传学分析》，载《俄罗斯优生学杂志》，1923年，第1卷，第3、4期。

析①。第三个中心的纲领旨在进一步完善孪生子研究方法，以便深刻地研究在人的个体发育中遗传因素同环境（社会）因素相互作用的机制，研究一系列疾病（糖尿病、色盲、过敏、高血压、溃疡病等）的遗传性，分析近亲结婚生育的后代②。国外反法西斯主义的遗传学家同医学遗传学研究所进行了卓有成效的合作，这些人有 Дж. В. С. 霍尔顿、Л. 霍格边、Г. 穆勒、Г. 达利别尔格等。

在评价我国的整个优生学运动时，我们发现了一个十分重要的情况，即在上述所有纲领中所涉及的主要是解决纯科学的课题。科利措夫是这样描述当时的情景的："当优生学运动刚刚兴起的时候，它研究的主要是人的遗传性和变异性。然而它却提出了一个伟大的任务——使人性更加完善。而这一任务的完成将是一切神奇的科学成就中最伟大的奇迹。但是，要在实践上真正解决这个问题还需要经过漫长的道路；这一工作估计要用一百年，而且必须有全民的自觉参加和长期的训练"③。

大众化、自觉利用人的遗传性和变异性的规律以保持和改善后代人的健康——这乃是俄罗斯优生学思想的重要特点。菲利普琴科所发表的优生学委员会的纲领证明，在广大群众中宣传优生学（遗传学）知识具有何等重大的意义。其中，他特别谈道："如果优生学思想能得到足够广泛的普及，如果它能广泛地进入学校并使之成为每个人的世界观，那么，人们对待这些问题的态度就将是另一种样子，并可期望：人类将完全自觉地为自己制定一系列必须遵守的有关法律，而无须采取任何残酷的措施。再说一遍：重要的是要知道，任何知识都必然要产生某种结果，因而优生学的全部任务就归结为掌握并普及这种知识"④。

不难看出，上述一切在很多方面是同优生学创始人加利通的优生学观点相吻合的。加利通认为，优生学运动应当经过三个阶段：第一阶段

---

① Ю. А. 菲利普琴科在《什么是优生学》这本通俗小册子里阐明了优生学委员会的纲领（彼得堡，1921 年）。

② 这一纲领的基本内容刊登在《医学—生物学杂志》（1929 年第 5 卷）上，详阅 С. Г. 列维特和 А. С. 谢列布罗夫斯基的文章，С. Г. 列维特：《遗传学与病态（鉴于医学的现代危机）》；А. С. 谢列布罗夫斯基：《社会主义社会的人类遗传学与优生学》。

③ Н. К. 科利措夫：《神奇的科学成就》，莫斯科，1927 年，第 28 页。

④ Ю. А. 菲利普琴科：《什么是优生学？》，彼得格勒，1927 年，第 27 页。

只是认识人的遗传性和变异性的规律以及从理论上分析改良人类的综合措施；第二阶段应带有实践的性质，在这里，优生学措施具有法律地位，往后，人们在日常生活中充分认识到遵守优生学规则的必要性，从而使法律的必要性趋于消失，优生学的热情将成为"未来人类的福音"，而这时候，优生学的第三阶段就来临了。

我们知道，加利通关于"优生学宗教"的论点是得到科利措夫的支持的。科利措夫写道："这样描述的优生学就是宗教。有文化的人类一直是靠宗教——理想来生活的，这种理想也许是遥远而幽冥的，但人类却已按照这些理想创造了自己的生活、解决了善与恶的问题……优生学给自己提出了崇高的理想，正是这种理想赋予生活以意义，并推动人类做出牺牲和自我克制，即通过几代人有意识的努力去创造更高类型的人，创造自然界的强大主宰和生活的缔造者……上述理想是可嘉的。优生学就是未来的宗教，它正期待着自己的预言家。"[①]

可以断定，起源于俄罗斯的优生学思想是在加利通思想的强大影响下形成的。这首先涉及优生学最基本的问题——优生的标准以及达到这一标准的方法，涉及对待"消极的"和"积极的"优生学的态度、对人的心理和智力特征的继承性的看法以及对退化思想和优生学的社会地位的看法等问题。但是，我国的优生学思想在随后的发展中获得了长足的进步，在短期内走过了极其复杂、矛盾而奇特的发展道路，而这是由一系列科学、意识形态以及实践方面的特点所决定的。

我国优生学观点的变化在很大程度上是同人类遗传学方面知识的进步相联系的；也正是遗传学构成了优生学的科学基础。例如，利用 C. C. 切特韦里科夫制定的种群遗传学原则去分析人类种群，就能科学地证明"消极"优生学（比如绝育）的措施是无效的，从而对制定优生学标准的可能性提出怀疑。放弃狭隘的自然发生说的立场并进一步承认环境因素对被继承特征的表现的重要作用，就有可能证明：通过创造一定的条件，把病态基因的活动控制在最低限度以内，我们就能在个体发育水平上同遗传疾病作斗争。医学遗传学领域开始得到迅速的发展。借助于染色体

---

① H. K. 科利措夫：《人性的改善》，载《俄罗斯优生学杂志》，1922年，第1卷，第1版，第273页。

研究和白细胞培养的完备方法，苏联遗传学为分析人的染色体化合物奠定了理论基础，而对于大范围的被称为染色体畸形的遗传疾病的诊断，苏联遗传学也接近于达到了解其作用的水平。

遗传学家、心理学家和医务人员的共同的富有成果的工作表明，人与动物的根本区别在于心理、智力等专门品质的继承类型不同，而这品质的形成在很大程度上取决于社会因素。同时，不同专业的学者在优生学运动中的合作促进了对优生学复杂结构的认识，促进了它向生物学、医学、社会学等学科之深刻的内在的分化，这些学科的进一步发展使优生学固有的对象几乎完全丧失了。

科学的进步以及由于伟大的十月社会主义革命在俄国的胜利所产生的新的社会经济条件有助于逐渐消除所谓优生学是关于人及其未来的一般科学的思想。优生学的课题开始在严格科学的基础上，由人类遗传学、人类学、医学遗传学和（这非常重要，所以要特别强调指出）社会科学及社会实践所解决。建立在辩证唯物主义和历史唯物主义、科学共产主义理论、真正的共产主义的人道主义和道德基础之上的马克思列宁主义关于形成新人的理论，给予优生学以强有力的打击。这是显而易见的，因为优生学的主导方面、它的社会成分表现为空想地理解社会现象、以生物遗传决定论解释人的本质、对人的未来的抽象的人道主义理想。

显然，所有这一切对我国优生学代表人物观点的进步不能不产生影响，首先，科利措夫和谢列布罗夫斯基在许多方面对"古典"优生学的社会立场和结论作了批判性的评价。例如，科利措夫在关于从优生学观点评价人的品质的可能性问题上实际上已改变了自己的观点。在《人的心理能力的遗传分析》这篇文章中，他强调指出："人类种族基因类型的巨大多样化构成了人类种族之最伟大最宝贵的特点；因为正是这些基因类型的巨大多样化在我们尚不知晓的未来的多样化环境中保证着人类不断向进步方向演化"[1]。这一观点实质上与他以前的思想——在人类种群中存在着某种优生学上最高贵的组群——已有所区别。他的新观点最明显地表现在他的《我国被提拔的工人的家谱》一文中[2]，他在其中列举了

---

[1] 见《俄罗斯优生学杂志》，1924 年，第 1 卷，第 3—4 期第 307 页。
[2] 见《俄罗斯优生学杂志》，1926 年，第 4 卷，第 3—4 期。

高尔基、列昂诺夫、沙里亚平、叶赛宁等人的出身。

这样，正像罗基茨基所公正指出的："可以说，科利措夫是一个温和的优生学家，他正确地评价了外部条件的作用，承认借助于适宜的培养和照料条件可以克服基因型所决定的一系列缺陷。他未曾陷入优生学的某些拥护者所常有的那种浮夸。这些拥护者建议用那些从优生学观点看来公认的最当之无愧的人的精液进行人工授精。这些思想本身就是违背科利措夫所特有的人道精神的"①。同时，他在这些问题上也还保留着许多错误的思想，而这是由于过高评价生物因素对社会现象和人的发展的作用而产生的。

谢列布罗夫斯基就优生学的极端表述了一些有时似乎有重大差别，但大多很相似的思想。例如，他认为加利通所谓出身于特权阶级家庭的儿童在某些情况下可以优于出身于工人家庭的儿童1000倍的结论简直是荒唐的。首先谢列布罗夫斯基怀疑这一结论的科学基础。他写道："我们应绝对相信，我们在人类遗传学领域以及在人的这些或那些重要特性的继承方面的知识还是多么贫乏；我们在任何情况下也不能把那些什么上等阶级在其遗传特性方面优于其他阶级的胡说当作精确的科学结论。"②虽然有一些事实说明全人类天赋因素的公布是不平衡的；但是，谢列布罗夫斯基强调指出，对于像阶级这种大规模的社会集团来说，要据此进行优生学评价，显然是不够的。所以，"像下面这种见解——知识阶层或资产阶级是人类的精英，而其余的阶级不过是渣滓，是优秀人物得以蓬勃发展的垫脚石。这是多么荒谬！而作出这种论断的人只是囿于阶级偏见才看不到这一点"③。在清算这些反动的优生学思想的同时，他开始注意人类进化的现实问题：人的生物本性发生了什么变化？在没有自然淘汰的情况下人类种群完成了哪些遗传过程？人类基因库诱变的后果是怎样的？

谢列布罗夫斯基虽然善于清除优生学理论中的反动的资产阶级结论，

---

① 见 П. Ф. 罗基茨基《Н. К. 科利措夫的科学世界观》，载《哲学问题》，1972 年第 7 期，第 99 页。
② 见《在马克思主义旗帜下》，1926 年第 3 期，第 113 页。
③ 同上书，第 114 页。

然而，他未能始终如一地避免某些不精确的表述，甚至还有某些错误。这里，不可轻视如下事实，即他注意从生物学角度看待人类的未来问题，然而却常常引用社会因素。例如，他注意到，如果人的艺术的和科学的创造以及组织活动的能力确实"建立在遗传的基础上，那么我们就有权把这些基因的总和——正是它们创造着人类社会的精英或白痴——作为民族的财富和基因库，而国家可从中得到所需要的人"①。

　　至于说到优生学的中心论题，即关于居民群体不等价原理，那么，谢列布罗夫斯基对此所持的态度是相当谨慎的。他强调指出："我重复一遍，在这方面我们的知识是如此贫乏，以至处理这些问题似乎仍然为时过早。"② 因此，他尖锐地批评了当时在资本主义国家广为流行的生物学纲领③。同时，他赞成那种认为可能把某些改善动物遗传性的技术手段（人工授精）转用于人的错误思想。这时，他是从家庭将要衰亡而婚姻也将随之消失的毫无根据的假设出发的。人们对这种观点的批评以及谢列布罗夫斯基所处的社会政治条件促使他认清了这种错误④。

　　如果对我国优生学运动的先驱者的观点作一概括的评价，那么，我们就不能不同意 Н. П. 博奇科夫的结论，他写道："他们的工作有点简单化，有时有矛盾，特别是 Н. К. 科利措夫的工作。但是，比较而言，在与其他国家大致相同的研究背景下，在优生学极度繁荣时期，我国学者的观点还是进步的，有较为严格的科学性以及对结果的大众化解释。例如，Н. К. 科利措夫和 Ю. А. 菲利普琴科都正确地提出了社会环境在个体能力实现过程中的作用问题。他们指出，人民中蕴藏着大量的具有遗传天赋的人，只是由于革命前缺乏适宜的条件，因而这些天赋未能表现出来。

---

①　见《在马克思主义旗帜下》，1926 年第 3 期，第 116 页。
②　同上书，第 115 页。
③　参阅 А. С. 谢列布罗夫斯基《社会主义社会的人类遗传学和优生学》，载《医学—生理大学遗传研究室关于人的体质的文献》，莫斯科，1929 年，第 1 版。
④　确实，这种批评有时超出了应有的界限而带有一些消极的后果，像 Д. К. 别利亚耶夫和 П. Ф. 罗基茨基所指出的："很遗憾，对优生学展开的尖锐而有时是外行的批评以及围绕这一问题而展开的这场混战已经超出科学的范围，并干扰了整个人类遗传性问题的讨论，从而使苏联关于遗传问题的争论拖了相当长的时间"。(Д. К. 别利亚耶夫和 П. Ф. 罗基茨基：《苏维埃遗传学发展中的某些方法论问题》，载《哲学问题》，1977 年第 8 期，第 143 页。)

他们完全抛弃了改善人的本性和强制方法"①。

Г. 穆勒在我国搞过几年研究，也就是在这些年代里，他从完全相同的立场出发，积极宣传优生学思想。为了使人们拥护优生学的一系列措施，这位对优生学的发展做出巨大贡献的大学者宣布进行"十字军远征"。他认为，如果实行了这些措施，就能把人类从遗传学的灾难中拯救出来。为了改善人的基因库，他建议，首先要控制人的生殖并进行淘汰；然后再利用优秀男子的精液对妇女进行人工授精。为此，他建议设立专门的银行。这一思想特别明显地表现在Г. 穆勒《走出黑夜：未来生物学家的观点》一书中。在关于人类遗传的第二次国际会议上（1961年），他的"胚胎选择"理论进一步发展了这一思想。确实，他发现，在这里他并不能保证上述措施完全有效，因为人的特征的表现取决于社会环境及其发展②。穆勒声明："只有我国即将来临的经济制度的革命才能为我们提供一种环境，使我们满怀信心地从真正的社会观点来判断：究竟怎样对人进行评价才算最好……因此，这完全取决于我们自己：如果我们想使优生学发挥作用，我们就应运用现在唯一可能的方法——把我们的全部努力用于消除古老而疲惫不堪的社会恶梦。"③

正如我们所看到的，穆勒把实行优生学思想同资本主义社会的一定社会经济变革联系起来。然而这些思想的纯粹科学的方面却遭到许多著名遗传学者（T. 多布然斯基、Лж. 比德尔、B. 格拉斯等）的反对。但是，现代学者中却有很多优生学的拥护者，并且他们当中某些人的支持已由理论转到实际行动。穆勒的朋友、美国商人P. 格雷姆的卓有成效的活动大大促进了这一转变，他为了储存精液和那些同意参加创造"超人"试验的妇女建立了一个银行。这样，抛开其他人不说，恰恰是P. 格雷姆为穆勒（他于1967年去世）的新优生学方案帮了倒忙。

今天，类似的方案常同基因工程、无性生殖等方法运用于人类的可能性联系起来。同时，新优生学思想哪怕只是在原则上被接受，目前在

---

① Н. П. 傅奇科夫：《人类遗传学》，第18页。
② G. 穆勒：《改善人类基因的意义和目的》，载《现代医学中的道德问题》，加利福尼亚，1977年，第60—64页。
③ 引自M. P. 戈尔登《生物工程学中的道德问题》，载《现代医学中的道德问题》，英文版，第72页。

许多情况下正在获得一些新的证据和实现形式,其中包括一系列重要的条件。例如,在对《生物学与人的未来》①一书的综合评论中就引用了涉及人类面临的"基因退化"的威胁因而必须采取优生学措施等一系列问题的有趣的材料和结论,该书描述了生命科学发展的基本方向,其中也包括与人的未来有关的问题。评论的作者认为,虽然遗传学上的种群进程很复杂,但仍然可以干预它。诚然,他们在这里也遇到了巨大的困难。尽管人有培育自己特有的遗传结构的潜在能力,但他尚未利用这种可能。育种是一个残酷的过程。为了更快地进步,生殖只应局限于那些具有人们所希望特征的基因的人。但是,由谁来决定什么是所希望的呢?什么样的基因变异性和外形变异性最适宜于人类社会?谁敢于禁止大多数男人和女人生育后代而只把这种生育的权力赋予上流社会?社会把这种解决办法委托给谁呢?

从全社会的立场出发,我们能否期待这样一些变化,这种变化将导致:为了人类的进步,社会决定以拒绝满足大多数人传宗接代的个人愿望为代价,而承认自我控制的必要性。作者认为,从社会的立场来看,这种变化很快发生的可能性极小。但是,人的未来会延续难以预料的长久的时间,它不仅足以使人们思考这些可能性,而且也足以让人们利用这些可能性。

毫无疑问,作者确信,许多智力、行为和社会方面的特点的差别或许能够用诸如健康与力量、理智的发达与贫乏、顺境与逆境以及早期的生活条件等非遗传因素的差异来解释。人类面临的主要任务是要懂得:这些非遗传因素是这样起作用的,即每一个人都能最充分地实现其遗传潜力。同时,尽管因此不变的基因型的特征会扩大,但对现有遗传变异性研究的强化,以及对种群基因库和遗传容量认识的逐渐深化,将有可能制定出控制人的生物结构的现实计划。

人的未来的巨大可能性大概取决于利用基因库的变异性,而不是依靠某种 Homo Sapiens(人类)的标准化。虽然这种标准化可能是行得通的,但作者声明,我们将抛弃把人分成各种亚群——这些亚群特别适合

---

① 《生物学与人的未来》,英文版,纽约—伦敦—多伦多,1970 年。关于这一问题更详细的可参阅我的《科学进步与人的未来》,莫斯科,1975。

于执行各项不同任务——这样一种丑恶思想。这可能是一个高效率的社会，但却是一个很糟糕的社会。如果有一天人们同意对控制自身遗传命运的有意识的可能性负责，那么，他对各种计划的选择就必须建立在深刻的经过论证的理论之上。如果人开始控制自己本身的进化，他就应清楚地想象到那些他将努力加以实现的确定的价值。

这样，我们所说的人道主义立场虽然并不决定自己实现的具体社会条件，但是，它将摒弃今天在所谓新优生学领域中复活的那种不负责任的欺人之谈。在讨论实现某种与改造人的遗传相关的方案时，必须充分考虑到社会条件。许多英国学者曾详细研究过这一问题，并曾表示过上述思想[①]。他们甚至建议，最好禁止这一领域的某些研究，因为存在着一种利用这些研究危害人类的可能性。许多人认为，知识本身有一种潜在的危险，因而一般不宜在大众中传播。在优生学领域发出了这样的声明，即在个性是神圣的那种文明中，优生学的做法是不道德的。人们注意到，许多努力是为了在实践中推行优生学的绝育措施。但从种群遗传学结构的观点来看，这些努力却什么也得不到。在这里，头一个困难在于，最典型的遗传病是隐性的（即暂时隐藏其性状），而引起这些疾病的基因的携带者在人类群体中是很普遍的。消除非正常的基因也毫无意义，因为在任何情况下，天然的育种都防止着这些基因的再生。第二个困难在于，发生了新的突变，它们取代了种群中业已排除的非正常基因。

作者们写道，加利通的思想在于，用优生学的方法加快人在某些方向上遗传变异的速度，就像自然育种的做法一样，只是更人道、更有效而已。然而，遗传工程并没有这种纯粹的专门的目的。例如，由一个杰出人物生产大批孩子的思想是极其危险的；因为握有政权的独裁者虽在遗传上并无优越之处，却可能广泛地传布自己的基因。这之所以危险还因为我们尚不具有基因遗传学的足够知识。只有当遗传知识能够为人道的目的服务，同时也能促进优生学方向发生改变的时候，才能来讨论其他的方法。这里所指的是可以称之为表型工程（例如可从血液遗传学知识、遗传学咨询中获得益处）的医学领域。这里所有最重要的伦理问题可归结为一点，即母亲必须始终注意遗传学所提供的信息。

[①] 《现代生物学的社会影响》，伦敦，1970年。

很早以前，英国学者就提出了优生学的道德问题。他们认为，这里没有值得恐慌的理由，因为如果遗传疾病很快成为普遍的疾病，那么，它就不再是遗传的危险。不是吗，人的身体脱去了毛，这可以说是人类特有的病症；而人类用穿衣服的方法来弥补——没有衣服就会冻死。这仅仅说明了生活条件对一个领域来说可能是不够的，而对于另一领域却可能是绰绰有余的。因此，我们只能大概地讨论未来文明的需要问题。从理论上说，遗传工程的目的是创造能在更高水平上适应周围环境的人类。这可能意味着将来要创造能专门适应在月球或其他星球上生活的人。显然，目前还看不到这种需要。

关于可能运用基因工程来改造人的基因型的类似观点在学者中获得了日益广泛的传播，并因此形成了试图利用现代遗传学最新成就的优生学新派别。这里可指出这些学者的名字：Э. А. 卡尔松、И. Д. 戴维斯、Дж. 勒德伯格等等[1]。"优生学的幽灵"有时不但与现代遗传学研究有关，而且——这毫不奇怪——也与革命和创造新人的思想有关[2]，不过很显然，它们彼此没有任何共同之处。

像任何一般的优生学方案一样，新优生学也很想在"全心全意地"关心人及人类、关心他们的尊严和自由以及关心他们未来的思想中找到一个科学的和有个性的立足点。这时，可以设想，优生学措施（"积极"优生学）将能使人更好地适应自己的本质。如果利用 Г. 穆勒的分类法，那么，人在体质上将具有更强健的体格；在智力方面将具有专门的、深刻而有创造性的知识；在道德方面将具有对人的满腔热情和真挚同情以及集体主义意向；而在认识方面则将具有更丰富的理解能力和表达能力。

与旧优生学相比，新优生学的特点是更加注意自己实施的手段，更加注意这些手段之合乎道德和道义上的可能性。至于通常所说的"高尚的人类优生学模型"（泰亚尔·德·夏尔丹），它应在未来数百年的时间内，在自愿的基础上逐步加以实行。现代新优生学为之辩护的极端唯科学主义、社会—生物学主义受到了可以说是相当有根据的"来自内部"

---

[1] 参阅 А. Д. 克丽莫娃《人的遗传学的社会—伦理问题》，载《哲学问题》，1980 年第 5 期。

[2] Ch. 弗连克利：《优生学的幽灵》，载《评论》，纽约，1974 年，第 57 卷，第 8 号。

的批评。自然，这种批评在反对新优生学的斗争中有着巨大意义；因为这种批评出于学者对人道主义的考虑和对社会责任心的一般理解。对许多现代学者而言，这种批评在某种程度上甚至可以说是典型的。

可见，在西方科学界，除了新优生学和那些似乎开辟了"大规模制造超人"的新道路的其他一切学派的公开拥护者以外，还有许多清醒的、现实主义的学者。他们认为，不仅要考虑现有的科学技术的可能性，而且要紧的是要考虑这个问题的社会道德方面。确实，某些优生学的拥护者试图在某些场合采取"不偏不倚的"社会—生物主义的方法论原则；借助于这种方法，新优生学方案就可以创造出与社会形式（其中包括社会主义）相统一的"理想人"。正如我们所看到的，科利措夫、谢列布罗夫斯基以及穆勒曾明确地表达过这一观点。他们认为，用这种观点制定的优生学纲领能指导人类的进化，因而将取得"人类遗传结构的无限进步，而这种进步将适应并巩固人类的文化进步，同样，人类文化的进步也必将巩固人类遗传结构的进步，很明显，这种彼此交替的相互影响将是无止境的"①。穆勒的这一立场在某些方面同目前坚持建立"社会主义优生学"思想的那些学者相当接近。

但是，马克思主义者不能接受这种甚至是很"高尚的"优生学思想。而这决不只是因为这些思想在过去损害了自己的声誉。马克思列宁主义关于人及其发展道路的学说不需要这种"补充"，因为它包括有关人的研究的科学成果，其中也包括与利用遗传学的成果相联系的那些成果。这一学说的目的是完成造就新人的任务；就其固有的实质来说，这一任务是"社会性的"。这一学说研究生物学、首先是遗传学正是从这种立场、也仅仅是从这种立场出发的。在今天，遗传学已扩展到直接为人、为人的健康和发展服务的广阔领域。

至于创造"理想的人"的新优生学方案，那么，它们首先在科学和理论方面上是站不住脚的，原因在于这些方案只是依据极其有限的人类遗传学知识，根据人的遗传基础同人的智力以及整个精神品质有直接联系的虚妄思想而片面地决定"人的理想"。这些方案在社会方面是低劣的；因为它们的目的不是要改变人的社会因素，而是要改变人的纯遗传

---

① G. 穆勒：《优生学研究》，纽约，1962年，第500页。

因素。这些方案之所以能担负起武装种族主义思想、理论及种族灭绝的实际任务，绝不是偶然的。新优生学方案也在哲学—世界观和方法论方面显示出自己混淆视听的性质；因为它歪曲了作为历史前提和产物的人的本质、人在世界中的位置以及人传的作用，从而片面地将社会—生物学主义作为自己的目的。从人道主义立场来看，这些方案也应受到无情的批判，因为它们使唯科学主义和操纵主义合法化，从而犯了侵犯人的主权和个性之不可重复的特性的未遂罪。最后，即便基于道德—伦理的理由，也应抛弃新优生学方案，因为它们的实施将给人类带来威胁，否定像爱情、亲属感情等人类生存的基本价值。

当然，这并不意味着一般地，即原则上不能和不希望对人的继承性作任何积极的干涉，甚至在人类遥远的未来也不可能按所希望的方向改变人的生物本性。但是，必须明确地把科学上的可能性同现实的实践区别开来；现实的实践并不是按抽象的推测行事，而是要求具体地确定实现某种思想的具体条件。在现代条件下，新优生学方案客观上所能起的而且实际上正在起的只是反动的社会作用。我深信，它们的实现将是人类遗传上的大灾难，这种灾难的危险比新优生学所想象和所要告诉我们的危险要大得多。

我们在根据纯科学的、社会的、哲学的、人道主义的以及伦理的理由而抛弃新优生学的时候，也不能不同时看到人在生物学方面的现实远景。例如，由于最近几年人类遗传问题、医学遗传学问题研究的蓬勃开展，特别是由于遗体（基因）工程的成就，这一现实的前景已展现在人类面前。这些与新优生学毫无共同之处的研究提出了一系列新的、有时是相当复杂的问题。由此可以明白，看到人类遗传学研究的社会方面，看到其人道主义的倾向—抛弃对人的唯科学主义和操纵主义的观点并以尊重人的自由和作为独特的"一切社会关系的总和"（马克思语）、作为在生物和遗传方面深刻个性化的人类代表的人的独特性出发——是何等重要。

最近几年，这些问题在苏联遗传学和哲学文献中被广泛地加以讨论，成了一系列争论的对象（包括在《哲学问题》杂志，"圆桌会议"栏上的争论)①，并在苏联和国外作者的著作中获得了各种各样的解释，其中包括 В. Д. 季马科夫和 Н. П. 博奇科夫的文章《人类遗传学的社会问题》②。这些大量的、意义重大的材料不仅是批评性质的，而更主要的是对生物学和人的未来问题作了实事求是的说明。这些材料载于社会主义国家学者的集体专著《社会与人的健康》一书中③。从整体上看，马克思列宁主义对于这一问题的基本观点已经形成。这些观点与反科学的、包括优生学在内的那些关于"生物学世纪"中人的未来的理论和预测是完全对立的。

在分析关于人类遗传学的方法论问题、社会问题和意识形态问题时，作者们抛弃了包含在 Г. Р. 捷依洛尔的《慢性生物学炸弹》（1969 年）、Ф. 瓦格纳的《人的生殖》（1969 年）、Р. 考夫曼的《只会做工的人》（1964 年）、Т. 列戈的《标准人》（1967 年）等书中的优生学方案；同时，他们提出了医治和预防人类遗传病的人道主义任务。他们区分了影响人类继承性的如下三个领域：1）优生学，即弄清楚种群的基因组成中所具有的基因组合，从而预防那些导致遗传疾病的基因组合；2）遗传工程，即定向改变遗传基质；3）人种改良④，即有意识地监督和改变某种机体中已有的基因功能，从而获得改良的表型。他们公正地强调指出，研究和运用有目的地改变遗传基质的方法，这是遥远未来的事情。但是，他们认为，人种改良的发展是现实的必然，其目的是补偿物质交换的遗传缺损，使患者获得健康的表型。作者也赞成把医学—遗传咨询推广到婚姻问题上去。他们在强调遗传问题对未来人类的重要性时写道："现代遗传学的进步使我们越来越接近弄清人的病态遗传性的时期，即有计划地预防遗传病的时期，这种预防可以形象地称之为基因'外科学'，即用正常基因代替病态基因。未来预防遗传病的一切方法将消除从前那些有

---

① 参阅《哲学问题》，1970 年第 7 期、第 8 期；1971 年第 12 期；本书第 1 版（第 209—213 页）。

② 参阅《哲学问题》，1973 年第 6 期。

③ 《社会和人的健康》，莫斯科，1973 年。

④ 这一术语最初是由科利措夫于 1929 年使用的，不过是在另一意义上，即在怎样借助诸如社会卫生、体育和训练等媒介的作用来改善人的外形特性的意义上使用的。

争议的问题。"①

作者们认为，现在所研究的问题不可能穷尽未来的遗传学的全部意义。他们认为，人的遗传学方面的进步将能够更充分地弄清每个人的个人财富。作为生物种的现代人的进化在其生存的时期内不可能根本改变他的遗传本性；对于这一点还需要其他的时间性参数。但是，人在社会方面的进化却越来越快。"可以看出，人类遗传的适应性并未妨碍其社会进步，人的完善并没有生物学上的障碍。只需要懂得人类生物学并善于提示出人的个体能力就行了。"② ——这就是从关于人的未来的人类遗传学问题的分析中所应做出的基本结论。

这一结论对于整个问题的解释是否令人满意？在这里有什么新的可能性和危险？我们还是回到这些问题上来吧。现在，我们就试着对有关"生物学世纪"的未来人的那些争论做出某种可以说是初步的总结。

正如我们所看到的，类似的争论基本上是围绕着人性的"完善"与否的评价问题而展开的，其中，关于人性的可能性与可容许性问题的解决，通常与在讨论人的发展的社会因素和生物因素的相互关系问题这一更一般性的问题的过程中所采取的立场有直接关系。在这里，有时具有截然不同的科学和哲学基础的极端悲观与极端乐观的观点发生了尖锐的冲突。例如，德国存在主义哲学家雅斯贝尔斯公开声称："人面临着二择其一的选择，或者是人类的灭亡，或者是人类的变革"③。英国哲学家、生物学家克斯特列尔力图为这一论题奠定生物学基础，他断言，人乃是"进化的错误"，而自然在遗传上赋予他一系列消极的、遗传决定论的特征，这些特征对于他的社会行为具有决定性的意义，而这些特征也必须用遗传的方法才能根除。

优生学的基本假设——不管它采用什么形式，恰恰是建立在这一基础之上的。但是，决不能把它同今天遗传（基因）工程的前景混为一谈。如果说优生学论述用育种和杂交的方法在人的种群水平上改善人性的必要性的话，那么，遗传（基因）工程学则主张在高分子和细胞的水平上

---

① 《社会与人的健康》，第111页。
② 同上书，第112页。
③ K. 雅斯贝尔斯：《哲学与世界》，慕尼黑，1963年第133页。

干预遗传器官的活动。它的任务（至少在不远的未来）将比创造具有整套预先设计好的、"改良"的遗传特征总和的机体要容易得多。

有充分的根据推测，"积极的"优生学为自己提出的任务——无论从科学的观点还是从社会的观点来看——一般说来是不现实的，至少在相当长的时期内是如此，因为人类能在现有的遗传基础上顺利地发展。而一旦这一任务成为迫切任务时，人类就将找到解决它的适当形式并将制定出理智、高尚、人道的方法，从而将在实际上运用那种促使人类遗传性向进步方向转化的科学（这一科学是否被称为优生学则是另一回事）。

因此，不能不同意 Щ. 阿外尔巴赫的下述意见：在遗传学家中"也有一些这样的人，他们幻想着令人振奋的新世界，在这一世界里人类在遗传上将分为不同的等级：极少数人具有高度发达的智力、坚强的意志，也许还具有欣赏精神价值的能力，而大多数人只有很低的智力发展水平……我和许多人都认为这种前景是令人厌恶的。我们应当希望，将来能制定出积极的优生学的有效手段，掌握它们的将是聪明的、人道主义的人们或人类集体"①。

阿外尔巴赫发出的这种警告是非常现实的，因为一系列新优生学在生物学方面正日益渗透到有关人及其未来的文献之中。例如，美国未来学家托夫勒在前已提及的《第三次浪潮》一书中提出了这样的问题：难道我们要放弃对人们实行生物方面的改造以便同职业要求相适应的尝试吗？也就是说，难道拒绝创造出具有更快速反应的飞行员或者在传送带旁对单调的操作毫无反应的装配工的试验吗？很遗憾，正如我们所看到的，提出这种问题的决不仅仅是他一个人。但是，许多学者认为，所有这一切只具有反动的意义，并且只能损害科学的声誉。要知道，除了说过的一切之外，可能的东西并不意味着也是必然的、现实的和人道的。在"世界分裂"的条件下，任何一种改变对人的影响的可能性都将是极其危险的，它的实现只能给人带来新的不幸。此外，就是科学本身也正处在人的认识的某一最初阶段，而我们已经知道的知识比我们所未知的要少得无法估量。在这里，不仅恶劣的意图会带来不可补救的危害，而且无知——唯科学主义的自负也同样是极其有害的。

---

① Щ. 阿外尔巴赫：《遗传学》，莫斯科，1966 年版，第 126—127 页。

至于说到未来，并且是很遥远的未来，那么，我想，在这方面将会出现整个科学史上最重大的事件，科学从而将进入"人的世纪"，科学知识的全部潜力将转向作为主要客体的人。而为此就需要有与理智和人道相适应的社会条件，正是这种社会条件将产生出科学的新的时代精神。或许，理智而人道的人的独特意识将在这一时期产生；而由此应得出怎样的结论——我们尚不能断定。至少，只有在"生物学世纪"完成之后，并且在共产主义原则基础上人类社会实现了一体化的情况下，改造人的生物本性的方案才有可能实现。正是这一点使得将来能够按照那些理想，即在以往的历史时期人们以神话和空想的形式创造出来，而在将来人们将之视为科学和艺术、理性、善和美的共同结晶的理想，来解决完善人的生物性的问题。

这种世界观和社会观考虑到了人道主义的各个方面。显然，不仅应当把它推广到新优生学的各种方案（借助于超人的遗传"结构"，"大规模制造超人"）中去，而且必须推广到对人的生物本性进行质的改造的任何方案（如"遗传工程"等）中去，推广到借助于人工影响心理的方法创造超人和制造"生物控制有机体"的方案中去，这将把人的生物特质同"人工智能"、把人的"潜意识"和"超感能力"同生物控制装置有机地结合起来。在这里，科学的预测和建议也遇到了各种空想和非科学的投机，它们要求揭穿这些空想和非科学的神秘性，并给予合理的解释。科学认识也发现了许多有关人、人的生物个体及心理的新奥秘，这都需要予以客观的分析。

借助于遗传学方法、器官移植或再生①，借助于神经外科手术或神经药理学改变人类个性的这种潜在可能性，已把保障后代的持续性问题尖锐地提到了科学和社会面前。为此，必须确定操纵作为生物物种的人的基本遗传材料所容许的界限。一般说来，必须确定对人的个体特质施加任何一种影响所容许的界限。但是，近些年来，西方许多生物学和医学的发现所引起的那些骚动与耸人听闻的事件并未对此起促进作用。例如，只要回想一下由于移植人工培养基中人的受精卵的试验以及第一个"试

---

① 参阅：Ф. 穆尔：《器官移植史》，莫斯科，1978年；П. 梅特松：《组织再生——现在与未来》，莫斯科，1982年。

管婴儿"的成功诞生产生了多少臆想就够了①。但毕竟不能忽视那些现实的、而有时是极端复杂的问题,正如许多学者所认为的,这里所发生的问题要求进行"思想上的根本变革",要求新的伦理和立法,以便清楚地确定出允许和不允许干预伦理、家庭,以及隐秘关系的界限。鉴于对待人工获取人的胚胎试验的操纵主义方式的危险性,这些问题变得更加尖锐了。

器官移植和以人为对象的"试验",如冷冻法(即把无希望的病人冷冻起来,以期将来医学能够治疗这种疾病,使其复生并予以治疗)等,在这些场合将产生一系列微妙而复杂的伦理学问题。在所有这些场合,医生—试验者都处在这样一种窘境之中:或者是患者不可避免的死亡,或者是患者恢复健康。例如,在移植组织和器官方面,究竟在怎样的界限内人的组织和器官的移植才是合乎伦理的?要知道,在某种意义上这是唯一有意识地放弃内科和外科治疗所依据的原则(不妨碍也不帮助病人自助)的外科领域。医学始终是从下述原则出发的,即不允许牺牲人的幸福,同时要防止剥夺健康肌体的组织和器官,否则就会完全破坏它的免疫功能。这里发生了诸如死亡的定义这样一个伦理学的和全人类的问题:现在医生们认为,"生命的承担者"是大脑,而绝不是以前所认为的心脏,因此,确定人死亡的依据是神经活动的终止。但是,很多学者认为,这将使得医生不关心延长患者的生命,而只关心在器官还"有活力"的时候,将它们用于移植。此外,现在已发现了将来移植人的大脑物质的可能性。在对动物进行试验的时候,已从腹内胎儿取得了这种物质。而移植于人的大脑物质将从哪里取得呢?

这些问题不是简单容易的,它们之所以成为世界舆论严重关切的对象绝不是偶然的。例如,世界卫生组织为执行1968年12月19日联合国大会《从生物学、医学、生物化学进步的角度保障人的个性、精神与身体不受侵犯》的决议,于1970年制定了《在生物学和医学进步的条件下的人权和保健》的专门文件,其中特别考察了组织和器官的移植问题,并分析了这些措施能够在科学上和道德上具有合理性的方法和条件。

---

① 根据 P. Дж. 爱德华茨的资料(剑桥大学的生物学实验),1981年将有15—20名试管婴儿,并且有一半是在英国。

与此相联系，现代科学非常尖锐地提出了涉及医学伦理学、道义学①有关的问题，后者确立了与著名的《吉波科拉特（ГИ-ПоКРАТ）宣言》相似的道德—伦理原则和义务。伟大的人道主义者奥尔伯特·什韦采尔曾经很精辟地论述过这一问题："只有绝对和普通的合理性才是合乎道德的，崇仰生命的伦理学的宗旨即在于此。任何其它的必然性或合理性都是不道德的，只有某种程度的必然性或某种程度的合理性。在保护我的生命与消灭或危害他人生命的冲突中，我永远不能在某种道德的东西中把道德的东西和必然的东西统一起来，而是必须在道德和必然性之间作出抉择，如果我存心选择后者，那么我就应当清楚地意识到：我将承担危害他人生命的罪责。同样，我不应当认为，在个人责任和超个人责任的冲突中我能够在某种道德的东西中使道德与合理性相互补偿，或者一般说来，使道德服从于合理性——我只能二者择一。如果在超个人责任的压力下我特别偏重合理性，那么，我就成了破坏敬仰生命的道德的罪人。"②

彻底实现这些伦理原则，并加强这方面的立法（像在用人做试验的情况下所做的那样），无疑是人类最重要的任务。因此，不仅应当注意到利用科学技术（如器官的移植）的可能性，更主要的是要注意到，把保护人类文明、人的自由和权力放在首位的社会在利用科学技术方面规定了怎样的现实界限。这特别关系到对人的大脑和心理、意识和行为的形形色色的会给人带来"尊严危机"的操纵，它们既损害人们自己在社会中的地位，也有损于个性的自我评价③。

谈到对人的大脑和心理进行操纵可能采取怎样骇人听闻的形式，C. 恰夫金曾谈得很明确和令人信服。他援引了大量在美国强制改变人的心理、意识和个性的例子，同时也指出了这些活动所依据的荒谬理论，这种理论认为，不听从控制的行为或者是出于遗传上的原因，或者是由神经系统的缺陷所致。作者揭露"遗传决定论"的鼓吹者，并指明他们的

---

① 参阅 А. Ф. 比利宾、Г. И. 察列戈罗德采夫《关于临床学的思考（哲学—道义学纲要)》，俄文版，莫斯科，1973 年。
② А. 什韦采尔：《文化与伦理学》，莫斯科，1973 年，第 322 页。
③ 参阅 В. А. 思格利加尔德《科学、技术、人道主义》，载《哲学问题》，1980 年第 7 期。

概念是在对精神病人、囚犯及儿童进行试验的基础上来实施的。这种操纵法的骇人听闻的后果使精神外科学和其他人工影响个性的方法成为压制自由思想，压制社会舆论的暴力机器的一部分①。

帕卡德在其《人的塑造者》一书中更加广泛地谈到了这一点②。作者认为，"人的塑造"包括下述一些方面：借助于科学所创造的精确手段操纵人的行为和情绪，操纵作为生物种的人的再生产的激进方法；操纵人的个性、大脑及其功能、遗传特性、生命持续的时间、人体的组织；操纵那种使我们做出决策的情境；操纵那种使我们不致离群索居的可能性；操纵作为生物个体的人的独特性格。一些道德—哲学家声明："对这种试验的赞叹，大大超过了我们的道德想象力"。正是这一点产生了操纵一切的意向。对试验的崇拜占了优势，以致使我们在做试验之前的漫长时期内都不能对研究的合理性与否做出判断。帕卡德由此得出结论说，操纵人的潜在可能性是如此巨大，我们早晚必须为此承担社会责任。

自然，这并不意味着放弃下述思想，即可以对人的大脑和心理施加有益于人的影响。在这里，感情用事像缺乏社会责任感一样有害。但是，在今天进步力量与反动力量进行残酷斗争的资本主义条件下，未必能把这一思想作为一个理论问题提出来，因为它的实现毫无疑问将成为这一斗争的一个极阴险而恶劣的工具。

在谈到精神外科学的权限时，世界卫生组织在上面提及的文件《在生物学和医学进步条件下的人权与保健》中强调指出，心理外科学提出了一个最困难的生物道德问题。此外，心理外科学进行干预的科学可能性及其后果尚不清楚，它的许多拥护者认为，这种干预虽然是允许的，但只能作为"最后的避难所"用于特殊的慢性病（X. 米勒）。文件确认，心理外科学的反对者大都不赞成由于纯粹的莫名其妙的行为偏差而对人脑实行外科手术。由此可得出结论，由于在精神外科学的权限方面尚有

---

① 读了 У. 阿尔诺利德的书不能不使我们战栗和痛心，该书描述了美国著名女演员弗伦西斯·法梅尔的悲惨命运。她所受到的"治疗"使她丧失了自己的个性，并且这种"治疗"是基于政治思想的原因而有组织地进行的。（参阅《外国文献》1982 年第 3 期。）

② V. 帕卡德：《人的塑造者》，纽约，1979 年。这本书的节录发表在《外国文献》上（1981 年第 12 期）。还可参阅 B. 莫尔恰诺夫的文章：《大脑的殖民统治者，还是对生物主义（ВИОКРАТИЯ）的威胁》。

巨大的分歧，由于治疗方法的不确定性和缺乏坚实的理论基础，因此，我们必须继续进行研究，以期彻底弄清这种治疗方法的价值。

必须强调指出，在这种情况下谈论的仅仅是"治疗"，然而已表现出严重的不安。在显然"缺乏坚定的理论基础"的情况下，对于那些旨在改变大脑活动以制造 Homo Sapientissimus（超人）而积极干预大脑的方案究竟能说些什么呢？此外，正像 Ж. 列任所敏锐指出的："为了创造比我们更聪明的人，我们就应该比我们现在更聪明一些"。他认为，不能"借助于基因工程的技巧"来创造"超人"，至于医学，那么它"是更微末的，但却更有效得多。今后一段时间，人们不仅将有效地克服智力的缺陷，而且也将能治疗目前尚不十分清楚的疾病，这些疾病虽无关紧要，但却降低着脑力活动的效率。这里，遗传学对于人的精神健康发挥着巨大作用。不管什么时候，只有爱和理智的紧密联盟才能拯救人的智慧"①。

这真是精辟的见解和对问题的真正人道主义的立场！它们完全能用于人的生理心理发展以及强化人的精神活动的任何科学纲领之中，这些纲领不仅借助于自然或人工的方式影响人的大脑和精神②，而且通过制定一系列技术手段模拟智力活动的某些功能，这特别明显地表现在创造"人工智能"的试验中。

上面已谈到过有关这些问题的争论，并曾指出，许多学者认为在解决"人工智能"问题时，有许多简化方法；正如他们所认为的那样，工程师将不必去仿制人工智能的精神机制，不必去再现人的思维，而是去实现自己关于人类思维的简化了的观念。生物控制论的发展为模拟智能开辟了新的可能性，但也发现了新的限制③。例如，Б. М. 格卢什科夫和Ю. М. 卡内金认为："人为自己规定了这样一种任务，即最大限度地使电子计算机及其系统在功能的复杂性和多样性上接近智力的水平。显然，机器只能在运算和程序设计方面和范围内模拟人的大脑。但这些领域正

---

① Ж. 列任：《遗传学与精神健康》，载《遗传学与人类繁荣》，第92页。
② Б. П. 埃弗罗分姆松搜集了一些有关提高人的智力活动的生物—社会因素的有趣资料（虽然尚不无争议），并在其一系列著作中公布了这些资料。
③ В. Н. 彼得罗夫院士校订发行的论文集——《无限的可能性与可能的局限性——控制论发展的前景》——这一书名本身就很好地强调了这一点。莫斯科，1981年版，下引此书不再注明版本。

在迅速扩大——在这里至今我们还未遇到什么明显的不可逾越的障碍"①。但是,这并不是说就不存在这样的极限。虽然电子计算机在接近于再现人脑的高级功能时,不仅能完成感觉程序,而且能完成"历来属于人的"思维程序;但是,正如作者所指出的:"第一,任何人也没有提出创造陀思妥耶夫斯基或爱因斯坦的智力水平的人工智能的任务;第二,不能不考虑到控制论和电子技术的迅速进步"②。同时,作者看到了与智力的社会本性相联系的某种"复杂性的阈值",因为人不仅是生物进化的产物,而且也是社会演化的结果。智力的"社会成分"受意志和动机以及认识过程的"集体"本性的制约,这使人成为"实际上具有无数自由度的系统"③。

  自然,决定着"历来属于人的"大脑活动特点的因素并不仅仅限于这一些;人的极其复杂的心理和意识世界,人的道德和伦理感受未必能够脱离制约着人的理智表现的一般过程。在这里,从生物控制论的观点来看将会有哪些新的可能性?在涉及对"未来医学中的未来控制论"进行预测时,H. M. 阿莫索夫不仅认为创造"创造性的人工智能"是可能的,而且详细研究了能够由此产生的对人的潜在危险。从这个观点看来,"人的生物学变化的前景还是相当遥远的,人的智慧有可能通过同人工智能共生而无限地增长"④。

  因而,说到创造我称之为"生物控制有机体"的前景问题,我的观点与阿莫索夫不同,他认为"说到实现它的可能性还为时过早,尽管在原则上是可能的"⑤。对于这一前景,不仅那些耽于幻想的人,就是某些严肃的学者都是非常乐观的,虽然也可能并不那么现实。例如,根据美国"兰德——克波雷什"(РЭНД-КОРПОРЕЙШН)预测研究中心在1972年所做的预测,通过大脑和电子计算机的直接作用来提高人的智慧可能性的"人—机"共生的演示,到2012年就可发生;B. M. 格卢什科夫认

---

① Б. Н. 彼得罗夫:《无限的可能性与可能的局限性——控制论发展的前景》,第146—147页。
② 同上书,第147页。
③ 同上书,第150页。
④ 《生物控制论和医学控制论的进步》,第154页。
⑤ 同上。

为，学者们到2020年就将能实现完全的人机共生①。

不仅如此，根据许多学者（Дж.伯纳尔、Т.西博尔格等）的看法，未来可以不借助于语言的媒介而实现思想——而且不仅仅是思想，还有情绪、回忆等——直接由一个人的大脑向另一个人的大脑的传递。但这已是"第三或第四梯队"的预测，已超出了我们所能接受的时间性界限，即科学地确定人的前景的极限。

但是，在这个问题上还有下述情况，即研究人的智力，心理生理的奇异现象，记忆的机制②、直觉③、无意识④、人的各种形式的感觉等，在今天具有十分迫切的意义；而这些问题在现代科学中获得了各种不同的解释，这些解释有时也带有形形色色的神话和反科学的猜想的特征，比如说，在精神分析、心灵学中就是如此。显然，对于神秘力量，人的智力、心理生理的奇异现象等问题，我们正处在新的研究道路的初期阶段，而这种研究需要有新的科学方法和新的思维方式。

这一点特别涉及远古时期就已产生的无意识问题，只是当时还不能从科学上给以满意的解释。弗洛伊德在自己的心理学理论即由三个系统（有意识系统、潜意识系统和无意识系统）组成的体系中，把本能的概念、"排斥的心情"，作为自发力量而表现出来的创造和破坏、性欲和侵犯行为、生和死都包括在潜意识之中。弗洛伊德及其继承者的精神分析理论开辟了治疗精神病的道路；但是，对于无意识问题本身并没有给予满意的解释；众所周知，他们在自己的一般理论和一般哲学结论中却离开了科学的立足点。这与各种新弗洛伊德主义和存在主义对无意识的解释有关。

对于在谢切诺夫—巴甫洛夫神经学说和其他心理学家（如 Д. C. 维戈茨基、Д. Н. 乌兹纳德泽、С. Д. 鲁宾斯坦、Ж. 皮亚杰、А. Н. 列昂捷

---

① 参阅《无限的可能性与可能的局限性——控制论发展的前景》，第180、第182页。
② 参阅 А. М. 韦因、Б. И. 卡梅涅茨卡娅《人的记忆》，莫斯科，1973年。
③ 参阅 В. Ф. 阿斯穆斯《哲学和数学中的直觉问题》，莫斯科，1973年。
④ 参阅：Ф. В. 巴辛：《无意识问题》，莫斯科，1968年；А. Г. 斯皮尔金：《意识与自我意识》，莫斯科，1972年；《无意识：本性、功能与研究方法》，梯比里斯，1978年，第1—4卷；А. Н. 伊科：《哲学和具体科学中的无意识问题》，基辅，1978年；А. Е. 舍罗济亚：《意识和无意识心理问题》，梯比里斯，1973年；《心理、意识和无意识》，梯比里斯，1979年等。

夫、Ф. В. 巴辛等）著作基础上发展起来的无意识问题的科学解释，能够揭示这一复杂现象的社会—个人的和心理生理的机制，这一复杂现象在个人行为的形成和人的创造性活动（比如科学和艺术）以及在其心理生理活动的各种表现中起着巨大的作用。很明显，模拟和在技术上再现无意识活动的某些片断的试验将促进这一问题的深入研究，提高人类理解和欣赏周围世界的能力。但是，这里最主要的任务是研究那些包含在人及其大脑活动中的心理生理学以及包含在感觉机制、自我控制中的生命的"天然"形式的新潜力——总起来说就是研究那些主要以猜测形式保证着人类机体的生命活动、首先是他的心理活动的力量。

因此，必须对称之为心灵学的前景作出某些评价。长期以来，特别是近几年围绕心灵学问题掀起了巨大的浪潮。心灵学往往能出人意料地揭示出通往人的心理神秘现象的崭新道路，而破释这一秘密想必是现代和未来人类的基本任务[①]。

大家知道，心灵学的研究领域属于这样一种感知形式，它能保证以不为大家所熟知的感觉器官的活动方式来解释信息的接收。心灵学也研究生物对生理现象的相应的作用形式，这种生理现象发生在机体之外和没有肌肉力量作用的情况下（而是借助于愿望、意识的作用等）[②]。心灵沟通术、未卜先知等属于心灵学的感知形式；而心灵致动（ПСИХОКИНЕЭ）、心灵照相、心灵医学等则属于心灵学的作用形式。

目前，世界上虽然有大量研究心灵现象，首先是研究超感官知觉的组织，虽然有专门的出版物等，但心灵学研究的可靠性问题却始终是一个基本的问题。抛开一些心灵学家公然的招摇撞骗和神秘的投机而引起了骇人听闻的揭露性事件，正像专家们所认为的，毕竟不能不承认："很明显，确实发生了某些所谓的心灵学的奇特现象。但是，对信息或作用的传递方式的无知妨碍着对这些现象的承认。目前基本的希望和努力寄托在对有机体——作为生物学联系的手段和信息的载体——的电磁场的研究上，这些研究正在昆虫、动物及人身上进行着。但最近几年很多作者至少在表面上没有把自己的工作同心灵学联系起来，而这些现象的生

[①] 参阅 H. 什莱伯《心灵学辞典》（慕尼黑，1976 年）中有关心灵学著作的评介。
[②] 参阅《哲学百科全书》，莫斯科，1967 年，第 4 卷，第 212 页。

理学基础暂时还不清楚"①。

由此可以得出结论：由于心灵学是用下述概念统一起来的，即一方面是"超自然的"奇异现象，另一方面又是现实存在的，只不过还没有得到科学的心理学和生理学满意解释的现象；因此，第一，需要揭露性事件和消除骗局，第二，需要借助于心理学的、生理学的、生物生理学的、医学的以及其他方法予以研究。只有用这些方法才有希望揭开心灵学所描述的现象的神秘性以及尚未弄清的有关人的心理的诸多秘密。

这将给人类带来什么后果？人类将由此获得什么新的力量？这对人的生命和未来将产生怎样的影响？所有这一切都很难预料。我们只是处在通向新的秘密之路的最初阶段，就需要立即做这种试验吗？正如"控制论之父"维纳所精辟指出的，预言的最大错误乃是过去把科学在今天的可能性极其狭隘地投影到未来。所以，我们一定要努力避免这种错误，并且只希望对人类心理秘密的揭示能造福于人类，从而使人类更强大、更理智、更人道。

至于说到现代，那么，我认为科学的任务不仅是研究人的新的可能性——比如有关人的心理生理发展的可能性，而且要避免那种对人极其危险的试验方向，并使伴随科学发现而来的任何投机和幻想得以非神秘化。这既涉及新优生学和生物控制论的空想，又涉及心灵学的概念；当这些空想和心灵学一再声称客观的分析是"难以达到的"时，就往往伴随着唯心主义的、甚至神秘的、有时是冒充内行的解释。说到这里，我们想起了达尔文的至理名言："无知往往比有知更能得到信任。通常不是知识很多的人，而是那些知识甚少的人总是在大声疾呼：这项任务或那项任务是科学永远不能解决的"②。

人的生物学、遗传学和心理生理学的最大之谜就在于人的一切内在力量的整体性活动，这种活动本质上是由组成人的本质的社会因素所决定的。正是那些我们已知或暂时未知的现象的相互作用所产生的众多"系统力量"制约着人的"内心世界"。在不同的历史时期，在不同的学

---

① В. П. 津琴科、А. Н. 列昂捷夫、В. Ф. 洛莫夫、А. Р. 卢里娅：《心灵学：虚构还是现实?》，载《哲学问题》，1973年第9期，第135页。

② Ч. 达尔文：《人类的起源与性选择》，《达尔文全集》，第2卷，第1册，第60页。

说（唯心主义和唯物主义）中，它们有不同的名称。"隐德莱西"（亚里士多德，Г. 杜里舒等）、"生命力"或灵魂（某些活力论者，如 Ф. 谢林等），"生命的进发"（A. 柏格森）、"贺洛斯（ХОЛОС）"（Дж. 斯梅茨）、"等效性（ЭКВИФИНАЛИТЕТ）"（Л. 贝塔朗菲）、"系统力"（Э. С. 巴外尔）、"整体性要素（ИНТЕГРОН）"（Ф. 扎科布）①，最后还有"生物场"（A. Г. 古尔维奇②和许多心灵学现象的现代解释者）。当我们抛弃对整个系统力量和包括人及其心理在内的生物机体的相互作用的唯心主义解释时，我们不能不看到，恰恰应当在这里找到打开"神秘的"心理、无意识等现象之谜的唯物主义钥匙。但是，要做到这一点必须有一个前提，即关于人的科学（包括心理学在内）必须要发展到一个新的阶段——这时，科学将对这些现象进行真正的综合—整体研究和系统研究。

但是，这仅仅是与科学认识的可能性有关的问题的一个方面，还有另一个更加重要的方面——涉及人类生存的基础和意义本身的人所特有的价值—人道主义方面，而在研究人的前景问题时，这是必须要加以考虑的。

大家知道，巴甫洛夫曾预言科学分析将用大量数学公式把人的全部高级神经活动包含于自身。现在，同样的预言正出现在包括情感、本能、最复杂的精神感受等在内的人的整个"内心世界"方面。但是，所有这一切是否只是科学认识力图达到、而在最近的将来未必能达到、然而它终将达到的某种"管理目标"呢？未来人是否了解，如果他们没有为自己留下只属于自己个性的某种东西（这些东西既不可能，也不应该翻译成数学公式的语言），那么，他们必将作为人而死去，不论那种数学化的要求对于"被大规模制造出来的超人"或者"生物控制有机体"是如何的诱人。

黑格尔指出："人的心灵是伟大而宽广的，真正的人有许多神，而他把分散在众神周围的一切力量都蓄积于自己的心中；他把整个奥林匹斯

---

① 更详细的观点可参阅我的著作《生命和意识》，第87—159页。
② 参阅 A. Г. 古尔维奇《生物场理论》，莫斯科，1944年。

的诸神集于胸中"①。但是要看到，在人的心灵深处不仅有高尚的情感，而且有时也有许多极其恶劣的产物爆发出来。因此，人类历史不仅被理智和人道之光所普照，而且也染有非理智的、残酷而卑鄙的无理性的黑暗的色彩。在人的生物本性中寻找其原因是荒谬的，但也决不能忽略它；因为如果这样，就会在某种程度上解除我们自己在捍卫真正的人的斗争中的武装。而真正的人是理智的、人道的、在精神和体质方面协调发展的人。

杰出的苏联学者 Б. Л. 阿斯塔乌罗夫曾真正预言性地说过："应该期望而且相信，随着人越来越合理地干预自己的环境并为自己创造日益完美的生活环境，随着他开始找到完善自己继承性的愈益人道而有效的方法，虚伪和愚昧将在善良和光明的精神面前退却。毫无疑问，在盛行社会公道的社会中，在以共产主义的光辉理想为指导思想的社会中，社会因素在其直接影响对立的继承性的过程中，将促进一切有益于发展人性和利他主义遗传素质的全面繁荣；而对于人从野蛮的祖先、从侵略性和利己主义的素质所获得的那些表现，社会因素将加以抑制。可以期望，正是这一进步，将使全人类的未来环境以及未来人类的遗传性协调一致；而为了创造真正聪明而人道的大写的人，未来环境的和谐与人类遗传性的协调最终也将是必须的。

在先进的社会主义制度下，道德高尚的人、今天的人和明天的人应努力做到这一点。但同时他应牢记，虽然他本身的进化已进入到社会化时期，但在其周围环境和他自己的机体中占统治地位的生物学规律也决非因此就可以废弃。他应记住我们由以开始的自然规律，应记住他的每一个性质不仅依赖于环境，而且依赖于他自身的继承性。为了做自己命运的主人，为了掌握人类进步的命运，他不仅应该极其关心爱护、明智和人道地对待自己的环境，而且也应这样对待自己的继承性。

在人类进化的社会性时期，他理应为自己取得新的名称——智慧而人道的人——Homo Sapiens ethumanus"②。

---

① 黑格尔：《美学》，4 卷本，莫斯科，1968 年，第 1 卷，第 245 页。
② Б. Л. 阿斯塔乌罗夫：《Homo Sapiens ethumanus（超人）——大写的人和人道主义的进化遗传》，载《新世界》，1971 年第 10 期，第 224 页。

可以用这句话来概括在"生物学世纪"对人的未来问题的研究。不过我们从而发现了直接由上面的叙述中引出的新问题——"生物学世纪"在人类学的、可以说是人的更高阶段——"人的世纪"中将具有哪些新的特征与此相关,涉及个人和个性发展的许多重大问题现在和将来是怎样确立的。在这里可以发现一条确定的逻辑——而这种逻辑也应由研究人及其未来的纯科学要求所阐明:当绝对化的或简直是孤立的生物学观点已被证明是无效且狭隘的时候,就要求与社会的观点辩证地结合起来,而社会的观点在决定着作为个性和个体的人的前景的科学研究战略中已开始处于优势地位。

"生物学世纪"向"人的世纪"的转化要求关于人的科学——不论是自然侧面还是社会侧面——的真正繁荣,并且,正是综合的方法和整体化过程在这里始终占有优势地位。与此相联系,关于人的科学的主要问题正愈益从作为社会生物存在的个体向作为人的一切本质力量的体现者的个性转换。须知,正是在个性问题上把全人类的东西集中到每个人身上,而且也集中了他生存和未来的全部秘密。在马克思看来,人的未来是人性财富的发展,是目的本身。所以,在社会方面,"人的世纪"乃是作为新式文明的共产主义世纪,它造就着新人,而这种新人既是社会发展的结果,又是社会发展的条件和动力,即他是人的目的本身。

三 具有新式文明的新人:未来人的社会理想和通向理想之路——造就全面而和谐发展的个性,改变社会中的社会关系、劳动活动和生活方式,个性的意识和自我意识

当然,要在本节对上述问题进行考察并且做到相当深刻而有根据,即使一般说来是可能的,也是非常困难的。但是,我在本书的开头已谈到过这种情况,并着重指出,该书将宁愿提供一种扩展了的主要是社会—哲学问题的方法论提法,这一提法在最近的出版物中得到了发展。此外,重复别人已经做过的事情未必是有意义的,而这里已做的事情比在人及其未来问题的其余哲学方面所做的事情多得多。因此,我只想专注于主

要的、关键的思想，并且主要从中划分出直接与研究人的前景问题有关的那些思想。

首先是关于形成全面而和谐发展的个性问题，这种个性即关于新的共产主义文明的新人的社会理想①。人，人的发展和未来的基本的、主要的"潜力"和"资源"就在于此，它们不同于生物潜力和资源，是真正不可穷尽的。因而在马克思主义看来，人性全部丰富内容的发展，就是作为个性的人在其精神活动和物质活动过程中、在同他人的交往中、在作为掌握和再现人类社会文化经验的学习、教育和培养过程中、在社会关系和生活方式及意识和自我意识的进步、道德完善的过程中的发展。

马克思主义强调个性形成过程的复杂性和矛盾性，特别是其个体性表现的非单一性。因此，要注意"作为个性的个体"同"偶然的个体"的区别，因为后者没有在生命活动和生活方式方面发展符合于其本质的、即只有在共产主义条件下才能实现的真正人类的天赋和才能的可能性。而共产主义"在保证社会劳动生产力极高度发展的同时又保证人类最全面的发展。"② 共产主义揭示了现实的远景，"为所有的人创造生活条件，以便每个人都能自由地发展他的人的本性，按照人的关系和他的邻居相处"③。这样一来就真正解决了全人类的任务，而人种得以在自己发展的无限远景中来确定自己。

马克思深刻地研究了达到这一社会状态的途径，他把它描述为真正

---

① 参阅：И. С. 科思：《个性社会学》，莫斯科，1967 年；《"自我"的发现》，莫斯科，1978 年；Ф. Т. 米海洛夫：《人类自我之谜》，莫斯科，1976 年；А. Н. 列昂捷夫：《活动、意识、个性》，莫斯科，1977 年；М. В. 杰明：《个性的理论问题（社会—哲学方面）》，莫斯科，1977 年；В. Е. 克梅罗夫：《个性问题：研究的方法论与人生的意义》，莫斯科，1977 年；《道德的结构和个性》，莫斯科，1977 年；Л. П. 布耶娃：《人：行动与交往》，莫斯科，1978 年；М. И. 博布涅娃：《社会规范与行为控制》，莫斯科，1978 年；Н. А. 舒利加：《个人的阶级类型学》，基辅，1978 年；《个人社会心理学》，莫斯科，1979 年；《个性之起源》，莫斯科，1979 年；《社会主义与个性》，莫斯科，1979 年；К. А. 阿布利汉诺娃—斯拉夫斯卡娅：《行为与个人心理学》，莫斯科，1980 年；Г. Л. 斯米尔诺夫：《苏维埃人：社会主义型的个人的形成》，莫斯科，1980 年；А. Н. 科拉辛：《形成共产主义型的个人的社会—哲学问题》，莫斯科，1981 年；Г. В. 莫克罗诺索夫、А. Т. 莫斯卡连科：《研究社会关系和个性的方法论问题》，新西伯利亚，1981 年；А. Ф. 波利斯：《在个人的和谐发展中社会因素和生物因素的统一》，里加，1981 年；《个性形成和发展的心理学》，莫斯科，1981 年；等等。

② 《马克思恩格斯全集》，第 19 卷，第 130 页。

③ 《马克思恩格斯全集》，第 2 卷，第 626 页。

的"自由王国"。而这一"自由王国"被理解为与必然性不可分割地联系着,与物质生产发展的最高水平(那时人不用直接参加物质生产)不可分割地联系着。马克思写道:"自由王国只是在由必需和外在目的规定要做的劳动终止的地方才开始,因而按照事物的本性来说,它存在于真正物质生产领域的彼岸……在这个必然王国的彼岸,作为目的本身的人类能力的发展,真正的自由王国,就开始了。但是,这个自由王国只有建立在必然王国的基础上,才能繁荣起来。"①

这样,在对社会发展的理解中就带有高尚的人道主义目的,而社会的物质生产、社会关系和整个社会文化就是以此为宗旨的。正是由于这一目的,即马克思所清楚表达的这种社会理想,整个社会发展才因而被理解为人的本质形成与实现的历史过程,理解为个体向个性的转化以及进一步完善和丰富的历史过程。这一过程"不以旧有的尺度来衡量的人类全部力量的全面发展成为目的本身。在这里,人不是在某一规定性上再生产自己,而是再生产出他的全面性;不是力求停留在某种已经变成的东西上,而是处在变易的绝对运动之中"②。

同时,在这种"变易的绝对运动"中,有某些明确的方向,有个性的共同的典型特征;它们是由科学共产主义理论把它作为共产主义文明社会中人的某种社会理想而提出的。这种理想是怎样的?各个时代的思想家都试图回答这一问题。马克思主义继承了历史的传统,创立了未来人的共产主义理想。但马克思主义并没有说明它的一切细节,因为作为"马克思主义灵魂"的辩证法完全不同于任何空想的学说。然而马克思主义却做得很多:它依据对过去和现代客观趋势的分析,提供了研究未来人的一般理论基础和方法。我们就是在这个意义上才把人的共产主义理想看作科学地规定的目标,看作可以科学地确定通向这一目标的某种调节原则。

人类共产主义理想是作为思维的历史结晶、作为科学的预测并以艺术形式展现在我们面前的。因而可以说,这一理想是集许多世纪知识之大成,这不仅要借助于科学分析,也要借助于艺术手段。哲学过去是而

---

① 《马克思恩格斯全集》,第25卷,第926—927页。
② 《马克思恩格斯全集》,第46卷,上册,第486页。

且现在依然是科学和艺术相互作用的坚实基础。

远在史前时期的神话和传说中，人的理想就产生了；自然，它的性质取决于占统治地位的价值体系。之后，这一理想在艺术和哲学中获得了体现。完美的人的形象永远是对人的下述品质向未来的外推，这些品质是在某些思想家或艺术家所确信的关于人及其生活于其中的世界的概念中加以规定的。

精神和肉体的和谐，人的精神的高度发展和体质的完善，这是古希腊罗马文化的主旨。例如，对于苏格拉底来说，这就是善良的，讲道德的和明智而富有知识的人。柏拉图根据自己对人和世界的一般理解以及对于人的修养问题、伦理问题、职位等级的划分等问题的理解，设计了理想国以及完美的人的乌托邦。亚里士多德也认为，完美的人（或精巧的人）渴求更高的善，渴望良好地进行其精神活动，使之达到道德上的完善。

中世纪欧洲哲学中的完美的人，实质上是福音教派的人，而他们奉为圣训的是基督教道德。

人是什么？人的使命和本质是什么？对这些问题的一般理解决定了文艺复兴时代、新时期的唯物主义哲学学说、18世纪法国的哲学唯物主义关于人的理想。这种理想也有其直接的对立面，在唯心主义哲学理论中、特别是在康德、弗希特、谢林、黑格尔的哲学中这些对立面得到了发展，这些理论特别强调而有时过分夸大了诸如道德、意志、把理论的（即哲学和逻辑的）文化再现于自己的意识之中的作为人的品质的东西。相反，费尔巴哈则认为，人所具有的真正人性的独特标志不仅是理智和意志，还有爱。他认为，完美的人不仅要思维发达、意志坚强，而且还要有高尚的情感，即爱。

莫尔、康帕内拉、圣西门、傅里叶、欧文等人空想的社会学说构成了关于人及其未来的思维史上的特殊层次。在这里，我们常常发现充分展开的、详细的关于未来人的评述，尽管它们非常思辨、幼稚、甚至还有些荒唐，但却包含着许多后来加入到科学共产主义关于人的理想的学说中的东西。

由革命民主主义思想，特别是俄国革命民主主义思想所创造的"新人"形象是更现实的、与解放斗争的实践相联系的形象。我们知道，车尔尼雪夫斯基的长篇小说《怎么办?》中的英雄怎样深刻地影响了几代俄国革命者。因此,应当承认,在从古希腊罗马开始一直到现在为止的漫长历史时期内,总的说来,文学艺术在形成未来人——创造的个性、人——创造者和战士的理想方面发挥了巨大的、无与伦比的作用。

马克思主义在其形成期间集合了所有这些遗产。同时,马克思主义对待这一问题的立场同传统的立场也迥然不同。社会主义之所以能实现由空想到科学的转变恰恰是由于它并没有企图在具体细节上设计未来人的形象。目前所能做的只是如何科学地确定共产主义社会中人的一般的和基本的特征,这些特征是受这一社会的社会—经济、文化—精神以及价值论的评价所制约的。

自然,建立在科学共产主义理论基础之上的人的共产主义理想已不是某种纯粹的假说。问题在于,马克思主义对未来的预测是根据科学的经过论证的理论和实践前提,而首先是根据对人的本质的普遍理解作出的。因此,马克思主义认为,未来的人首先是"一切社会关系的总和";而正是这种社会关系体现了共产主义这种社会经济结构、新型文明的性质。

未来人是智慧而人道的人,是勤奋好学的人,同时也是富于美感的人;这是完整的、全面发展的个性——正是这种个性体现着人的本质力量、人的精神和肉体尽善尽美的真正统一的理想。人只有作为具有不可重复特质的,个体"我"的唯一性的个性,才能确认自己是社会性的存在。

马克思主义强调指出,人能够表现自己的个性,而且只有作为社会中、并且只有处在进步的发展进程之中的个人,他才能表现出自己的个性。马克思指出:人"不仅是合群的动物而且是只有在社会中才能独立的动物";"我们越往前追溯历史,个人,也就是进行生产的个人,就显得越不独立,越从属于一个更大的整体……"① 历史上个性的形成——这是人的本质力量和人的完整性的愈益彻底而名副其实的实现过程,也是通向人类统一的道路。因此,社会—历史发展的不同时期可以看作向这种统一性方向发展的各个阶段,看作克服人的本质和存在相分离的过程。

---

① 《马克思恩格斯全集》,第46卷,上册,第21页。

例如，众所周知，古代诉诸完整的人，而未同时把他作为个体的"我"来看待，这个分化过程仅仅起始于欧洲文明的文艺复兴时期。随着劳动分工的加深、私有制的发展，加剧了人的异化，因而也加剧了人的分化。恩格斯指出："由于劳动被分为几部分。自己也随着被分为几部分。"① 随着"局部的工人"发展，可以表征为"局部的个体"的社会型的个性也发展起来了。因此，马克思主义所揭示的共产主义远景从一开始就确立了如下目标，即克服异化和分散性，克服个性的分化，以使普遍性与特殊性和唯一性，社会性与个性在人身上统一起来，形成全面而协调发展的个性。马克思和恩格斯认为：这种前景的人道主义含义表现在，人和社会的"这种联合把自己的自由发展和运动的条件置于他们的控制之下。而这些条件在从前是受偶然性支配的，并且是作为某种独立的东西同各个个人对立的……"②。

青年马克思把人类的保护者和救星普罗米修斯视为自己崇高的社会榜样。他写道，如果每一滴晨露能以独特的方式发出全部光辉，那么，每一个人就更应以独特的方式发挥出自己的才能，因而，在历史的远景中，马克思主义树立了创造性的、有生气的、积极的人的形象，并赋予人以多样性的才能；如果借用德国民间传说中浮士德博士的形象（这在歌德的悲剧中获得了典型的表现），那么，这就是具有鲜明个性的"浮士德式的人物"。

现在，经常听到这种议论，似乎这种"浮士德式的人物"在今天已经过时了。因而应当用其他类型的人，即用那些想回到过去、想投入"大自然怀抱"并同大自然和谐地融为一体的消极旁观者来代替他。似乎只有这样的人才能获得真正的自由。但这正与人的本质相抵触，因为人的本质恰恰是表现为人的合目的性的行动。其实，人"不是由于有逃避某种事物的消极力量，而是由于有表现本身的真正个性的积极力量才得到自由……"③ 马克思发现，各种社会功能在不同的人身上有不同反映，

---

① 《马克思恩格斯全集》第20卷，第316页。
② 《马克思恩格斯全集》第3卷，第85页。
③ 《马克思恩格斯全集》第2卷，第167页。

而这主要是"交互替代的活动方式"①。况且"像社会本身生产作为人的人一样，人也生产社会"②。列宁认为，"全部历史正是由那些无疑是活动家的个人的行动造成的"③。

在社会主义和共产主义条件下，这种个性的发展是所有人都能做到的，而绝不是某一上流社会的特权。在这种情况下，马克思列宁主义理论并不认为有人和个性的某种不变的标准，列宁强调指出，这不是指"才能的平等或者人的体力和智力的相同……从这个意义上讲，人不是平等的……社会主义者说平等，一向是指社会的平等，社会地位的平等，绝不是指每个人的体力和智力的平等"④。

但是，无疑也存在构成未来人的共产主义理想的某些一般的、典型的个性特点。这些理想究竟包含怎样的基本特点和性质？它首先包括科学的世界观和对待作为自由实现其能力和天赋的基本方面的劳动的共产主义态度、生产过程中高水平且多方面的知识修养和适应生产过程的良好训练以及对待自己活动的创造性态度等等。个性的共产主义理想以高度的普遍教育水平和整个文化的发展为前提，它还包括一系列社会道德品质和心理品质，如劳动过程内外的纪律和自律，严格遵循共产主义生活方式的法律和规范，正当的需求，正直、谦逊、集体主义、文明、善良，原则性和勇敢精神，时刻准备为社会事业而斗争的牺牲精神，社会积极性和责任心，健美的体格与高尚的情感，如此等等。

自然，上述品质远未穷尽个人全面而和谐地发展这一共产主义理想的全部内容。共产主义理想的形成途径是极其复杂而多样的，而且在共产主义文明的形成过程中还必将出现一系列日益更新的品质。因此，对于那些在人类生活的明天才具有现实意义而在今天尚不清楚的人的价值，我们就未必能预测得出来。但是，马克思列宁主义的理论已经指出了人的共产主义理想的主要的、原则性的特点和性质，而我们正是据此来培养共产主义新人的。

---

① 《马克思恩格斯全集》第23卷，第535页。
② 《马克思恩格斯全集》第42卷，第121页。
③ 《列宁全集》第1卷，第139页。
④ 《列宁全集》第20卷，第137—139页。

新社会的发展，它在现阶段所要解决的任务不能离开这些理想，而是要用生动的内容去充实它们，并给这些理想指出实际的方向。况且，具有许多共产主义个性理想所固有的品质的人不但现在就有，而且还很多。虽然这些品质在每一个人身上的表现并非同样有力和明显，但它们无疑证明了新人形成过程的现实性。这是一些具有巨大创造精神的开拓者，同时又是诚实善良、道德高尚的人。这些人继承并发展了——不是通过基因，而是通过社会——人类历史上所创造的所有优秀的东西。我们在这些人（无论是今人还是古人）身上所看到的未来人的这些理想的特征告诉我们，人是多么美妙而高尚，将来的人也都应如此。普希金认为，这是具有高尚灵魂的人："他们使人同人类和解，正如同大自然使人类同他的命运和解一样"。他们在自己身上体现了所有属于人的真正人性的东西，体现了人的本质力量。

这雄辩地证明了共产主义关于人的理想的历史制约性、生命力和前途。所以，共产主义者蔑视那些故意歪曲人的共产主义理想的新老资产阶级神话，这些神话企图把各种"粗俗共产主义"概念的讨厌特征强加于它。共产主义理想同这些臆想毫无共同之处，而且它确信，人的真正的人道主义形象必将在全社会范围内完美地树立起来；同时，这种理想不仅不与全人类理想的优秀成果相矛盾，而且在历史的远景中同它们完全一致，如同共产主义远景同全人类的一般历史命运相一致一样。

面对这一目标，面对这种历史背景，面对与之相关的当今发展的迫切任务，社会主义社会不仅在社会经济方面，而且也在造就新人方面制定了自己的政策。

在着手解决这一世界历史性的任务时，马克思主义者遇到了一系列新的理论问题，这些问题既涉及如何确定培养新人的具体通路和形式，又涉及如何克服由过去继承下来的那些古老的偏见和传统、文化上的落后和愚昧以及逆来顺受、奴颜婢膝等。实践发现了许多原来理论上没有预测到的东西，而理论也遇到了以前看来似乎可以克服的困难。在理论和实践的辩证的相互作用中，马克思列宁主义关于人的概念也因社会向共产主义发展而一起发展起来了，作为这一社会发展的成果和主要动力的新人也形成了。

社会主义的新人不能在革命的第二天就立即出现，而完成革命的人有责任保持他所选择的和在生活中确立的理想在实现形式上的一致性。这一点正在实现，可惜并不总是如此。此外，这些理想本身以及我们关于新人的概念也不是一成不变的。相反，它们经常处在变化之中，而且也未必始终遵循与共产主义远景完全相符的正确方向。因此，社会主义社会在培养新人的过程中所产生的许多矛盾既有客观性又有主观性。换言之，这些矛盾既与生活本身的矛盾性有关，又与这些矛盾在人的意识中的反映有关。当然，无论是理论还是政策，最重要的是精确地区分这些矛盾，因为无论在社会主义建设时期还是在共产主义建设时期，培养新人的种种战略和活动大都有赖于此。

今天，与十月社会主义革命胜利后的最初年代相比，我们拥有解决这一任务的更加充分的前提，因为正是社会主义条件下所培养的那些人在从事着共产主义建设。同时，我们所面临的任务依然是十分复杂的，因为无论共产主义本身还是飞速发展的科技革命，都向人们提出了新的前所未有的要求。在这种情况下，解决这一任务的列宁主义原则仍然未变：在建设新社会的同时培养新人，在培养新人的同时建设新社会——共产主义。

这给正在向共产主义迈进的社会主义社会提出了日渐复杂而陌生的课题。要解决这些课题而没有相应的人才结构是根本不可思议的。这是因为，发达的社会主义社会必须以相应发展水平的人为前提，而这些人既是发达的社会主义社会的主要基础，同时又是共产主义建设的动力。正是在这方面明显地表现出了社会向共产主义的发展同人和个性的全面发展之间的辩证的相互制约性。

新人形成的辩证法在于：一方面，社会主义社会的一切成就（无论在经济、社会方面，还是在文化方面）无不依赖于新人的形成；另一方面，正是新人形成的过程本身客观上受生产条件、劳动性质、社会关系以及社会文化水平的制约。这种辩证的理解是苏联共产党和政府制定社会和个性发展战略的基础。这一点体现在苏联共产党第 26 次代表大会的决议中，决议形成了一个精确的深思熟虑的纲领，它对发展社会主义的社会条件以实现人的本质力量和人的未来等问题做了如下规定：加强社会的一体化，消灭阶级差别，消灭城乡之间、脑力劳动与体力劳动之间的本质差别；促进苏联各民族的全面发展和相互接近；发展社会主义民主；发展社会主义生活方式。

　　当然，这里还有很多尚待解决的问题。社会主义乃是一个相当长的社会发展阶段。在此期间，建设着新文明的经济前提，完善着社会—政治关系，并进一步提高文化水平、促进生活方式的进步。马克思恩格斯写道："个人的生命活动是怎样的，他们本身就是怎样的。"① 这意味着，社会主义的关系正在创造出社会与个性相联系的崭新条件，在这种条件下社会与个性的对立将归于消失。按对社会所做贡献的大小对个性进行评价是社会主义生活方式的固有属性。但这绝不是贬低人，而是相反，在社会范围内为个性的发挥创造条件。社会主义生活方式恰好启动了人对社会生活的自然追求，因为只有在这里他才有可能获得自己发展的最适宜的活动条件。社会主义将越来越完满地实现一切生活方式领域的统一，赋予它们以人道主义的内容。

　　在个人和社会的利益相统一的社会主义条件下，生活方式获得了完整性这种特质。但是，即使在社会主义条件下也可能出现某种矛盾，这些矛盾往往具有非常尖锐甚至对抗的性质。例如，尽可能实现每个人自由而全面发展的要求就往往同集中管理经济的必要性发生矛盾。特别是理想的经济计划任务同人的发展和活动条件的价值形式目标不完全协调时，就可能发生矛盾。人的活动的生产劳动领域和非生产（相对地说是日常生活）领域的组织形式之间的重要差别是自然的事情。如果说劳动集体是生产劳动领域组织形式所特有的话，那么，家庭、非正式交往则是非生产领域组织形式所特有的，尽管共同劳动和同志间相互帮助的社会关系的本质决定了人际关系的基本内容具有公共的、集体主义的性质。

　　社会主义生活方式的这种根本特点深刻影响着社会主义社会的整个社会生活。社会主义社会赋予每个人以高尚的人道主义目标：这种目标不仅为物质生产、社会关系，而且为科技发展乃至为社会主义社会的整个文化指明了相应的方向。正是在这些生活领域的辩证的相互作用中，可以看出解决人的问题的全部希望之所在。不言而喻，这里所指的人，既是社会的主要生产力，又是积极的社会个性，——正是这种人决定着他在其中生活和行动的那个社会的未来。

---

① 《马克思恩格斯全集》第3卷，第24页。

体现人的本质力量的基本领域乃是人的劳动，因而，对人的劳动活动的技术基础的改造，提高劳动活动的思想性并用创造性因素充实劳动，就成为作为工作人员的人发展的最重要的条件之一。在社会主义条件下，社会生产的特点及生产的气氛本身有力地促进了这一点。恩格斯曾指出："用整个社会的力量来共同经营生产和由此而引起的生产的新发展，也需要一种全新的人，并将创造出这种新人来……整个社会共同地和有计划地来经营的工业，就更加需要各方面都有能力的人……"①。

现在，那种生产改造的基本特征已经清楚，在这种条件下，一部分人的职能是管理，而工作过程的重心正越来越转移到设计、拟定计划、预测等准备阶段上来，毫无疑问，这些都应该同人的全面发展有关②。在这些条件下，技术劳动以及重大的自然科学和技术科学成果在生产中的运用将发挥越来越大的作用。这一前景正越来越真实地显示出来，尽管现代的生产结构必然需要（大概在相当长的历史时期内是如此）有不同熟练程度的工作人员。应当根据科学的、经过论证的社会经济远景来制定培养新人的计划。

在解决这些问题时，马克思的理论准则具有重要的方法论意义。他写道："节约劳动时间等于增加自由时间，即增加使个人得到充分发展的时间，而个人的充分发展又作为最大的生产力反作用劳动生产力。从直接生产过程的角度来看，节约劳动时间可以看作生产固定资本，这种固定资本就是人本身。"③

实际解决这一问题的第一个步骤就是系统地提高劳动者的教育水平和职业熟练程度。这一工作的进展情况如何直接决定着人们运用新技术、新工艺的速度。无疑，这将大大刺激科学技术的进步。正像经济学家的统计数字所表明的，培养国民经济各部门的熟练专家，造就有高度技能和高度文化的物质生产工作者，是利用物质资源的最有效的方式之一。教育水平和职业熟练程度几乎总是直接决定着劳动活动的成效和生产定

---

① 《马克思恩格斯全集》第 4 卷，第 370 页。
② 参阅：《个性与劳动》，莫斯科，1965 年；В. Ф. 戈洛索夫：《劳动与人》，克拉斯诺雅尔斯克，1966 年；И. И. 昌格利：《劳动》，莫斯科，1973 年；И. Н. 西泽姆斯卡娅：《人与劳动：协调与发展的条件》，莫斯科，1981 年。
③ 《马克思恩格斯全集》第 46 卷，下册，第 225 页。

额的完成，决定着产品质量的高低，也决定着人们参与生产合理化的积极性。

还是在上一世纪末，列宁就曾指出："没有年轻一代的教育和生产劳动的结合，未来社会的理想是不能想象的：无论是脱离生产劳动的教学和教育，或是没有同时进行教学和教育的生产劳动，都不能达到现代技术水平和科学知识现状所要求的高度"①。在现代条件下，这一原则具有特别现实的意义。目前，我国培养专家的教学网络已经发展起来；而这些专家要兼有广泛的理论知识、高度的职业训练以及独立提高自己的普遍教育和专门教育程度的能力。

进一步提高教育和文化水平、提高社会主义生产人员的职业技能的必要性，是由集约化生产（即用几乎完全依赖提高劳动生产率的方法来发展生产）的必然性决定的。这时，科技革命成就同社会主义经济制度优越性的统一具有决定性的意义。作为社会主义社会的直接生产力的科学的发展同时也是人本身生产能力的发展。恩格斯认为："这个社会造就了全面发展的一代生产者，他们懂得整个工业生产的科学基础……所以这样的社会将创造新的生产力。"②

例如，与生产以及渗入社会管理和统计领域综合的机械化和自动化相联系的现代科技革命最显著的成果是：在产品的直接生产中，活劳动越来越少，而与科技成果的发展水平和实现程度相联系的诸要素的影响则越来越大。远在生产中真正的革命变革（科技革命的现代阶段是其标志）发生之前很久，马克思就指出，劳动生产力依赖于"劳动的社会力量的日益改进，这种改进是由以下各种因素引起的，即大规模的生产，资本的集中，劳动的联合，分工、机器、生产方法的改良，化学及其他自然因素的应用，靠利用交通和运输工具达到的时间和空间的缩短，以及其他各种发明，科学就是靠这些发明来驱使自然力为劳动服务，并且劳动的社会性质或协作性质也由于这些发明而得以发展起来"③。

这说明，活劳动本身的特点和结构是不断变化的。如果物质生产发

---

① 《列宁全集》第 2 卷，第 413 页。
② 《马克思恩格斯全集》第 20 卷，第 321 页。
③ 《马克思恩格斯全集》第 16 卷，第 140 页。

展的趋向是人借助于科学来支配自然力,那么,作为高度发达的社会生产主体的人,他在劳动中的作用,就归结为准备生产的一般条件,管理并监督生产过程。这种劳动具有明确的科学内容,而这种内容现在不限于机器方面,还应当成为具有全面发展个性的工作者的个人财富。

现在,新技术向人们提出了更高的要求,脑力劳动在人的活动中的比重越来越大。这在表面上表现为脑力劳动者数量的增长。生产中脑力劳动和执行性体力劳动的比例关系正急剧地向着有利于前者的方向变化。随着生产本身的发展,科学研究与实验设计工作的范围也正在迅速扩大。最先进最有前途的生产部门一般都要求把工程技术和科学劳动作为生产劳动的主导形式。许多学者在预测这一未来趋势时认为:最近一个世纪内,社会所必需的学者的数量将大致占全部成年人的20%或者更多。

值得注意的是,在物质生产结构中绝不只是科学和工程设计的劳动总量在增加。更重要的是,那种以前应当由工人在同劳动对象和手段直接结合中得以实现的大批量生产的劳动变化的趋势正在增强。在科学的影响下,由诸如自动技术和遥控力学、电子学和控制论等装备起来的生产向工人提出了异乎寻常的、实际上适用于对工程技术和科学劳动工作者需要的高要求。工人的精力越来越多地用于大规模生产之前或直接生产范围以外的脑力劳动上;科学同活劳动的结合改变了生产的性质,并由此培养出了新型的物质财富生产者。这些生产者既有工人的品格,又兼有工程师和学者的特点。劳动过程中的能动的、探索性的、创造性的因素被提到了首要地位;因为在大规模生产中执行性劳动所固有的那些死板、重复、墨守成规的工序正愈来愈多地转移给机器。

列宁在《宁肯少些,但要好些》一文中强调了大力发展科学并在社会主义条件下全面利用科学的必要性,号召"使学问真正深入到我们的血肉里面去,真正地、完全地成为生活的组成部分"[①]。随着国家生产力的发展,这一理论已成为共产党和苏维埃国家活动的基础。苏维埃国家借助科学将生产转移到了新的技术基础之上,创造了崭新的组织与管理体系,为充分发挥劳动者的全部力量和能力提供了充分的条件。科学与生产的统一,科学与劳动的联盟已成为社会主义社会发展的最重要的

---

① 《列宁全集》第33卷,第443页。

因素。

科技革命成果的运用提高了劳动资金、机器和动力利用率，并大大扩大了运用新技术和更完善的工艺过程的范围。在科学的影响下，由于生产过程机械化和自动化水平的提高，生产的技术基础已发生了根本变化。

自然，为了达到与共产主义理想相适应的水平，教育必须实行新的重要改革。这具体体现在苏共中央第26次代表大会的决议中，这次代表大会确定了在1981—1985年及1990年以前实现这一历史性任务的新的途径。苏共中央在随后的一系列决议中，首先是苏共中央11月全体会议决议以及苏共中央总书记安德罗波夫在大会上的发言提出了发展生产、解决社会问题的一系列新任务，而要完成这些任务就必须加速科学技术的进步，加强科学同我们社会生活一切方面的广泛联系。

所有这一切向人们提出了一系列新的要求，在科技革命影响下得到改造的物质生产中的"人的因素"的作用正在提高。然而，即使最有效的科学思想，最完善的工艺，如果没有足够数量训练有素的工作人员或相应的组织机构的保证，也不会带来应有的"效率"。要想真正实现劳动的科学管理，就必须进一步加强社会主义劳动纪律，进一步培养集体主义精神，进一步端正劳动活动的道德动机，而绝不是仅仅着眼于单纯的职业素质的培养。更确切地说，社会文明及道德修养的发展、社会积极性、政治觉悟等应成为社会主义劳动者的必备的品质。

上述品质虽很难用数字来描述，但却是提高工作人员的劳动积极性，提高他们对待劳动过程、集体利益以及对待社会生产目的和任务的创造性态度的重要因素。正是物质生产中这些"人的因素"的性质构成了社会主义对于资本主义的决定性的优势之一。对待劳动的创造性态度，劳动集体中良好的思想—道德气氛，物质刺激和精神刺激作用的有机统一，充分利用社会主义竞赛的可能性，——所有这一切无论对拟定国民经济计划，还是对制定企业、生产联合体以及城乡社会经济发展的综合规划都有着重要的意义。

既然现代生产和社会主义社会整个生活的根本特点就在于空前地加强了"人的因素"作用和比重，因此，离开"人的因素"就不可能顺利地向共产主义迈进，发展经济、扩大建设、提高文化、组织社会生活方面的方案和措施无论如何必须把人的问题作为有机成分包括进去，必须考虑到在人性的真正财富的发展成为可能的条件下人的现实的可能性和要求以及人的发展的需要。人的发展需要建立在科学和在社会主义条件下生产和整个社会生活所获得的那种对计划性的科学性建议的基础上。

这些切实有效和深刻人道主义的思想在一系列决议中，特别是在苏共中央第26次代表大会所通过的决议中得到了生动的体现。面对创造苏联人民的能力和创造性全面发展所必须的条件，即发展主要的社会生产力问题，党把人的发展的最迫切问题摆在了第一位。尤其是，这些迫切问题是同科技革命的特点、同科技革命与社会主义优越性相统一的条件相联系的，而社会主义的优越性就在于有可能最大限度地利用科技革命的积极成果，并把它对人的消极方面和后果缩减到最低限度。

这一重要原理有力地强调了科技革命和整个科学的社会意义与人道主义意义，认为它的重要使命就是为人服务，为人的物质和精神需要服务，促进人在共产主义建设条件下的全面发展。在此基础上，学者们与实际工作人员联合，进行了一系列综合的研究，卓有成效地解决科技革命条件下人的发展问题，首先是工作在生产第一线的工人的发展问题。工人阶级不断增长的作用特别有力地证明了发展诸如集体主义（在劳动过程中形成的）、国际主义以及进步的社会愿望等优秀品质的意义和必要性。正是在现代社会的条件下，在科技革命的条件下，工人阶级同其他劳动阶层、同农民、同知识分子的关系越来越密切。自然，这是一个非常复杂的过程，在这一过程中，工人阶级本身在精神方面获得了发展，他超越了自己的范围并培养出与自己携手并进的知识分子。这对认识社会主义社会工作人员发展的全部过程具有决定性的意义。因而，我们不应把工人阶级目前的状况绝对化。随着共产主义运动的不断发展，工人阶级本身也在不断变化，并不断发展着自己的精神和智力。

社会主义能保证综合地（在科学和实践两方面）解决科技革命条件下人的发展问题，并为此而创造着一切客观和主观前提，从而实现了"社会生产的总规律"，马克思认为，根据这一规律，生产力进步的趋向是逐渐"用那种把不同社会职能当作互相交替的活动方式的全面发展的个人"①来代替局部的工人。当然，这里的问题并不限于提高职业熟练程度以及掌握新的技术和新的劳动方式。而且，所有这一切只不过是社会主义社会实现其社会使命———一切为了人的发展——的手段而已。个人的社会联系越广泛，他的精神财富就越多。无疑，人们对诸如生产管理、国家事务以及其他社会生活领域的广泛参与，为人的发展提供了真正无限广阔的天地。正是为全体人民的福利奋斗的积极性使社会主义社会的人有别于以往各历史时代所培养的人。这是社会主义制度的客观条件使然，同时也是国家、社会组织、劳动集体的大量思想教育工作的结果。

因此，与培养社会中个性的新的共产主义觉悟和自觉性相联系的综合性任务就被置于最重要的位置上来。苏联共产党第26次代表大会指出了改进思想教育工作的必要性。思想教育工作的形式应适合苏联人的现代要求和需要，而它的内容则必须是为加强人的科学和哲学—世界观基础所急需的。比如对劳动者进行的爱国主义和国际主义教育，以及反对任何形式的民族主义和沙文主义的斗争在这里就起着重要的作用。苏联各族人民被国际主义的兄弟般团结的纽带紧密联系在一起。苏联各族人民的团结友爱乃是十月社会主义革命和我国社会主义建设的主要成果之一。安德罗波夫在苏联成立60周年纪念大会的报告中指出："为了使自己的政策建立在国际利益和民族利益协调一致的原则之上，党创造了这样的社会条件，在这种条件下，每一个民族的繁荣与发展是我们一切兄弟民族联盟提高和繁荣的前提。"②

在全世界范围内，社会主义国际主义原则赢得了越来越多的拥护者。这些原则已成为社会主义国家生存的基础。社会主义的国际主义的客观社会基础正在不断扩展，同时，它的政治影响也在日渐扩大，它的社会—道德内容亦愈益丰富，而作为一种世界观，它正被越来越多的人所接受。但国际主义化的进程并不是一个自发的进程：如同社会主义条件下一切社会生活一样，需要作出规划并予以调节。旨在培养国际主义意识的国际主义教育的重大意义将随着社会向共产主义的不断发展而愈益

---

① 《马克思恩格斯全集》第23卷，第535页。
② Ю. В. 安德罗波夫：《苏联60年》，莫斯科，1982年，第28页。

增长。

共产主义教育的目的是培养个人的新意识和自我意识，这要求不断完善国民教育和职业培训系统（这在科技革命的条件下特别重要），不断完善包括个人的价值定向和价值观在内的整个文化系统。

反对那些时髦的庸俗哲学是现代道德教育的极其重要的内容。市侩哲学披着各种伪装。它们有时穿着"超时代"的服装，企图把自己装扮成既不像市侩哲学，也不像庸俗哲学，倒完全像是某种同社会主义、科技革命，首先是同那些能给人带来物质利益的科技革命"并行不悖"的东西。在这种情况下，人的精神需求就难免始终停留在某些"鸡毛蒜皮"的事情上。为了反对这种现象，社会主义社会使用了能影响人的思想和行为的全部手段。

在这方面，闲暇时间的合理利用就成了非常迫切的问题。理论清楚地表明：个人发展的决定性因素决不单纯是劳动人民闲暇时间数量的增加，而主要是闲暇时间的质量和内容。闲暇时间应有助于人的全面发展，应促进人的创造能力的加强以及精神和体质的完善。我国在这方面做了巨大的努力，并取得了一系列积极成果。自然，这里还有许多复杂的问题，这些问题既与社会尚欠发达的经济水平有关，也与一些人的文化和个性发展水平有时太低有关。这给他们的生活方式和行为带来消极的影响，破坏社会主义社会生活的规范。

科学技术的进步提高生产技能，从而创造了更合理地利用闲暇时间的物质前提，为劳动人民抵达人类精神文明的顶峰铺平了道路。正是在这方面，社会主义取得了举世公认的辉煌成就。在解决这些任务时，大众沟通技术起了巨大的作用，在社会主义条件下，这种沟通不是去传播所谓的大众文化，即那些用来愚弄群众不够发达认识的真正文化的代用品，而是推广那些堪称典范的高尚的、真正的文化。

逐渐普及中等教育，提高职业技术训练水平，扩大成人高等教育——这就是苏联和其他社会主义国家目前正在着手完成的一项规模宏大的工作。

在现代条件下，人的生态学教育具有越来越大的意义。生态学教育的主要目的是使人养成对待生态环境的明确的行为准则，谋求与环境和谐一致，并使生物圈为人类提供最优化服务。固守着纯消费性和"掠夺"

性地对待自然的态度的思想模式将日益为使人以合理地利用自然环境为目标的观点所代替，因为自然环境再生的可能性并不是无限的。

对人的人口学教育，使人们对婚姻家庭关系的原则、规范和生儿育女的义务有更加清楚的了解，成为一个非常严肃的问题（越到后来就越重要）。不这样，就不可能顺利地推行积极的人口学政策，这一点看来已是毫无疑义的了。

当然，医学遗传学方面的科学观念在共产主义新人特点总和中也占有一定的地位，并且，社会必须推行这些科学观念，必须关心人民的健康。实际上，为了更好地在青年中开展医学—遗传学教育，我们已经做了大量的工作（组织咨询点网络、出版有关这些问题的通俗读物），特别是苏联医学科学院现在已充分注意到了这一点。

上述每一个问题当然都需要进一步进行论证并制定出具体的建议。这就要求在共产主义教育的综合研究方面作进一步的科学研究。这里已取得了一些成果。

自然，今天我们面临和正在加以解决的教育问题迫使我们重新认识许多问题，并迫使我们把那些最迫切的问题提到首位。这是可以理解的，因为向共产主义方向发展为教育的理论和实践领域的这一进程提供了客观依据。然而马克思列宁主义科学所制定的教育战略方针和目标仍然是不可动摇的。

不仅青年的职业定向研究，而且他们的"文化定向"（就这个词的广义而言）研究，在这里起着特别巨大的作用。教育的基本任务之一是使青年养成合理的需求，这在目前具有特殊的意义。对社会学研究资料所作的分析表明，个人的消费需求水平很高，并且还有逐渐升高的趋势，而这些需求并非总是符合现实的条件和可能。什么是社会主义个人的合理需求？确定这一合理性标准的原则有哪些？属于这些标准的有：第一，个人需求要与社会所允许的客观可能性相适应；第二，个人的需求与集体的需求要协调一致，即集体能把个人作为享有充分权利的和积极的成员包括于其中；第三，个人需求在多大程度上与他的劳动贡献和能力相适应，这些需求就在多大程度上促进着个人的全面发展；第四，个人需求要与他在复杂的劳动分工体系中所处的地位、与他在社会中所扮演的角色相适应。忽视这些原则就将助长需求的个人主义以及冲突、角逐的出现和发展，将使人丧失对社会和集体的责任感，将促使人际间创造性社会联系的崩溃①。

文化—美学教育在对青年一代的教育中起着巨大的作用。文化的真正意义不仅在于人开发自然或人掌握文化。而且在于使这些领域融为一体。与传统的看法相比，正是在这一更加深刻的意义上，文化不单是人类活动的一个特殊领域，而且是人类每一个活动领域中的一个方面、部分、核心。文化概念所指的是掌握、理解某种事物的明确的目的性和愿望以及精神上的需要。这一点对美学教育的实践、对形成人的内在美学修养特别重要，与其必须把这种内在美学修养同他的审美观联系起来，倒不如同他的审美欣赏力联系起来。至于说到审美欣赏力，那么，它不在于人获得了什么样的知识（虽然这也有意义），而是在于他怎样发展自己观察美学现象的内在可能性，在于他的现实的需求和满足这些需求的方式是怎样的，他的审美评价是怎样的。

个人的全面发展要求有统一的教育系统，这包括脑力、体力、劳动、政治、美学以及道德等方面的教育。应当使人们对社会生活有所准备，像明天的社会所要求的那样。看来，这意味着，不单是使人掌握一定的社会文化和职业技能，这里主要的是造就积极的、有理想的个性，促使人养成一定的道德原则，以及养成诸如积极的生活态度、对待社会义务的自觉性、言行一致、尊重他人、嫉恶如仇、善于勇敢而有原则地遵循自己的"生活路线"、遵循崇高的理想和目标等品质。

可见，这里所谈的是现行道德，这时，共产主义道德原则来自个人需要并成为个人行为的日常规范。

这就要求对社会—哲学和人道主义问题进行新的综合，这些问题需要从作为新的共产主义文明中的个性的人的前景这个角度进行单独的考察。当然，在这里，作为核心的、"中心的"，一方面是文化、它的未来以及它对个性的影响；另一方面是文化本身对于个性的发展和道德完善的依赖性，以及把它确立为未来人类的统一的人道主义文化。

---

① 参阅 Л. Н. 日琳娜、Н. Т. 弗罗洛娃《消费问题与个人教育》，莫斯科，1969 年。

四 人道主义文化与未来人；科学和艺术在认识和发展人性财富中的相互作用；个性的道德完善和新人道主义——现实与远景

对于作为个性的人和人类文化的发展之间的相互联系和相互依赖。显然并不需要特别加以证明，而问题仅仅在于怎样对它们从科学理论与实践政策的角度加以理解和表达。但是，这实质上也取决于对文化本身究竟怎样理解。但在抛弃资产阶级的文化概念（无论其特征是公开的反人道主义还是抽象的新人道主义）① 时，不能不看到，在马克思主义的范围内也能遇到不同的文化定义②。这里所采用的文化概念是基于这样的立场，即把人的历史性的、积极的、创造性的活动和作为这一活动主体的人的发展联系在一起③。

就我们的任务而言，这种观点能使我们更加确切地看清许多问题，这些问题既与文化进步的全球性进程有关，也与个性的形成和发展的直接任务相联系。特别是，它使我们看到：尽管由于许多阶级对抗因素的不同方向的作用，现代文化被割裂了，但在将来，它必然会获得自己的完整和统一。资本主义社会中两种文化（占统治地位的上流社会的文化和为大众的代用品即"大众文化"）的日渐加深的分裂，无疑是一个尖锐的社会问题，它必须得以解决，而且在社会主义国家已经在着手解决。但是，这一过程本身恰恰体现了文化的某些本质特征。

---

① 参阅：《资产阶级的文化概念：方法论危机》，基辅，1980 年；《新马克思主义与文化社会学问题》，莫斯科，1980 年；《帝国主义与女化》，莫斯科，1981 年。

② 参阅：《共产主义与文化》，莫斯科，1966 年；Т. С. 马尔卡良：《文化理论概要》，埃里温，1960 年；В. М. 梅茹耶夫：《文化与历史》，莫斯科，1977 年；М. г. 约夫丘克、Л. Н. 科甘：《苏维埃社会主义文化：历史经验与当代问题》，莫斯科，1979 年；《文化的哲学观》，梯比里斯，1979 年；В. Е. 达维多维奇、Ю. А. 日丹诺夫：《文化的本质》，顿河罗斯托夫，1980 年；Н. С. 兹洛宾：《文化与精神生产》，莫斯科，1981 年；В. Ж. 克列、М. Я. 科瓦利宗：《理论与历史》，1981 年。

③ 这一观点与反映在《文化—人—哲学：整体化和发展问题》这一集体著作中（作者也参与了），载《哲学问题》，1982 年第 1 期和第 2 期。

文化的人道主义方向虽然有时受到怀疑，但在今天，它却越来越确信，它自身也是通过人、对人在当今世界中发展的可能性的态度而获得规定性的。文化的社会决定论者和其他一些决定论者无论如何总是同这一点联系在一起的。同时，在必须解决全球性问题的条件下，现代人类生活的国际化进程加速了文化发展的整体化。这样，无论是文化发展的内部因素（它正越来越明显地表现为人道主义），还是正在日趋国际化的整个社会经济过程及其他过程，都证明了各种文化的相互作用在加强，它们在发生整合。这与各种文化的独立性和特有的风格并不矛盾。不仅如此，在相应的社会条件下，这种相互作用和整合将能促进这一过程，并从而获得自身发展的新动力。很明显，要制定文化发展战略就必须考虑到这些不同过程和因素的相互影响，以及它们形成统一系统的整合趋势，而这只有在新的共产主义文明的条件下才有可能完全实现①，因为共产主义的本质同文化的人道主义本质是完全一致的。

强调人道主义、人的因素这一对文化发展的理解正越来越深入于现代人的意识之中。这在1982年中期在墨西哥城召开的联合国教科文组织第二届国际会议关于文化方面的政策中特别明显地表现出来②。在联合国教科文组织所提交的《问题与前景》的资料中，在129个国家和大约100个国际组织的与会代表的报告中③，以及在所有其他文件（首先是在《墨西哥文化政策宣言》）中，文化的人道主义观点作为主要而基本的观点而加以强调，尽管里面也充满了各种不同的世界观、政治思想和社会内容。

然而，向未来统一的人道主义文化方向发展的特征不仅表现为社会决定的东西④，而且也表现为与精神领域中人的活动特点相联系的内在过程和趋势。这首先涉及"两种文化"（科学和艺术）的变异和趋同的过程，而将来这两种文化应在人道主义基础上得以统一。显然，这种统一只有在科学和艺术的相互作用中、在认识和发展人性财富的过程中才能得以实现。

---

① 这一过程的具体轮廓，在上面提到的文章《文化—人—哲学：整体化与发展问题》中作了说明。
② 参阅联合国教科文组织《信使》，1982年8月。
③ 本书作者在会议上作了《发展的文化观》的报告。
④ Ф.博诺斯基：《两种文化》，莫斯科，1978年。

我们看到，科学在人的生活中起着怎样的作用，在社会因素和它自身发展逻辑的影响下，它如何密切地注视着人类生活的内在秘密，并提出认识的美学、认识的人道主义以及认识的价值取向等一系列极其复杂的问题。但科学毕竟不是万能的；更确切些说，科学的力量不是无限的、绝对的，科学甚至在其发展的前景中也会遇到一系列不受它控制的人类精神世界的秘密。揭示这些秘密，似乎是可能的，不过要用其他手段，特别是借助于艺术。

一百年来，各种流派的思想家们都试图揭开这一引起人们好奇心的秘密，以期弄清艺术和科学的特点、以及它们相互间一再发生的对立的原因、它们在人的认识和发展中相互关联的作用。在人的发展远景中，科学和艺术彼此统一并相互作用、相互"补充"——这就是主要的、基本的结论。我认为，这一结论是历史上科学和艺术以及围绕它们而展开的哲学争论多年探求的必然结果。这一结论也是我们进一步思考人（作为全面发展的、完整的个人）的前景的基本出发点。这一理想具体体现为人所具有的一切人性的东西的和谐，其中也包括作为在精神领域内人类活动的基本形式的科学和艺术的和谐。

А.С. 普希金说过："如果说，时代能够自行前进，科学、哲学和文化能够完善和改变——那么诗歌却停留在原地，不衰老也不变化。它的目的只有一个，手段却有不少。然而，当概念、著作，古老的天文学、物理学、医学和哲学的伟大代表人物的发现已经过时，而且每天都被其他的概念、著作的发现所取代的时候，真正的诗人的作品却保持新鲜，并且永远年轻。"[①]

其原因在于艺术作品不可重复的新奇性，在于它们深刻的个性化特征，而这一点是由它对人性的永恒的追求所制约的。在艺术作品中，人和世界天衣无缝的统一以及艺术作品所展现的"人的真实性"，不仅在艺术所使用的手段方面，而且在其对象本身使艺术迥然有别于科学，因为艺术的对象总是同艺术家的个性、同他的主观的世界观密切相关。而遵循客观性、规范性（НОМ—ОТЕТИЧНОСТЬ）原则的科学却竭力超越这些界限，追求"超越人类"的东西。所以，科学力图使人严格而单义地

[①] 《普希金全集》（十卷本），莫斯科—列宁格勒，1949年，第5卷，第546页。

理解知识，为此它也找到了相应的表达手段，找到了自己特殊的语言（概念、符号等），然而艺术却没有这种单义性：即使是同样的作品，通过人的主观世界的折射也会产生出带有深刻的个性特色的不同看法，虽然这些看法仍从属于一定的流派和总的主题。

艺术对人、对人的精神世界、对人的生活方式和行为的异乎寻常的影响的奥秘就在这里。实际上科学不可能完全彻底地充满人的精神，否则，它就会因此而培养出单调而"片面的"人。对于艺术而言，人超出了合理的单义性的界限，艺术给人打开了那种不能用合理的科学认识予以解释的秘密，所以，人需要艺术，需要艺术作为他本身以及他要认识并欣赏的那个世界的有机组成部分。关于这一点，玻尔说得好："艺术之所以能使我们充实，就在于它能提示我们注意到系统分析所望尘莫及的和谐"①。我们也可以回想一下达尔文是多么深深地惋惜生命的结束，在谈到丧失高尚的审美鉴赏力时，他说，如果他有机会重新开始自己的生活，他一定想法保存大脑中能引起审美鉴赏能动性的那些部分。他写道："丧失这些鉴赏力，就等于丧失幸福，而且可能危害到智能的表述，更有可能危害到道德品质，因为它将削弱我们本性的情感方面"②。

正是艺术对"系统分析所望尘莫及的和谐"、对"我们本性的情感方面"以及对人的道德世界的这种执着的追求，才使它以极端尖锐的形式提出了诸如生与死、善与恶、自由与人格等伦理—哲学和人道主义的问题。而这些问题同人本身一样，其变化的速度远不像科学发现那样迅速。从一定意义上说，这些问题是"永恒的"，正像表现这些问题的艺术是永恒的一样。

自然，艺术决不会因此就成为科学的辅助工具，这指的不是为了艺术本身以外的目的而简单地利用艺术成果。艺术一旦成为深刻的社会现象，它就必然具有多方面的功能：作为人类活动的一种形态，它担负着积极的社会变革的任务；它还具有重要的认识—启示的、世界观的功能；它能预料到许多涉及人及其在其中生活的那个世界的奥秘；而它的教育

---

① Н. 玻尔：《原子物理学与人类认识》，莫斯科，1961 年，第 111 页。
② Ч. 达尔文：《关于我的智力发展与性格的回忆（自传）——工作与生活日记》，莫斯科，1957 年，第 148 页。

的、价值论的功能是真正不可估量的;最后,艺术作为美学快感的手段,起着不容替代的作用(快乐主义的功能)。关于这一点,爱因斯坦曾意味深长地指出:"艺术作品使我获得极度的幸福。我在艺术品中得到的幸福比在其他任何领域获得的幸福都大。陀思妥耶夫斯基给予我的东西比任何科学思想家、比高斯给予我的东西都多!"①

还可以举出许多伟大学者(自然,并不是始终没有争议的)的意见,这些意见证明,在他们的生活和创造中,艺术(正是它向人们展现了未曾体验过的美妙世界)具有何等重大的意义。而许多伟大的作家和艺术家则一贯强调,科学以及那些在科学研究和发明过程中所发现的美、伟大的真理曾对他们的创造产生了多么巨大而有益的影响。例如,高尔基在指明科学和研究创造过程的一般特点时说:"无论在哪里,观察、比较、研究都起着重要的作用,艺术家和科学家一样必须有想象和猜测、即直觉"②。大概还能举出同样多的、在某些方面与上述观点相反的见解。完全可以说,这类见解丝毫无损于真与美可能和谐的思想,而只是强调这里还有一些未必能单义地加以理解的问题。

科学和艺术产生并形成于同一个根源,即人的劳动和生产活动,因此,它们不过是人的全部创造开拓能力的不同表现方式而已。在古代,这种能力是以未曾分化的、浑然一体的形式存在的。这种能力的进一步发展,一方面导致了科学和艺术在认识范围内的急剧分化——这具体体现为逻辑、理性(科学)的形式和非理性、直觉(艺术)的形式;另一方面,却不承认艺术有任何认识的功能。而这种否定艺术认识的可能性的唯科学主义的极端性也促使反唯科学主义发展到如此极端的形式,即它把艺术家非理性的直觉和任何其他形式的"顿悟"绝对化,而且正是艺术断然地充当了反对科学的主要角色③。今天,这种反唯科学主义通过直觉、存在主义观念等形式获得了极其广泛的传播。但是,唯科学主义仍然是目前的主导趋向,因为它越来越诉诸科学技术革命。在这种观点

---

① 参阅 A. 梅什科夫斯基《阿尔伯特·爱因斯坦——就相对论与世界的总图景问题同爱因斯坦的对话》,莫斯科,1922 年,第 162 页。

② 《高尔基论科学——文章、讲话、书信、回忆》,莫斯科,1964 年,第 40 页。

③ 关于这一问题,以古希腊罗马文化一直到今天的历史在本书第一版中作了简单的概括(参阅第 267–273 页)。

看来，似乎科学技术革命能占领一切领域，似乎它能导致科学和技术理性的绝对胜利，并促使艺术非人道主义化和非意识形态化。

其实，所谓艺术应"消融"于科学之中以及艺术应放弃人道主义方向等观念本身就蕴藏着一种危险，它不仅威胁着艺术的发展，也同时威胁着科学本身。须知，除了其他一切方面以外，艺术还具有巨大的价值说和价值调节的意义，即以科学认识的审美的形式而起作用，正如我们通常所说的科学社会学和科学伦理学一样。

既然不能证实用科学代替艺术的悲观主义预言，那么，科学和艺术的互相独立就自然成为一个真实的命题。某些当代思想家认为，现在正在发生的科学和艺术相互独立的进程将一直持续到形成两种独立的文化——"科学的"文化和"艺术的"文化。这样一来，就产生了一系列问题。科学和艺术的这种相互独立是不是人类个性自我异化、自我分裂的一种反映？这种独立是否有些被夸张了？抑或只是初看起来似乎相左，而实际上不过是科学和艺术内部联系新形式的外部表现？

现在，所有这些问题都已尖锐地提了出来，特别是在60—70年代，《哲学问题》杂志编辑部正是以一系列论题的形式表达了这些问题，从而掀起了现代科技革命条件下艺术与科学相互作用问题的争论①。

大家知道，这一问题的争论始于1959年。此后，英国作家、物理学教师查利斯·斯诺在剑桥（美国）作了《两种文化与科学革命》的演讲②。斯诺提出了"两种文化"的概念，证明西方知识界的精神世界与实践行为正在发生日益明显的两极分化，并已分裂为两个互相对立的部分：一极是艺术知识界（它只是把自己称作知识界，好像不存在其他知识界）；另一极是科学家（当时他们最卓越的代表基本上是物理学家）。斯诺认为，互不理解的壁垒，而有时甚至是憎恶和敌视导致了他们的分裂，而这种分裂使得他们对待同一事物竟采取如此对立的态度，以至于在情感方面也不能找到共同的语言。艺术的知识界认为：科学家缺乏想象力，

---

① 参阅《哲学问题》1975年第6期。
② C. P. 斯诺：《两种文化与科学革命》，纽约，1959年；这篇著作也收集在斯诺文集《公众事务》（伦敦，1971年）之中（参阅 C.P. 斯诺《两种文化——政论文集》，莫斯科，1973年）。

浅薄的乐观主义是他们固有的特色；然而科学家却乐于认为，艺术家没有先见之明，他们不但表现出对人类命运的惊人的漠视，而且也同涉及理智的一切格格不入。

斯诺认为，无论是在精神的意义上还是在人类学的意义上，科学家都是科学所创造的新文化的代表，但艺术的知识界却仍囿于"传统的"文化，而以其愚昧无知勉强地与科学对峙着。他还认为，这种文化的两极分化是我们大家明显的损失，包括实践方面、道德方面和创造性的损失，因为这使我们白白失去了智力与创造性活动的大量机会——而这就是他忧郁而痛苦地得出的结论。他写道："两种学科、两个体系、两种文化，如果不怕走得太远的话，还有两个银河系的碰撞不能不激发出创造性的火花。还像我们在人类智慧发展史中所看到的，这样的火花确实总是在传统的联系被破坏的地方突然爆发出来"①。我们过去把创造的希望首先寄托在这些火花的突然爆发上，但在今天，遗憾得很，据斯诺断定，我们这种希望不过是空中楼阁罢了。

斯诺指出20世纪科学对现代艺术的影响的极其表面的性质并进而得出结论说，科学应作为我们全部知识经验不可分割的一部分而被艺术所接受，也应当像任何其他材料一样被从容地利用。然而在斯诺看来，知识分子特别是作家却原来是现代科学革命的卢达分子*。另一方面，西方的专业化教育使得科学家在精神和物质文明方面缺乏广阔的视野。正因为如此，斯诺诉诸苏联的经验。据他认为，苏联比较成功地解决了这一问题。

不能说斯诺在自己的书中解释了"两种文化"产生的原因，他明白，这些原因相当深刻而复杂：它们一方面受历史发展的一般规律的制约；另一方面又与某一国家的具体历史状况有关；最后，还与人类精神活动的内部进程的特点有关。如果说斯诺指出了克服"两种文化"两极分化的道路，这就过于夸张了，须知，任何教育系统都是由社会发展的更加普遍的因素派生出来的。但他尖锐地指出了许多病态的问题，并把社会的注意力吸引到这些问题上来。

---

① Ч. П. 斯诺：《两种文化》，第30页。
* 卢达分子系18世纪初英国工人自发捣毁机器运动的参加者。——译者注

斯诺的书在世界上引起了激烈的争论。书中发挥的那些观点引起了一些西方知识分子（特别是艺术家）的愤慨，而另一些观点则赢得了赞赏。无论如何，这本书迫使人们深刻地思考在科技革命时代文化发展的一些最复杂的问题。

就在同时，我国也围绕大致相同的问题展开了争论，虽然这些争论并非直接与斯诺的书有联系。这一争论是《共青团真理报》编辑部鉴于 И. Г. 爱伦堡的文章《对一封信的答复》而于1959年9月2日发起的。无论是《物理学家》杂志还是《抒情诗》杂志都有一些苏联的大科学家、作家、艺术家、广大舆论界的代表参加这一讨论，并参加了后来（从1960年开始并延续时间较长）关于科学和艺术的意义的争论。当然，现在看来，其中有许多争论还不够深入、不太重要、并远离了对于现实问题的分析，但这毕竟是在科技革命条件下对文化问题进行社会教育和弄清这一问题的一个重要阶段①。

往后的发展是与企图更深刻、更科学地分析这些被争论的问题相联系的②。在这里，不能不注意到1970年召开的"科学—技术进步与艺术"讨论会③。《哲学问题》杂志"圆桌会议"专栏也就现代科学技术革命条件下科学和艺术相互作用的问题进行了专门讨论。事实证明，这种讨论是卓有成效的。1976年5月《文艺问题》和《哲学问题》杂志召开了联席"圆桌会议"，生动而富有内容地就科技革命条件下科学与艺术的相互作用问题交换了看法④。

参加争论的科学家、作家、艺术家都强调指出，科学与艺术、精密

---

① B. C. 梅伊拉赫在《国外科学与艺术——关于认识和创造两个领域的争论》一书中详细研究了这些争论（列宁格勒，1971年）。

② 参阅《科学的联合与创造的秘密》，莫斯科，1968年。

③ 参阅：《艺术与科学进步》，莫斯科，1973年；《科学技术革命对艺术和道德的影响》，载《伦理学与美学问题》，1977年；A. B. 古雷加：《科学时代的艺术》，莫斯科，1978年。

④ 参阅《哲学问题》，1975年第8、10期，1976年第7、10、12期，1977年第8期；《文学问题》，1976年第11期；意大利的《苏联评论》（1978年第1期）曾发表过有关这些讨论的资料。对这些问题的简评见本书的第一版（第276—281页）；也可参阅《科学技术革命与文艺创作的发展》，列宁格勒，1980年；《科学在文学研究中的作用》，列宁格勒，1981年；关于这一论题的著作，《科学技术革命与艺术文化问题——苏联科学院社会科学情报研究所简评和简介文集》（莫斯科，1981年）曾作了介绍。

科学与人文科学传统对立的时代已经一去不复返了。数学方法正深入到文艺作品、音乐理论之中。在精密科学与人文科学的结合部产生了诸如"艺术计量学"这类"奇怪的"学科。电子计算机不但能"创作"高质量的音乐,而且还能作诗(不过还相当一般化)和创造观赏艺术的原来的形象等。乍看起来,精密科学向人文科学的渗透似乎是单向的,而实际上远非如此。这里所发生的不是单向的进军,而是两个领域彼此渗透和影响。正是在这些"边缘"领域可以最明显地观察到艺术同科学的直接联系。例如,现代工业艺术(从另一方面看,如无线电、电影、电视)如果没有相应的技术科学发展水平就不可能产生,因为正是技术科学的发展预先决定着建筑艺术史的新阶段和设计艺术本身的出现。

在弄清科学和艺术得以有效地相互作用的原理的同时,参加讨论的学者又探讨了二者相互作用中那些一般性的和专门的特征,这些特征正是由科学和艺术领域的特点所决定的。例如,现代艺术符号学和文化艺术符号学一方面容许把艺术作品视作人类所创造的一种特殊的思维结构,另一方面容许把文化看作一种自然地、历史地形成的集体智慧的机制,这种机制具有集体的记忆并能完成文化的操作。这使人类理智摆脱了唯一性状态,从而在科学发展中迈出了决定性的一步。可以期望,注意研究艺术现象和文化机制成为理论—控制论专家和新技术创造者的时刻必然降临[1]。讨论强调指出,科学和艺术的深刻的共性取决于二者既是认识又是创造。企求认识和创造,这在人的遗传方面已经程序化,这是整个宇宙的不可逆发展的结果,是太阳系、地球发展以及生物圈演化的必然结果。创造意味着自由地选择达到某一目标的道路。而由于宇宙的非均匀性以及宇宙在时空上的有序性,这种选择无论在科学上还是在艺术上都是可能的。科学与艺术的统一是文化发展的最重要保证。因此,必须寻找并培养那些使科学和艺术结合,而不是使它们分离的东西。毫无疑问,在科技革命之后,必然是新的文艺复兴的时代。

在关于科学与艺术的特点和相互作用的现代争论中,马克思主义对待问题的态度雄辩地显示了其启示效力,在马克思主义看来,只有把科学和艺术活动包括在人类活动(物质生产是其基本活动)的普遍联系之

---

[1] 参阅 Е. Л. 费因别尔格《控制论、逻辑、艺术》,莫斯科,1981 年。

中，才能正确了解它们在人的认识和发展中的相应作用。

人的活动性质表现在以往历史上不断变化的人的实践、交往、精神生活等形式中，实现于包括科学认识和艺术在内的文化发展之中，可见，科学认识和艺术乃是人类活动的彼此不同但又互相联系而富有创造性内容的两翼①。由此看来，科学认识和艺术也是人的活动发展的形式，并因而也是作为活动的有生命的东西的人的发展形式。马克思指出："艺术对象创造出懂得艺术和具有审美能力的大众——任何其他产品也都是这样"②。

现在已经很清楚，将生活极端"社会学化"或者可以说"指教"生活的企图都已遭到了失败。人作为有思想、有感情的生物，再一次证明了他远比那些受唯科学主义限制的关于人的观念要复杂得多，这些观念是过去某个时候创造出来的，现在仍然存在，而且大概将来也还会出现。Homo sapiens 是有理性的人，但他又是由尘世生活的矛盾和激情交织而成的人。而只有作为尘世的人，他才能确定自己的自我价值，而且一般说来，也只有作为尘世的人，他才能在宇宙范围内具有某种意义。

艺术以其所固有的形式试图表现人的这种不可重复的特征，它在各方面——无论在理解真理方面，还是在"按照美的规律"（马克思）改造世界方面——都培养起创造性的基础。实际上，历史上自由而富有创造性的个体性正是首先在艺术中形成的。艺术在自己形成的起点（创造活动）同科学交叉，而在自己的最终产品（与一般的无个性的形式不同，在其中凝结着科学探索的结果）中打上作者独特个性的印记，从而能使人具体而感性地体验到创造过程。换句话说，艺术在发掘社会的创造性潜力方面占有特殊的地位。

艺术在揭示个性的内心世界时，能使我们研究个性活动的极度扩展的形式，以及某种个性的和社会的理想。在这个意义上可以说，艺术是交往和达到人类精神之巅的最富有个性的形式。在体验艺术作品时，我们就开始参与到个性的创造性活动基础中去，并获得某种激励，促使我们遵循作者的理想前进。

---

① B. H. 伊万诺夫在《人类活动—认识—艺术》一书中分析了这一问题。基辅，1977 年。
② 《马克思恩格斯全集》，第 46 卷（上册），第 28 页。

艺术以完整的艺术形象反映生活，并诉诸完整的人，诉诸作为唯一的起点的"我"，而不是诉诸什么片面发展的人的能力。当然，这并不意味着，这样一来就可以在某个"完整性"、在发展自己能力（包括进行科学和艺术创造的能力）的某种关系的范围内来描述人。看来，当人性的不同侧面在它们共同获得最大限度的发展时，其表现总是不同的。这使人们相信，即使认识的、理性的和艺术的、情感—形象的诸种活动的相互作用完全统一与和谐一致，它们也永远不会达到理论家有时作为人的某种远景而谈论的那种"融合"。要知道，这里的差别也取决于生物学上的原因，因为，正如现代脑科学所确定的，脑的每个半球都以自己的方式感知世界，右半球以形象—情感的形式，而左半球则以理性—逻辑的形式。而且，脑半球活动的表现形式还因人而异。人是否应当努力（比方说用遗传学方法）去改变这些天生的"匀称"，我们不敢断定。无论如何，由诸如人的心理生理、生物—遗传差别所造成的"人的多样性"是无价的财产，显然，将来只应当去增加这种财产①。

因此，科学和艺术活动的能力将不会"融合"在一起，相反，它们将会更加繁荣和更加深入地整合，一切都会在声音洪大的和谐之中相互影响。这特别关系到艺术，因为人们往往把它置于人的远景中的无足轻重的位置，且日益缩小它的意义与作用。相反，它在人们生活中的作用将不断增强，而它在人类文化价值（其中包括众所周知的、扮演着科学认识的特殊调节者角色的伦理价值）的总的发展中的意义也将日益提高。

科学和艺术的价值取向是更为普遍的过程的反映，它们不仅涉及整个人类文化，而且给人类的前景增添了新的色彩。因此，在承认历史的进步，并对人类历史作出确定的价值判断时，我们无意宿命式地解释社会的发展，也无意把人类理性由以出发来评判历史的那些价值观点绝对化。马克思写道："人自己创造自己的历史，但是他们并不是随心所欲地创造，并不是在他们自己选定的条件下创造，而是在直接碰到的、现实的、从过去承继下来的条件下创造"②。这意味着，第一，人们在其活动

---

① 在 A. 利洛夫的《艺术创造的本质》（莫斯科，1981 年）一书中，有对这些问题进行多侧面研究的有益经验。

② 《马克思恩格斯全集》，第 8 卷，第 121 页。

中所遵循的价值不是某种历史上注定的东西，相反地，它是由人们自己制定的；第二，这些价值在历史上是变化的，然而它们的变化不是随意的，而是在过去人类经验的基础上，在传统和前辈价值判断的基础上逐渐形成的。因而，继承性在社会的精神和物质发展过程中有着巨大的作用。

当我们试图理解人的不同的价值取向之间（如追求美与追求真之间，确信世界是善的与文化上的容恶态度之间）的相互关系时，这种立场能使我们避免通常很容易发生的两种极端。其中一种极端是企图证明，各种不同价值规范中对人们的活动和行为所预先提出的那些要求都具有先定的、绝对的一致性。无论是平庸的自然主义还是绝对的理想主义都同样表现出这类极端性，它们试图设计出一定的价值等级，这种价值等级可以追溯到某种超历史的理想的起点；另一种极端则试图提出不同的、彼此完全没有联系的关于世界的价值评价，这些价值评价彼此互相冲突，都想成为决定人的行为的唯一的"绝对命令"。"让整个世界毁灭吧！但真理（美、善、文化等）终究要胜利"——价值论方面的学究们的典型公式就是如此，这种立场的基础是过分强调人只有一种价值取向。

我们看到，这两种极端只在一个问题上意见一致，即它们都承认存在着高出于人的行为的其余决定者的价值鉴定。于是，丰富多彩的价值世界似乎消融（虽然原因是不同的）在某种高级的、绝对价值的单一色彩之中。在断定价值世界是人本身的历史性创造的结果时，我们并不排除决定人类行为的不同价值领域之间发生矛盾的可能性，特别是不能消除道德要求和文化要求之间发生分歧和不一致的可能性。必须在同样的程度上看到无论是破坏文化的道德狂热还是文化上的杂食主义和宽大无边都是危险的和有害的。历史，特别是最近几个世纪的历史，为我们提供了许多例证，这些例证表明，试图从某种片面地同人的行为及其精神取向的所有其他丰富内容相对立的价值原则出发来判定世界和人类历史的方向是十分危险的。但是，在否定人的价值取向系统的预定和谐性的时候，我们决不否定作为精神创造的目标、作为人们在其历史发展的每个时刻都梦寐以求的理想的那种和谐。

看来，今天做一个"理想主义者"很难，但毕竟不能说现代文化和道德有原则的分歧，因为文化按其本性来说是合乎道德的，它是建设性的，它致力于造就具有普遍意义的精神价值，从而是同虚无主义和反文化主义的罪恶之熵的力量相对立的。自然,这并不意味着文化能单独地战胜世界上的邪恶,但它能在反对邪恶的斗争中提供巨大的帮助。重要的只是,文化使人学会区别恶的各种可能的形态并懂得自己统一的力量。最高的精神价值是整个人类为了整个人类而创造的,正是对这一事实的理解把我们团结在一起。每一个国家在文化领域中的成就都不应该引起一些人的自满和另一些人的妒忌,而为人、为人的天才而高兴和自豪也不应使人分离而应促使人们团结。这时,回忆一下歌德的话是有意义的,他在谈到科学和艺术时说:"这一切是多么伟大而高尚,它们属于全世界,但只有当所有现代人经常顾及到过去留给我们的遗产并自由地相互影响时,才能促进它们的发展"①。

我们看到,某些思想家把科学技术的进步看作同人道主义文化、历史进步的道德以及人的全面而协调的发展相对立的一个因素。据此,他们作出了更广泛的概括,即人所具有的人道主义意识、文化和人性的东西难以与自然科学知识和技术活动相抗衡。我们不过是下述事实的见证人,即似乎人道主义文化的使命正在受到怀疑,在强大的科学技术知识时代,道德和审美取向往往呈现为堂吉诃德式的行为。

但是,原则上也存在着另一种克服现代人道主义思想所陷入的冲突情景的可能性。还在上个世纪,马克思就拒绝了那种注定要失败的企图,即制定世界观和实际行为的内部无矛盾性的人道主义体系。在试图理解个体、文化以及社会自我发展的人道主义原则时产生的这种冲突,如果不是同某个思想家个人的优点和缺点相联系,而是由他所处的客观上既定的实践—精神环境所决定的话,那么显然,处在这类环境中的人的首要任务,就是在实践上克服和改造客观上现存的社会结构。

因此,遗憾的是,我们经常遇到的有关人的非人道化的论断和关于个性文化的衰落的议论,实质上就是一笔勾销以往全部人道主义文化的传统,一笔勾销任何以人类的社会文化与道德进步为目标的实际努力。在现代世界十分复杂的条件下,我认为这些主张其实质不仅是错误的,而且是极不道德的,因为这种否定的逻辑将有意无意地导致对人的道德实现及其完善的可能性的怀疑。

---

① 歌德:《论艺术》,莫斯科,1975年,第590页。

与这些观念相反，社会主义文化的活动家自觉地宣告自己是过去高尚的人道主义的继承者，是现实的共产主义人道主义的拥护者。共产主义理想是人类饱经忧患而获得的，因此，它包含着全人类的道德目的，而这一目的是与那些预言现代文明及其文化会"不可避免地自我毁灭"的预言家的惊慌失措截然相反的。马克思主义者是把人类文明的未来同确信文化会向着日益深刻的人道化方向的发展联系在一起的。文化将以自己的激情和时代精神服务于人、人的自由而全面的发展，——这就是那种能够鼓舞和激励社会与个体水平上的行动，并为了这一行动而对话与协调的情景。

这大大提高了文化的教育潜力，包括道德领域①。现在可以说，人的生活的这一领域的意义愈来愈大，毫无疑问，这种现象是在同文化发展的相互联系中发生的。过去的人道主义文化为我们提供了个人道德—哲学探索的崇高榜样（例如，我们可以回忆一下托尔斯泰和陀思托耶夫斯基）。今天，个人道德的完善同进步的社会过程和社会向社会主义和共产主义的发展紧密相关。这些过程远不是无冲突的，它要求高尚的道德原则、要求积极参与其实现的个人做出明确而毫不妥协的决定。人只有遵循道德规范才能履行自己的社会义务，从而明确自己的社会职责。同时，人的自由的条件在于，人的道德规范同先进的社会目标一致，并促进真正人的、即共产主义的人际关系的确立和发展。这时，他就会为自己作为人而自豪；因为他使自己的生命自由地从属于他所选定的崇高原则和目标。列宁指出："决定论思想确定人类行为的必然性，推翻所谓意志自由的荒唐的神话，但丝毫不消灭人的理性、人的良心以及对人的行为的评价"②。

具有"崇高精神"的人——共产主义的未来人的道德哲学包括所有

---

① 参阅：Л. М. 阿尔良：《个性理论的社会—伦理问题》，莫斯科，1974 年；还有《价值取向与个人的精神发展》，莫斯科，1978 年；H. H. 克鲁托夫：《行为道德（道德影响个人行为的规律）》，莫斯科，1977 年；A. Г. 哈尔切夫、В. Г. 阿列克谢耶夫：《生活方式、道德、教育》，莫斯科，1977 年；《道德结构与个性》，莫斯科，1977 年；P. B. 彼得罗巴甫洛夫斯基：《进步的辩证法及其在道德中的表现》，莫斯科，1978 年；《道德培养过程的管理》，莫斯科，1979 年；《精神文化、实质、内容、特点》，维尔纽斯，1981 年；Л. И. 鲁温斯基：《个人的道德教育》，莫斯科，1981 年；В. А. 苏霍姆林斯基：《论教育》，莫斯科，1982 年。

② 《列宁全集》第 1 卷，第 139 页。

这些源于理性、良心以及对人的行为的评价的主要道德原则，它强调指出，这些道德原则同全人类的理想（它在生活的历史长河中确立起来并体现在哲学和文学艺术作品中）是一致的，其中最优秀的部分总是充满着高尚的道德激情、对人的爱与怜悯，同时，正是这种道德哲学号召为正义、理性和人道主义的胜利而斗争。而这正是人类精神最主要、最伟大的成就之一。

由科学的世界观所丰富的道德激情、现实的共产主义人道主义激情渗透到社会主义生活方式和社会主义文化的最基础的部分之中，它激励并推动社会主义文化向前发展，这具体表现为社会和人对道德之完善的始终不渝的追求，而共产主义的未来人则是我们所执着追求的理想。

人的这种理想描绘出了现实的远景，因为它所依据的是历史发展的客观趋势，并且是对这些趋势进行科学分析的结果。同时，这种理想率先想到了许多东西，而这正是数千年来人类思维所孜孜以求的。正是在这个意义上，人的共产主义理想直接推动着现代人、他的志向和行为的现实实践。而且越到后来人类就将越受到这一理想的鼓舞，并愈益坚定地遵循它向着自己的"更高水平前进"。

同时，追求理想并不意味着避开生活的困难和复杂性，以致使人在任何严峻的考验面前毫无防备。其实，理想这一定义本身就要求善于看到它的对立面。此外，我们的理想是活动的创造性的不怕困难、善于同困难作斗争并战胜它们的人。

在我们的社会关系中不存在不可调和的矛盾，而有时遗憾的是，对某些个性、并且是积极的个性来说，也常常会遇到一些非常尖锐、而有时是非常困窘的具体生活情形。显然，新与旧、先进与落后的斗争不可能毫无冲突地加以解决。不幸得很，通常的情况是，我们也常常遭受到某些不必要的损失。这大半是因为没有使人从年轻的时候起就养成同困难作斗争并进而战胜它们的习惯。很显然，按新的方式培养人的时代已经来临。而最主要的是更实际地提出一系列进行道德训练的任务。这包括反对官僚主义，反对待人的冷漠态度，反对背叛行为（而这有时是在原则性的掩饰之上做出的），反对人类一切卑鄙无耻的行为（这种行为往往以伪装的形式出现，并寄生于社会主义和共产主义的理想之中）。在这方面，人的心理训练就显得尤其重要。为了更充分地发挥自己的才能，为了幸福而满怀信心地生活和劳动，为了坚定地达到崇高的目的，为了巧妙而勇敢地克服困难和命运的打击，每一个人都应具备必要的心理素质。

一般说来，这一领域问题还很多，而且不能说这些问题只是现在才有。在任何情况下，这些问题都应当按照社会的要求来解决，其箴言就是："一切为了人"。如果我们把关于培养新人的所有问题作一简单概括：那么，可以说，这里最主要的就是要合理而全面地发展作为个性的人。而这就意味着要不断提高人的文化（就这个词的广义而言）水平。在这方面，我们是有缺点的。在我看来，这是所有其他缺陷，其中包括经济领域的缺陷的主要原因。有人认为，在现代条件下向科学投资是最有经济效益的，因为这能取得巨大的、不断增长的国民经济效率。但谁统计过，对直接为人服务并促进人的发展的那些领域的投资究竟取得了怎样的"效率"？因而，造就新人——这就不仅是"目的本身"，而且也是社会本身的有效行动。但是，我们能否始终牢记这一点，而不致使那些源于虚伪的优越地位和价值的刻板陈腐的意识妨碍我们呢？

我们看到，从关于人的问题的一般提法，从在哲学—方法论方面解决这一问题的方法开始，我们合乎情理地触及到了这一问题的社会—政治、思想—教育以及实践—组织等方面，尽管对它们的分析不是我们的最终目的。关于人及其未来问题的这种相互联系，无论是生活本身还是认识的逻辑，都在客观上作出了证明。正是这种相互联系再一次证明了这一问题的综合性以及综合地解决这一问题的必要性。这是今天的现实，同时，也是所有关于人及其未来的复杂哲学问题的前景。

人的未来——这是愈益充分地实现人的本质力量的过程，因而，一般说来，只有当人们在自己的活动中依赖这些本质力量的情况下，才有人的未来可言。科学的真理和人道主义理想、认识的逻辑与美的规律、自由和必然——所有这一切只不过是我们暂时尚不理解的真正人的成长和发展过程的外在表现而已。但有一点是很清楚的：人的未来同这些过程密不可分，而这些过程又受社会（它正向新的文明，即确立了新的道德形态、新的人道主义原则的共产主义迈进）进步的制约。

共产主义的人道主义（社会主义形态是其形成阶段）是真正的新的人道主义，它适合于人类所面临的新条件，特别是在全球问题尖锐化、人以及人类的生存受到现实威胁的条件下，更是如此。今天，人们正试图以不同的方式制定出似乎考虑到了新条件的人道主义，并且声称，这就是发现了"普遍的"、"全世界的"人道主义（Дж. 哈克斯里）。据说这种人道主义是产生于"统一的世界文化"、"新的人道主义"的土壤之上，因而，它包括全球性的问题，包含着对正义的热爱和对强权的憎恨（A. 佩切伊）等等。但是，在这种情况下新的往往只是形式，而其内容却仍旧是传统的——在实现人道主义的道路问题上，绝大部分都是乌托邦式的、抽象的空谈。

所以，当我们谈到共产主义文明之新人的新人道主义的时候，我们是指科学的、现实的人道主义。还是在上个世纪中叶，马克思就曾宣布过这种人道主义，而今天这种人道主义的发展同社会主义（它正向共产主义发展）的实践、同当代人类发展的普遍规律（其中包括全球性问题发展的规律）紧密联系着。正是在这个意义上，它确确实实是新的。因为不仅在实践上，而且在理论上它都是面向未来的：科学的发展为我们的人道主义观点提供了许多新的东西，而这恰恰使马克思主义的人道主义充满生命活力和实践效力，保证它始终新颖而富于魅力。

实际上，今天有许多人对我们说，新的人道主义应当包含全人类的和全球的观点。但是，我们知道，马克思主义所主张的人道主义就其最初起源而言是有阶级性的，但从其提出时起，它就以人类的国际主义共同性的思想为依据。而在将来的共产主义社会，这一思想必将获得自己完美的实现。因此，国际主义思想有机地包含着全球性观点，并把这些观点变为现实的具体政策。这些具体政策不仅考虑到现代世界上存在着社会主义体系和资本主义体系，也考虑到为建立新的、对全人类来说是统一的文明——共产主义文明，必须对社会进行社会经济的、科学技术的以及文化的深刻改造。

自然，就目前而言，这种人道主义还是作为某种目标和理想，作为一种希望而存在的。但是，它的某些要素正在日益成为世界发展的现实，而社会主义走在最前列，不仅首先宣告而且实际上也正在实行人道主义原则，其中包括作为全人类自我发展及其未来前提和条件的个性的道德完善。

今天由于人的生命活动（社会—经济活动、文化活动等）的一些最重要因素的多向作用而被分割、但在将来注定要统一的人类，正把自己的全部创造性潜力集中在人的全面而自由的发展上。在这种情况下，人类活动的全球性特点将真正直接地表现出来，并克服一切使当今世界和现代人的世界互相分离的东西。

这将是现实的共产主义人道主义的真正确立，它将把发展人性财富作为目的本身。这将是在远景中继续延伸的"人的世纪"的开始，这种远景没有包括人自身在内的时间界限。

代结论

人生的意义，人生的延续性的进化，人的死亡与永生：科学的、社会的和人道主义的方面与问题；人的唯一性和星外生命与智慧存在的可能性，人和人类的责任与宇宙使命中；对未来的希望；人的前景——人类的进步

……人类生存的秘密不在于只是活着，而在于为什么活着。人如果没有一个为谁而活着的牢固的观念，他就不配活着，与其在地球上待着，宁可自毁，即使他的周围堆满了面包。

Ф. М. 陀思妥耶夫斯基

真正的生命是这样的，它延续着以往的生命，有益于现在的生命和未来的生命。

Л. Н. 托尔斯泰

生命是自然界的最好发明；为自然界而死是为更多的生命而活的一种手段。

И. В. 歌德

前面所提到的所有对于与人（他既是个体又是个性）及其未来有关的复杂的哲学问题的研究把我们引到这样一些问题上来，一些伟人的言论明显、简洁、但又相当艰涩地表述了这些问题。我把这些伟人的话作为卷首语，而这一章按照计划应该是本书的结论。这些问题是如此重要，

它好像使我们又回到了出发点上——揭示人的本质。因此，我们必须提出新问题，而不是从对于上述关于人及其未来问题的讨论和有关推论作出某种结论。如果谈到像人及其未来这样的重大之谜，那么这样做大概也并非偶然。或许，同时这就是一个最主要的概括和结论，只要我们去研究这个谜就能够得出这种结论。

当我们试图研究人的前景及其未来的时候，就会发现有许多复杂而困难的问题摆在我们面前。如果对现代科学进行综合，我们就会获得一种既可以认识外部世界，又可以认识内心世界的强有力的工具。这种工具既可以运用于遥远的未知宇宙，也可以运用于邻近的、不过神秘莫测的人的个性的小宇宙，还可以用于研究人的"我"的隐秘——它的物质实体和精神实体。人类的认识是经过种种未经考察过的途径发展起来的，在极大程度上这是一个自我认识的过程，自我认识要同无比复杂的主体发生关系，而主体在许多方面还是一个不解之谜。在人的认识和自我认识的道路上有许多令人惊奇并且常常是意想不到的发现在等待着我们。在人及其未来受到威胁的时候，为了不是简单地满足求知欲，而又要善于避免有害的求知欲的诱惑，就必须有高度的真正的智慧。

在科学和艺术发展的新阶段，经常促使人们去向往智慧的哲学就是用这些来启迪人的。科学的哲学呼唤人们去注视一切与人有关的东西，不仅注意知识本身的意义，而且要注意到它为之服务的对象的意义，注意到现在和未来知识是怎样被运用的或者它可能怎样被运用，即注意到知识的社会基础和道德基础。可见，在我们感兴趣的人的问题上，科学的哲学教导人们至少要注意以下三个方面：科学方面、社会方面和人道主义方面、伦理道德方面。只有从理智的现实主义出发，从对人类发展前景的科学规定出发并把这三个方面看作一个统一体，关于人的现代问题才能得到完全合适的解决。由此可以明显地看出，只有社会进步才是解决人及其未来问题的主要的、基本的前提和条件。只有人类在社会方面和道德上的完善才能保证人类在自我认识、自我完善、发展人性财富（这是目的）方面取得进展。

这就能够使我们不仅从生物学的角度，而且从社会伦理和人道主义的角度正确地提出人类生存的意义、提高寿命的可能性、人的死亡与永生等问题。对于这些问题的哲学评价在哪个方向上发生着变化？人进入宇宙空间和探索星外文明对人的前景有什么影响？所有这些又对人在今天和未来的自我认识产生什么影响？只有从新的、真正的人道主义出发，诉诸关于人的科学哲学我们才能对这些问题做出正确的回答。换言之，虽然对人的生死问题进行直接研究（比如，研究未来生物学对人进行改造的方案等）是重要的，但我们还不能完全地解决这个基本问题——为什么这一切是必要的，因为我们研究的只是人的自然生物存在。由于作为社会生物体的人要超出这样的生活范围，所以对这个根本问题的解决也不应该仅仅在生物学的意义上对人的生死问题进行直接的研究，而是要对之进行哲学研究，在这里，人的生死的生物意义和社会意义、作为社会生物体的人的未来的生物意义和社会意义获得了真正的辩证统一。

看来，从这种统一的立场出发就能够勾画出人生的意义这个"永恒"问题的基本"轮廓"。而不回答这个问题，其他一切与人、人的自然生物存在和社会存在、人的未来等有关的问题都是没有意义的。从远古开始这个问题在传统上就是处在哲学的视野之内的，现代科学在理解人的生死的生物意义方面有许多新见解，但是对于理解人生死的社会意义却没有提供什么新东西。而如果没有社会意义，这些问题的人的特点就消失了，这些特点的起源就总是一个谜。离开生死这两个极端就不能正确地理解所有那些与长寿以及生命延续的限度有关的问题，某些学者相信，有时这种限度是不可思议的，因为它排除了人和人类的历史存在中个体生命的合理交替。

所以，在研究这些问题时不仅"纯"科学的观点是需要的，而且托尔斯泰（他批判当时的科学不是智慧）称之为智慧的哲学观点也是需要的。这位在思想上从不循规蹈矩的伟大执拗者是对是错，这里我们且不讨论，虽然现代科学在许多方面已不再局限于那种狭隘的思维，对于这种狭隘性托尔斯泰曾用智慧来同之对立，特别是在关于人、人的生死、人的未来等问题上是如此。但是，在这里有许多与世界观、社会道德和人道主义有关的重要问题，人们对之很感兴趣，但科学依旧很少研究。归根到底，我们对人类精神生活的相当大一部分是明显不满意的，而人类精神在自己的探索之中不必诉诸宗教和某种"科学寻神说"等变种。在研究关于人的生物学和遗传学、研究人在当今和未来的生理生物可能性的过程中，现代科学发现新的生活潜力和形式，它不仅常常成为知识的源泉，而且也是信仰的对象，当然这种信仰是用现代科学的、有时甚至是空洞的"大话"所掩盖的。所以，现在仅仅诉诸以往的哲学是不够了，应该更加注意现代科学的事实和结论，并站在科学的哲学的立场上认识它们，还要对在这里发生的一系列新问题给予更多的注意。这就要求用综合的观点去研究人、人的发展和人的未来。

这种观点表明，要解决人生意义的问题应该研究所有科学的、社会的、社会伦理的和道德人道主义问题的总和，这些问题表征着人的生物生命和社会生命的一些不同的、但又内在统一的方面，表征着作为"一切社会关系的总和"（马克思语）的人的本质，表征着在地球上和宇宙中生命进化和智慧发展的一般历史过程中作为个体和个性的人的生存和发展。正如我们所看到的，只强调人的生命的某一个方面都会导致对人的本质的片面而荒谬的理解，从而也就导致对人生意义的片面、荒谬的看法。从唯心主义地断言存在着某种"绝对原则"、人类中心说、"先定的和谐"等等到全部否定人和人类生命的任何意义，这些都是从存在主义哲学和一系列实证主义结论得出的，这些结论认为人和生命是绝对偶然的，因而它们就是完全没有意义的。

马克思主义关于人生意义的理论是同上述观点对立的①，它首先从生命的自身价值和自我完整性出发，但它又不仅仅就这种生命本身来看待人生的意义，而忽视"为什么活着"的问题。正如已经表明的，这种理论把从客观根据出发而对人和生命的科学理解同得到科学的、客观论证的整体性方法有机地结合在一起。相应地，人的生命既不是偶然的（对于个体来说可能是偶然的），也不是没有意义的，因为个体和个性不仅仅被看作其本身，它们还是整体——人类社会的一部分。还是在其早期著作中马克思就曾指出："个人是社会存在物。因此，他的生命表现，即使

---

① 遗憾的是，从专门哲学的（科学的和价值观的）角度研究它的还不多，而且对于历史经验、现代自然科学和社会科学的资料利用得也不够。这里只能说出一些篇幅不大、在许多情况下具有科学性质的著作：В. П. 图加林诺夫：《生命的意义》，列宁格勒，1961 年；Ю. В. 索戈莫诺夫：《生命的意义》，巴库，1964 年；В. 卡普拉诺夫：《生命的意义》，彼尔姆，1965 年；И. Д. 潘茨哈娃：《人、人的生命及永生》，莫斯科，1967 年；还可参阅：О. И. 德日奥耶夫：《哲学史上关于人生意义问题的若干典型提法》，载《哲学问题》，1981 年第 10 期；《马克思主义伦理学》（莫斯科，1980 年）一书中的有关章节。

不采取共同的、同其他人一起完成的生命表现也是社会生活的表现和确证"①。

列宁指出："这个概念（＝人）是想实现自己的趋向，是想在客观世界中通过自己给自己提供客观性和实现（完成）自己的趋向"②。但是，人区别于其他所有生物的最主要之点在于在个体生命期间内人永远也不会达到人类的历史的生活"目标"。就此而言，人常常是一个未被完全实现的存在物。人不满足于马克思所指出的那种"生活本身却仅仅成为生活的手段"③的状况。这种不满足和未能实现包括一些进行创造性活动的动因，但它们又不是其直接的动因（物质动因等）。所以，正如马克思和恩格斯所指出的："任何人的职责、使命、任务就是全面地发展自己的一切能力……"④

这里谈的是个别人生命的意义，个人是通过社会来实现生命的意义的，但原则上这也就是社会和整个人类生命的意义，但是，社会和人类又是在不同的历史形态中来实现生命的意义的，这也以各历史形态面临着怎样的、直接的推动目标，以及这种目标是否符合（如果符合则符合到什么程度）人本身发展的目标为转移。这样看来，马克思关于下述问题的意见是饶有兴味的。他指出：李嘉图"希望为生产而生产，这是正确的。如果像李嘉图的感伤主义的反对者们那样，断言生产本身不是目的本身，就是忘记了，为生产而生产无非就是发展人类的生产力，也就是发展人类天性的财富这种目的本身。如果像西斯蒙第那样，把个人的福利同这个目的对立起来，那就是主张，为了保证个人的福利、全人类的发展应该受到阻碍……（西斯蒙第只是与那些掩盖这种对立、否认这种对立的经济学家相比较而言，才是正确的）。这种议论，就是不理解：'人'类的才能的这种发展，虽然在开始时要靠牺牲多数的个人，甚至靠牺牲整个阶级，但最终会克服这种对抗，而同每个个人的发展相一致，因此，个性的比较高度的发展，只有以牺牲个人的历史过程为代价。至

---

① 《马克思恩格斯全集》第42卷，第123页。
② 《列宁全集》第38卷，第226页。
③ 《马克思恩格斯全集》第42卷，第96页。
④ 《马克思恩格斯全集》第3卷，第330页。

于这种感化议论的徒劳，那就不用说了，因为在人类，也像在动植物界一样，种族的利益总是要靠牺牲个体的利益来为自己开辟道路的，其所以会如此，是因为种族的利益同特殊个体的利益相一致，这些特殊个体的力量，他们的优越性，也就在这里"①。这里马克思所强调的是，李嘉图在此表现出科学的真诚，而这种真诚揭示了资产阶级的利益同人类劳动生产率的发展既相一致又相矛盾的情形。

马克思所说的这种科学的真诚使得马克思本人必须去论证未来社会的那种理想，即每一个人的发展是所有其他人发展的条件，进而社会的目标与个人的目标是一致的。个人目标与社会目标的一致与统一，确切地说，在不同历史阶段和不同社会经济形态下发生变化的这种一致和统一的程度决定了人生的价值。可见，这种一致和统一的程度就不是超个人、超社会的，而是把个人生活的目标和意义同社会生活的目标和意义辩证地结合在一起。在私有制的社会经济形态中，它们可能是互相矛盾的，而在社会迈向共产主义未来的过程中它们之间的一致程度越来越高。向共产主义迈进——这是个人目标和社会目标的尺度不断变化的过程，这越来越明显地表现为个人的个性化，同时也是个人同社会、社会目标、社会存在和发展的意义的统一。可见，这是对未来的不断追求，它既在个人水平上又在社会水平上赋予人生以意义和价值②。

可见，对人生意义和价值的这种理解要以关于人的社会本质的学说为依据，因此，在这里社会因素不仅间接表现和改造着生物因素，而且在很大程度上"减弱"了生物因素。根据仿佛在本能和潜意识等水平上对于个人活动具有重要意义的生物因素方面而推断出人生意义的任何企图对于个人的行为来说都是错误的，因为人的行为取决于作为其调节者的社会因素，社会道德因素和人道主义道德因素。由这些因素决定的人生的意义也具有调节的功能，人类的个体发展与社会发展是辩证统一的，随着它们的发展这种调节因素发挥着更加具有决定意义的作用。

关于这一点，托尔斯泰说得好："人可以把自己看作在今天生活的一

---

① 《马克思恩格斯全集》第 26 卷（第 2 册），第 124—125 页。
② 顺便提一下，由此不禁想起 A. 布洛克在 1912 年 8 月 24 日写的一段笔记："只能为未来而活着"，这与普希金的名言"心为未来而跳动……"有共同之处。

种动物，可以把自己看作家庭的成员和已存在了千万年的社会、氏族的成员，甚至必然应当（所以人的智慧要不可遏制地向往着这一点）把自己看作存在了无限长时间的无限世界的一部分。因此，对于那些能够影响他的行为的无穷无尽的平凡琐事而言，理智的人应当做而且应当永远去做那些数学上称之为积分的事，即除了搞清楚与生命有直接关系的现象之外，还要搞清楚与时间和空间上无限世界的关系，并把它当作一个整体"①。在确定"对于整体持这种态度"的意义时，托尔斯泰认为人正是由此而引出"自己行为的指南"。他写道："对于活生生的人来说绝对必需的知识过去和现在只有一种：这就是处在某种地位上自己的使命的知识，即在这一地位上，人在世界上以及在那种活动或者根据对这一使命的理解而采取对活动的那种控制中找到自己"②。

不过，在强调世界和人的本质的理想方面，强调人的思维、智慧和道德时，最终会导致一种看法：关于人生的意义问题实际上将是不需要的，因为它在人的定义中已得到了反映。这种思想在哲学史上早就有过。例如，康德认为，只有人才是能思维的生物，他以自己的智慧决定着自己的目标，人或许是美的理想，是尽善尽美的。"谈到……作为有道德生物的人已不应该再去追问他为什么（quem in finem）而生存了。人的生活有自己的最高目标，而人则尽可能地运用它去支配整个自然界……"③ 确实，应该指出，这种平心静气的、真正的哲学论断并不是很快就能被人领会的，每一个有思维能力的人都在对人类生命（先是自己的生命，而后则是人类的生命）的意义又做出自己的回答。这些探索可能是充满感情和痛苦的，并常常带有悲剧的色彩。这样的事是发生过的，特别是在俄国历史上，在那里，抽象的推论采取了完全独特的方式，例如托尔斯泰、陀思妥耶夫斯基等人就是如此。

虽然这些思想家的著作中对于生命意义的探索性回答包含着不少错误和极端，但我们应该记住，这些探索是在多么严酷的社会条件下进行的，这些探索本身就是一个功绩，就是为了普遍的幸福、为了作为代表

---

① 《托尔斯泰全集》第35卷，第161页。
② 《托尔斯泰全集》第40卷，第427页。
③ 《康德文集》（六卷本），莫斯科，1966年，第5卷，第469页。

真正人的东西以及引导人在人"形成的绝对运动"（马克思语）中前进的东西等等而焦虑。这就是为什么我们可以不同意规定为托尔斯泰或陀思妥耶夫斯基所意识到的生活的意义的那种理想，但是，他们强调人具有积极的道德因素，对于这一点，我们至今也是可以接受的，如果这种道德因素不起作用，那么对人来说就会更坏。

这样看来，陀思妥耶夫斯基说过的关于他都称为"环境哲学"的许多话就具有现代意义。他认为，环境哲学"是错误的，是一种欺骗，而这种欺骗又很有诱惑力"，因为它要"人依赖于社会结构中的每一个错误，环境学说会使人完全失去个性，完全摆脱任何个人的道德义务，失去任何独立性，使人成为只能想象得出来的卑劣的奴隶"①。当然，"为什么而活着"这个重大问题的提出绝不是偶然的，对于这个问题陀思妥耶夫斯基极端敏感并直接诉诸人的良心，特别是在谈到"按照新的模式改造全人类"②，尤其是按照社会主义和无政府主义的理论（像他对它们的想象和它们在现实生活中有时表现的那样）来改造全人类的时候，更是如此。陀思妥耶夫斯基在生命的"极端"形式中，即在那种仿佛暴露生命本质的"反常"情况中考察生命，因此，他尖锐地提出问题："所有这一切都是为什么？""我感到痛苦的不是我的罪过和痛苦玷污了某一个未来的和谐……从而因此完全离开了最高的和谐。这种和谐一钱不值，甚至不如一个受尽折磨的奴隶——他用拳头捶打着自己的胸膛，在充满臭气的陋室里用自己不能赎罪的眼泪向'上帝'祷告着……由于热爱人类我不想得到和谐……虽然我可能是错误的"③。

陀思妥耶夫斯基如此激烈地拒绝所谓未来的完全普遍的幸福的说法，指出通向未来之路和获取幸福的手段可能同道德和人性相矛盾，从而为我们划定了理解人生意义的一些新的界限。无须具备太多的想象力就可以把所有这些同我们当今对于人和人类未来的关心和思考加以比较，就像马克思主义和共产主义观点从道德伦理方面和人道主义方面来呈现人和人类的未来那样。今天我们不就是因此而经常研究那些使我们的大作

---

① 《陀思妥耶夫斯基全集》（30 卷本）第 21 卷，列宁格勒，1980 年，第 16、17 页。
② 同上书，第 14、213 页。
③ 同上书，第 222、223 页。

家陷于苦恼并具有完全深刻意义的道德思想吗?可见,把陀思妥耶夫斯基在关于普希金的一个著名讲话中的一句话用于这些作家是贴切的:在我们面前他们是命令和预言。他们对现代人生活的影响恰恰是道德方面的影响,所以,他们是道德哲学原则在俄国的真正开创者①。自然,在这种情况下道德规范的限制作用是不够的,但是忽视它在人和人类命运中的巨大作用也是不行的,因为,这就同马克思主义关于人的发展是目的本身这一论断相悖了。

在这里,直接模仿托尔斯泰或陀思妥耶夫斯基的某些做法是没有意义的,马克思主义有从真正的人道主义出发科学地研究这些问题的特殊传统。同时,俄国作家的许多人道主义思想在加强对人及其未来问题的分析方面起到了思想上的推动作用(很遗憾,这还不够)。这首先涉及作为其社会本质和精神基础完善过程的人生的道德意义的问题。这种观点既适用于经济领域,也适用于人与自然的相互关系,还适用于考察人的生物存在(寿命、延长寿命的可能性、对于死亡和永生的态度等)。在这里,人的社会本质同样决定着道德原则和作为个性的人生意义的主导地位,而道德原则和人生意义又直接支配着作为个体的人的生存生物的因素和动机。

整个哲学史和科学史都在研究人生的意义同人的长寿、死亡与永生之间的深刻联系。对于这种联系谢涅卡做了很好的说明,他说,重要的不在于寿命多长,而在于你生活得是否正确。列奥纳多·达·芬奇指出,任何过得好的生活都是长寿。蒙田也强调了这种思想,他说,生命的尺度不是其长短,而是你如何运用它。很明显,在这里生命的尺度是由人类的生命形态,即生命的社会—个性形态和道德形态决定的。它可能是解决与延长人的寿命的方案有关的那些复杂问题的出发点。

这些问题是极其复杂的,这是因为从生物学的角度来说个体在某些方面永远是整个类的手段,只有通过个体生育后代和死亡,人类才能以

---

① B.C.索洛维耶夫(首先是在《为善辩护》中)试图把托尔斯泰和陀思妥耶夫斯基关于人生意义的思想、他们在方向上相同的道德哲学的探索,在理论上(在宗教唯心主义的基础上)固定下来,虽然这两个人在许多方面有着根本的区别,这些思想的区别就像这两位大作家在创作上互不相同一样。

一定的生命形式存在,而这种生命在与个体生命不同的另一个时间尺度上延续。如果从生物学的角度来看,那么自然界是"冷漠无情的",它在做完了复制人的年龄的事情之后,就对个体"失去了兴趣",所以,对于具有个性的人类个体来说,不是自然,而是社会决定了他的生命的尺度和价值。正是在自然不起作用的地方社会对人的兴趣在增加,所以,个别人的个性的发展是人类存在和发展的目的和手段,而人类既是人类(Homo sapiens)形态,又是社会共同体和地球上智慧和文化的载体。

这种辩证的矛盾是人的寿命变化的基础和动力,它在每个个别人的身上表现得特别尖锐,而人是具有个性的个体,自然,在这种情况下个体不能"脱离"他生存的自然生物条件和因素。在这里重要的是,甚至直接在生物学的意义上,个体寿命的提高在进化方面也是同提高发展中的类的稳定性和可靠性相关的[①]。

但是,个体寿命本身不是生命系统的稳定性和可靠性的绝对标准,也不是类在一定的环境条件下生存延续时间的条件。类延续的时间或者类的生命的尺度是伴随着个体的衰老和死亡而发生的世代更替。同时,正如苏联学者 И. И. 什马利高津所指出的:"许多动物正在经历着个体的更加完善和更加稳定的发展过程……具有十分稳定的充满活力个体的动物只能通过某些性细胞来繁殖。所有其他肉体或早或晚都要死亡。死是为获得更高级的具有更长寿命的个体而付出的代价……这样,个体的存在总是有时间限制的。如果不是死亡,也会有其他原因使个体消失"[②]。

什马利高津所说的高度发达的个体是指的"个体的最能动的那种形式"[③]。所以把这种评述推广到作为个体和 Homo sapiens(人类)的代表的人身上去也是合理的,尽管被引用的这一主张在主观上会导致相当悲观的见解和结论。但它们在某种程度上与上面提到过的马克思的话有共同之处,马克思认为"代价"换来的是个性的更高度的发展,"在人类世界上就像在动物界和植物界一样,类的利益总是靠牺牲个人的利益来为

[①] 此处可参阅 А. К. 阿斯塔费耶夫《综合技术和生物学概念的哲学方面——以可靠性理论为例》,列宁格勒,1978 年。

[②] И. И. 什利马高津:《死亡和永生问题》,莫斯科—列宁格勒,1926 年,第 80 页。

[③] 同上书,第 79 页。

自己开辟道路的",因为"类的利益是同单独个体的利益一致的"。但是,类比应到此为止,因为作为个性的个人的发展只有在一定的社会(共产主义)条件下才同"类的利益"相一致,必须以每一个人的发展成为所有人发展的条件为前提。

所有这些与人的生命、与个体和个性的衰老、死亡都有着直接的关系。激动人类思维的这个问题,大概从人类思维产生之日起直至今日一直是一个最大的谜,它正继续困扰着人的智慧和情绪。有大量的图书资料(超过6万份)从生物学、人口学、老年学、心理学等不同角度研究人的生命、衰老及死亡问题,并考虑到了它们之间的互相联系与互相制约[①],同时,由于一系列原因(这些原因我们将在下面谈到)这个问题的社会和哲学方面、伦理道德方面和人道主义方面在今天具有特别重要的意义[②]。

在当今世界上人口正在严重老化[③]。据估计,到2000年老年人的数量要达到6亿。因此,这就尖锐地提出一个问题:要保证他们有一个有

---

① 例如,关于这个题目可参阅下列一些著作:И. И. 什马利高津:《死亡和永生问题》,莫斯科—列宁格勒,1926年;А. А. 博戈莫列茨:《生命的延长》,基辅,1939年;Э. Г. 费连克利:《延长生命和精力充沛的老年》,莫斯科—列宁格勒,1949年;《长寿问题》,莫斯科,1962年;М. Д. 格尔梅克:《老年学——关于老年和长寿的学问》,莫斯科,1964年;А. В. 纳戈尔内、В. Н. 尼基京、И. И. 布兰京:《老年和长寿问题》,莫斯科,1963年;И. В. 达维多夫斯基:《老年学》,莫斯科1966年;Д. Ф. 切博塔列夫:《老年学和现代医学》,载《第九届国际老年学大会》,基辅,1972年,第1卷,还有他的《各种年龄的健康》,载《科学技术革命和人》,莫斯科,1977年;В. В. 费罗利斯基:《衰老和有机体的生物可能性》,莫斯科,1975年;还有他的《提高寿命的生物学前提》,基辅,1976年;В. Ц. 乌尔拉尼斯:《寿命的进化》,莫斯科,1978年;И. И. 布列赫曼:《人和积极的生物体》(第二章),莫斯科,1980年;В. М. 季利曼:《巨大的生物钟》(整体医学概论),莫斯科,1981年;Э. 罗谢特:《人的寿命》,莫斯科,1981年;А. Г. 维什涅夫斯基:《人口再生产和社会:历史、当代和未来观点》(第2卷),莫斯科,1982年;《衰老的生理机制》,列宁格勒,1982年;Дж. 库茨明、Ф. 戈尔东:《消灭的死亡!战胜衰老和延长人的寿命》,莫斯科,1982年;《长寿现象——人类学—民族学方面的研究》,莫斯科,1982年。

② 例如,关于社会老年学的社会研究文献的总量从1948年的14%上升到1968年的20%(参阅:М. Д. 亚历山大罗娃:《社会老年学和心理老年学问题》,列宁格勒,1974年)。这种增长趋势在最近几年大概不会停止。关于这个问题的哲学方面的研究可参阅:И. Д. 潘茨哈科:《人、人的生命及永生》,莫斯科,1967年;А. А. 科罗利耶夫、В. П. 佩特连科:《生物学和医学中规范理论的哲学问题》,莫斯科,1977年;Т. В. 卡尔萨耶夫斯卡娅、А. Т. 沙塔洛夫:《老年学的哲学方面》,莫斯科,1978年,等。

③ 按照世界保健组织的分类,中年以上包括男人从61岁到75岁,妇女从55岁到75岁,之后就进入老年。

活力的、使他们能参加劳动和社会生活的老年期。这一点在苏联共产党第26次代表大会通过的《1981—1985年和1990年以前苏联经济社会发展的主要方向》中得到了反映，这个文件直接提出"要实行一系列措施以提高人们的寿命和劳动积极性，增进他们的健康"[①]。《延长生命》这个综合的科学纲领就是为完成这一任务服务的，在苏联医学科学院老年学研究所的协调下，我国的数十个研究所和机关参与了这一纲领的制定工作。"使老年人的生活充满价值"——这个口号成了世界范围内，特别是世界保健组织（BO3）系统内的学者和医学工作者的各方面活动的人道主义基础。

自然，这一口号的具体表现首先是由社会经济形态决定的，在这里，无论是现在还是未来社会主义在提供现实人道主义方针的可能性方面具有无可争议的优越性。但是，问题是全球性的，科学地解决这些全球性问题是人类在与延长人的寿命有关的问题上采取实际行动的前提。在这些问题中哲学——社会伦理的和道德人道主义的——问题发挥着重要作用，这些问题与对于人生意义和价值问题的解决密切相关。

如果研究一下这些问题，我们就会发现，只有科学地理解人的生命、衰老和死亡过程的实质，把它们看作生物因素和社会因素相互作用的复杂综合体，这些问题才可能被正确地提出和解决。生物因素和社会因素决定了生命的尺度，决定了个体和个性生活的生物时间和社会时间，决定了它们的发展，其中包括寿命的进化。马克思写道："人的生命过程要经历不同的年龄……但是，人的各种年龄是并存的，分属于不同的个人"[②]。这也极大地影响了人对时间的长短、生命的尺度的感觉，同时也提供了一种把个体时间和历史时间、生物时间和社会时间看作辩证的统一的可能性[③]。

所以，当我们研究人的寿命、讨论和评估延长寿命的可能性这个问题时，一个极其重要的问题就摆在我们面前，即：我们所指的是什么样

---

① 《苏联共产党第二十六次代表大会资料》，第137页。
② 《马克思恩格斯全集》第46卷（下册），第145页。
③ 参阅：Н. Д. 巴格罗娃：《人所领会的时间因素》，列宁格勒，1980年；В. П. 亚科夫列夫：《社会时间》，顿河罗斯托夫，1980年。

的时间，相应地，我们想延长的是什么——个体的生物时间还是社会—个性的时间。即便在完全客观的情况下，后者也是非常主观的，并且是用完全不同的尺度来衡量的，这些尺度有时带有非常强烈的感情、心理、道德色彩。我们还记得 A. 阿赫马塔沃伊那富有诗意的感叹："……谁来保护我们避免由于光阴的飞逝而不知何时飞来的灾难？"

延长人的生命可以作为某种科学的、被社会意识到的目标而提出来，那时就发生了一个问题：对于个人和社会来说为什么这是必要的？如果生命本身被当作绝对的、自给自足的价值，那么这个问题就可能不会发生。最终，这个问题可能会在其表现出来的历史过程中，特别是在生命进化过程中自然地得到"解决"。如果看一下相应的历史的和现代的人口研究，大概就会发现这个问题实际上也是这样"解决"的。

例如，很多人口学资料表明，在人类历史上人的寿命就发生了变化，并且现在仍在变化。这里指的不是由遗传因素制约的（在作为个性——它主要受社会因素的影响——的人那里这种制约性是不存在的）"纯"生物学时间，而恰恰是社会寿命，在这里生活条件和环境发挥着决定作用，它们使生物因素的作用发生了重大变化[①]。虽然这些资料并不总是很精确的，各种研究资料也常常互不吻合，但它们却足够充分地反映了一般规律和总趋势，也反映了它们在当代的发达国家（社会主义国家和资本主义国家）和发展中国家的具体现状。考虑到社会因素就能够把人的社会衰老的过程划分为正常衰老和病态衰老。正常衰老是随着有机体潜力的耗费而自然发生的，而在病态衰老的情况下会发现社会因素对于自然发生的衰老过程的消极影响。所以，首要的、基本的任务（使导致病态社会衰老的原因达到最低限度）同对社会进行改造的最普遍的社会任务是同时发生的，而这种改造是要保证人有正常的、人的生活条件，包括医疗服务。从社会的角度来看，健康的权力是确认生活权力的出发点，生命越长久就能越有效地实现人的所有生物潜力，并且把引起过早社会衰老的那些因素的病理作用减弱到最低限度。

---

① 例如 A. Г. 维什涅夫斯基详细研究了人类发展的不同历史阶段对人的寿命进行社会调节的不同形式，详细研究了在 3000 年与往后的交合点上死亡率下降的前景（参阅 A. Г. 维什涅夫斯基《人口再生产与社会》，第 81—147 页）。

至于谈到作为现代条件下基本而主要的问题的这个方面,那么,在这里,价值的、人道主义的观点同社会的观点是一致的。从纯人道主义的观点看来,长寿的价值是自我发现、自我充实,而从社会的,即关注社会意义、为饱含用知识、生活经验和智慧丰富起来的高度发展的人的个性的社会增加价值的观点来看,提高正常的社会寿命有赖于限制以至将来完全排除病态的社会衰老,这不论对个人还是对整个人类社会都是一个进步过程。确实,只有在共产主义条件下才能完全达到这一目标。到那时,每个个体生命的价值将同社会生命的价值完全一致。

另一方面是生物寿命,即其类的时间,在遗传进化方面被编码化了的个体生命的必然更替是生命历史延续的条件。在这里发生了许多新的科学问题,这些问题基本上是生物学问题,但不能认为它与社会问题和道德—人道主义问题无关,而社会问题和道德—人道主义问题是由对于人生的实质和意义、寿命、人的死亡和永生这些问题的总的解决所决定的。

这一问题的科学提法首先直接依赖于生物学的成就。其实,正是从一般生物学的角度进行的对生与死本质的研究,为研究与人有关的这些过程,包括衰老生物学、老年学等创造了前提条件。许多与此有关的问题的现代提法主要是达尔文之后出现的,并且与进化方法密切相关,众所周知,正是借助于进化方法生命科学才被置于完全科学的基础上[①]。卓越的俄国学者 И. И. 梅奇尼科夫在这个问题的研究方面做出了重大贡献,同时,他的研究的特点是力图发现生物的、社会的和人道主义的方法同生命的意义这个问题的一般哲学提法之间的联系。确实,他主要强调的是问题的生物学方面,而他的整个立场具有明显的自然主义的局限性就与此有关。这在《人性的研究》中,特别是在《乐观主义的研究》[②] 中表现得很明显。在梅奇尼科夫看来,"人生的目的在于实现正常的生命循

[①] И. И. 什马利高津的著作《死亡与永生问题》(莫斯科—列宁格勒,1926 年)从生物进化论的角度考察了这些问题的研究史(到本世纪 30 年代初)。也可参阅 В. П. 沃伊坚科《现代生物学中的衰老和死亡问题》一文(载《哲学研究》),1982 年第 6 期。

[②] 参阅《梅奇尼科夫选集》第 11 卷,莫斯科,1950 年,还有他的《乐观主义的研究》,莫斯科,1964 年。

环，这一循环导致生命本能的丧失和无痛苦的老年，以至安然谢世"①。在他看来，人的正常生命的极限在 100 岁或 120 岁左右和更大一些，这与圣经国王大卫规定的那个极限（70—80 岁）相差很远。梅奇尼科夫认为，过早衰老是一种疾病，这种疾病要借助于"合理长寿法"（关于"未来科学"的方法）来治疗。

但是，后来的发展表明，损害人类和人本身历史发展的其他因素而把科学绝对化的任何作法都是危险的，在这里重要的是要看到构成人的本质的社会的、伦理道德的和人道主义因素的决定作用——特别是在直接与人的生命、衰老死亡有关的问题上更是如此。同时强调这一点有助于把科学研究的兴趣集中到这些问题上来，首先在生物领域出现了这样的情形：科学出版物（包括现代出版物）愈来愈迅猛地增加，就其数量和质量来说大大超过了对人的生命、衰老和死亡的许多世纪的认识史所提供的所有东西。

在这里，批判地重新理解 A. 魏斯曼的某些思想，其中包括他关于衰老和死亡是有机体在进化过程中逐渐产生和加深分解的结果的学说是具有重大意义的。魏斯曼认为，单细胞有机体可能潜在的永生在多细胞有机体那里逐渐丧失。什马利高津也强调了尤其是由于停止生长而发生的年龄变化的意义。他认为："老年人的退化是个体的正常循环，死是生命现象这个链条上的最后一个环节"②。好像是对当时还鲜为人知的恩格斯关于死亡是"生命的最重要因素"③ 的思想的继续，什马利高津指出："死与生有着不可分割的联系，因为任何生命现象只有借助于相当数量生物的灭亡才可能存在。死似乎是生的否定的一面。没有生就没有死，生是死的根源"④。同时，在什马利高津看来，不能认为长寿在生物学方面就是"有益的"。他写道："我们必须抛弃长寿是'有益的'这种偏见，而要承认每一种动物（甚至每一个性别和每一个形式）都有自己独特的寿命，这种寿命绝不是最大可能的寿命，它完全是由其组织决定的。在

---

① 《梅奇尼科夫选集》第 11 卷，第 29 页。
② И. И. 什马利高津：《死亡与永生问题》，第 4 页。
③ 参阅《马克思恩格斯全集》第 20 卷，第 39 页。
④ И. И. 什马利高津：《死亡与永生问题》，第 4 页。

某些情况下可以令人惊奇地发现，短暂的生命明显地是由特殊的生理结构的先天不协调构成的"①。

什马利高津认为，由于人的寿命比其他哺乳动物更长一些，所以，人的个体得到了高度发展，这是与有机体的较长寿命同时发生的。什马利高津强调指出："在整个有机体变得特别年轻的同时……不丧失个性，即不失去组成我们生命的全部价值的东西这是不可思议的……无论如何，人的寿命本来就够长了，并且毫无疑义或许会进一步明显地延长。但是与动物相比我们还有另外的优势——这就是我们所创造的成果不会随着我们一块死亡，而是积累起来成为未来世代的财富。虽然我们生命的旅程如此短暂，由于认识到人的生命大大超出其他生命，认识到死亡以人的精神的万古流芳的创造物之存在的可能性为条件，我们人生的旅程因此而闪闪发光"②。

这位苏联学者的篇幅不大但有深度、有价值的著作就是以这样聪明的愿望来结尾的，他对于人的生命、衰老和死亡的现代观念的明显影响不仅仅直接表现在生物学方面。现代观念的发展更加注意问题的社会的、道德伦理的和人道主义方面，在现代观念的发展史上，这部著作好像是揭开了新的一页，特别是它对现代老年学的发展发生了明显的影响。

当今，把人的有机体衰老过程的某些因素提到首位，有时还把它们绝对化的各种理论数以百计，同时其中有许多只是依据生物学（特别是分子遗传学）的新资料对于过去的假设加以现代化改造。所有这些理论可以分为两大类。其中一类认为衰老和死亡是由遗传决定的；另一类认为，它们是由有机体不能排除的、积累起来的遗传方面的损失决定的。但是，通常不管哪一类理论和假设都把衰老和死亡问题同进化的某些机制联系起来，都受到过前面考察过的梅奇尼科夫、魏斯曼、什马利高津等人观点的影响。

上述这些理论和假设都表现出把影响人的机体活动的某种因素绝对化这一还原论的（生物遗传决定论的）趋势。然而，基于对以间接方式表现和支配生物因素的社会本质的理解，要认识到必须符合而系统地研

---

① И. И. 什马利高津：《死亡与永生问题》，第49—50页。
② 同上书，第91页。

究人的衰老和死亡问题（例如，老年学研究的基辅学派的适应调节理论①），这一认识更多地为自己开辟道路，尽管有时表现出对社会条件是长寿发生的主要因素这一思想本身的否定性的态度②。

至少在现代和最近的将来，这样一种思想基本确立起来：最大限度地借助于科学方法去提高人类的（生物学）寿命是可能的和必要的（一些学者认为可达到150岁）。虽然学者们面临着另外一些更加复杂的目标和任务，但是现在他们的主要力量还是用于这一方面。他们甚至说："我们正处在新时代的临界点上，在这个新时代医学将把人类（Homo Sapiens）变为长寿的人（Homo—longevous），成年男女在智慧和体力方面将充满朝气。如果事情果真如此，那么我们就必须用全新的观点来看待生命"③。

在这里首先要指出的是什么？在我看来。对生命的这种幻想正是根据对人的意识和行为的真正人道主义的观点，正是根据对人何以应该比适应于个体特点和社会需要的正常年龄参数所制约的时间活得更长些这一点的确切的规定。这些个性观点虽然在本质上是依赖于社会条件的，但它也对社会条件发生反作用。在这里也有自己的辩证法，但至今有关长寿发生的研究注意到这一点的并不多。

确实，现在有一些长寿发生理论是从生物因素与社会因素、个体因素与社会因素的辩证法出发的，例如，有的试图按照功能把人的生命时间分为按时间先后顺序排列的年龄、生理年龄、心理年龄和社会年龄④。我想，不久的将来，适用于人的生命延续的这个社会的概念本身也将会特别考虑到认识和行为的个性的（包括道德—人道主义的）观点来加以分类。要知道，现在和未来的科学（包括长寿法——关于延长生命的学

---

① 老年学家集体在《衰老的生理机制》（莫斯科，1982年）一书中成功地运用了综合方法和系统方法，从分子水平到有机制的整体水平研究了衰老的生理学机制。

② 参阅 И. В. 达维多夫斯基《老年学》，第272页。可惜，在这本很有价值的著作中得到发展的、指导我们的老年学家的方法之一虽然带有综合的特点，但是通常它没有超出生物学的范围。

③ дж. 库茨明、Ф. 戈尔东：《消灭死亡！战胜衰老和延长人的寿命》，第14页。作者探讨了各种人为地延长生命的方法，包括移植术、仿生工艺学、低温生物学、基因工程学等。可惜，实质上他排除了长寿发生的社会道德因素的主导作用。

④ 参阅 Т. В. 卡尔萨耶夫斯卡娅、А. Т. 沙塔洛夫《老年学的哲学方面》，第79页。

说）不论向我们许诺了什么，谢涅卡的名言——提高寿命的最好方式是不缩短它——都不会过时。康德就曾发现："……如果不大去惦念自己的寿命，那么他会活得更长一些，但是要提防，不要被某种干涉我们善良天性的东西缩短了寿命"[1]。

帕金森和孔德[2]试图把一些有意义的思想结合起来成为某种"长寿之法"，他们的理论具有严重的生物遗传决定论和马尔萨斯主义的片面性，[3]但其中又道出了下述完全合理的思想：有许多可以延长生命的方法，但是应该记住，生或死的问题在很多方面都以精神状态为转移。我们会死至少部分地是因为我们活得够长了；我们活着是因为我们还应该做些什么[4]。我特别强调这一思想，因为它把人的寿命同个性的观点，包括对生命意义的理解、生命的目标和道德伦理评价紧密地联系起来。

在这方面，下述观念的发展具有重大意义，在这些观念中，社会因素的主导作用建立在其适应作为社会生物体的人的真正本质相适应的社会生物学的前后环境的基础上。在这里，科学的哲学和关于人的社会学、道德伦理原则、对人的生命、衰老及死亡意义的特点的了解具有极大的方法论功能和价值论功能。许多事实和趋势指出了这一点，但我觉得这主要是指出了在"人的世纪"中科学的未来前景。

在关于人的科学（它是人道化的、真正人的科学）发展的这个阶段，不仅要探究延长人的生命的生物学途径，而且要一般地确定生命的尺度，而这种尺度是要把生、死的生物学的理解同社会的、伦理的和人道主义的理解辩证地结合在一起。这种尺度是同人的本质力量合乎理想的实现密切相关的，可见，个体生命的延续本身并不是科学和社会的目的，人性财富的发展才是目的本身。人的生命的个体参数（与生物的可能性相

---

[1] И. 康德：《论文与书信集》，莫斯科，1980年，第550页。在这个问题上康德没有局限于日常生活的观察。他曾写过一篇专论：《论精神控制不健康感觉的能力》（参阅第298—318页）。

[2] C. N. 帕金森、Le. 孔德：《长寿之法》，英文版，特洛伊，阿拉巴马，1980年。

[3] 我的文章《全球问题条件下的人和人类》（参阅《哲学问题》，1981年第9期）指出了这种片面性。

[4] 西塞罗也指出了这一点，他认为："老年的界限不是预定的，即不存在的，老年人的生命是有效的，他们能够担负责任并蔑视死亡。所以老年甚至比青年更勇敢、更有力。"（《西塞罗选集》，莫斯科，1975年，第380页）。

配合）将决定个人参与人类集体生活的程度和他之实现作为社会生物体的人的无限发展这一想法的程度。

自然，这就要求既要本质上改变关于人生意义、在人的生命中个体因素与社会因素的关系这样一些一般的观念，也要在科学方面、社会伦理方面和道德—人道主义方面根本改变对待死的态度。当今，科学的目标是延长人的生命，但是通常人们生活的目标却大不相同，生命的时间参数也很不相同，它们并非总是以社会伦理因素和人道主义因素为转移。例如，在谈到未来人寿命增加的可能性时，有的认为可能达到 1000 岁或更多一点，有的则认为人的寿命是无限的①。

但是，从社会伦理的角度和道德—人道主义的角度来看，所有这些又该怎样呢？人类是否永远要去最大限度地延长个体的生命以至使它永生？或者人类找到了其他解决问题的办法，那时，人类的社会伦理意识和道德—人道主义意识将改变对人生意义的理解，以至于人不能同人类分开，人类的需要和利益对个人来说成为至上的东西？在这种情况下，单个人生命的延续时间将由具体的历史条件、由与个人的可能性和需要相一致的社会的可能性和需要来决定。进而，在这里，由未来社会的整个生活所决定的意识既对该社会本身的生活发生积极影响，同时也对每一个人的生活、包括他的生命的延续发生积极的影响。

很难说，未来的科学将怎样去延长人的寿命，不过有一点是明确的：要解决这一问题必须综合地利用注意到作为完整系统的人的机体的相互作用的各种方法。现在更难断言，个性的独特的生物生命将由哪些具体的时间参数所决定，大概我们的后人也并不需要这样做。现在，有许多著作指出，成年人（对于人来说这是重要的、具有决定意义的时期）所达到的智力水平或许能够保持到暮年②。所以，看来现在

---

① 在这种情况下指的不只是某些未来学的乐观情绪，而且也包括一些学者的预测主张（参阅 В. Ф. 库普列维奇：《永生是神话吗？》，载《科学与宗教》，1965 年第 7 期；A. 克拉克：《未来的特点》，莫斯科，1966 年，等）。有一个"人工提高人类寿命"问题国际协会，它的发展点是，把人的生命延长到 100 岁是可能的和必要的。至于 A. 克拉克，他认为到 2090 年人就会达到永生。

② J. M. 胡利奇卡：《老年心理学和老年社会学的经验研究》，纽约，1977 年；R. M. 海尼格：《衰老的秘密》，纽约，1981 年。

主要的任务是最大限度地、合理地利用这一无价之宝，而不是提出人类和个别人都不知道其后果如何的那些目标。要知道，从社会、心理和伦理道德的角度来看，生命超过种的参数的前景本身如何表现在人类和个别人的个性中，这个问题一般说来还是不清楚的，因为这要以借助于"同型工艺"（ГОМОТЕХНОЛГИЯ）① 从根本上来改变人的机体为前提，这可能带来人丧失个性、个性雷同等危险，此外，不仅老年恐惧症（ГЕРОНТОФОБИЯ）是有害的，而且任何阻止世代的历史运动、人为地中止已取得的成果和将已取得的成果往前推数百年以至推到无限遥远的未来这样一种可怕的前景，也是有害的。任何一个真正永远受尊敬的人未必会同意成为"一般人"的永恒的化身和标本，从而好像是把自己强加于未来。因为这种"一般的人"必然会不由自主地丧失所有诱人的新特点，也丧失马克思所说的人"形成的绝对运动"的秘密，而这种人的形成要寄希望于新亚里士多德、新歌德、新托尔斯泰、新爱因斯坦、新马克思……的出现。

然而，Дж. Д. 斯维弗特举出了"经过挑选的"拉普他（ДanyrTa）② 人的例子很好地说明了这一点。这些人在进入垂暮之年之后"注定是不会死的"，甚至他们羡慕另一些老头的死亡。而歌德的浮士德拒绝自杀不是出于利己主义以能活得更长一些，而是出于对人们的爱，他要与人类共命运，确保其青春。现在这种想法在所谓的青春学中正在复活，依我所见，青春学的假设还应该接受生物学、社会伦理学和道德人道主义观点的严格检验。我觉得，在任何情况下，И. B. 达维多夫斯基的老年学的立场都是论证比较充分和引人注目的。他认为："长寿和与之相联系的积极的创造性的老年问题——这比起寂寞无聊的老而不死来说更加实在。实际上，这里所说的是新人，他已意识到自己的潜在可能性不仅仅在地球上，而且存在于无限广阔的宇宙空间。他已成为时间和空间的主人"③。

---

① 某些学者认为，同型工艺学包括器官的移植，以及借助于仿生学的新工艺用人工制造替代它们，包括心理外科学（ПСИХОХИРУРГИЯ）以至……"生物控制有机体"（БИОКИБОРГ）。遗憾的是，事实上这常常只是"科学的神话"。

② 拉普他是 Дж. Д. 斯维弗特在其记叙体小说《格列佛游记》中杜撰的一个飞岛。——译者注

③ И. B. 达维多夫斯基：《老年学》，第19页。（着重点是我加的。——И. T. 弗罗洛夫注）

看来，这样提出问题不仅完全符合现代的，至少是最近将来的科学现实性，而且（这是主要的）完全符合社会伦理和人道主义原则。这些原则是重要的，它将来可能是人的寿命的具有决定意义的调节者。这种提法断定，生命是无限长久的，这要借助于时间上有限的许多智慧而人道的个体生命的依次更替才能实现，生命又是不可重复的，它本身是无限的个性之出生、成长和死亡的快乐和悲伤。正如苏联人口学家 Б. Ц. 乌尔拉尼斯所指出的："我们重视生命并且珍惜它，恰恰是因为它不是无限的。重要的是，所有纱线被纺织时，生命之线就不会中断，火焰燃烧着，灯盏就不会熄灭"①。

"活着不只是为了自己，也是为了后代"，这一人道主义原则首先要求对人生意义、对它在科学和哲学意义上的进步、对人类在现在和未来普遍的社会进步和道德进步有一个相应的理解。看来，对于人类来说，在这个方向上还有许多问题要研究，有许多困难要克服——人类思维的整个历史要求这样做，特别是在我们思考未来时更是如此。

但是，近来这种思考常常转向过去，很奇怪有时被人遗忘或几乎被人遗忘的学说，包括唯心主义的宗教教义正在复活。这里指的不仅仅是涉及人的"灵魂"不死、关于"复活"和"阴间的生活"的观念（正像圣经所说的："骨灰要回到地球上去，因为它曾是泥土，而精神却要回到上帝那里去，因为它是上帝赐予的"）传统的唯心主义教条。同时，这里指的也不仅仅是某些宗教界代表人物企图把陈旧的教义……同某些最新的科学（遗传学、心理生理学、甚至星际航行学）联系起来。当代许多在上述有限范围内进行抽象推论的学者，他们对于未来的思考，甚至在涉及需求用新的范畴和方式创造性地加以理解的崭新现象的情况下，今天也往往要转向那些不仅同不断进步的哲学史传统②不相符，而且同自然

---

① Б. Ц. 乌尔拉尼斯：《寿命的进化》，第302页。
② 关于死亡和永生问题的哲学解释发展史，И. И. 梅奇尼科夫在《人性的研究——乐观主义哲学的经验》和《乐观主义的研究》两部著作中作了详细的叙述。研究死亡问题著作的目录和展开的评论包括这样一些书籍：W. 希布尔：《死亡、跨学科的分析》，威斯康星，1974年；П. П. 盖坚科对这个问题作了扼要而内容丰富的历史哲学方面的分析（《哲学百科全书》第5卷，莫斯科，1970年，第34—36页）。还可参阅 Ю. 达维多夫的《爱情伦理学和为所欲为的形而上学（道德哲学问题）》（莫斯科，1982年）一书中的有关章节。我在《论生命、死亡和永生——新（真正的）人道主义的研究》一文中（载《哲学问题》，1983年，第1—2期）也试图从道德哲学的角度研究这一问题。

现实和社会现实、同对人的生死进行科学认识的结论也相悖的观念和思想。所以，它们不会使我们对这些"永恒"问题的理解有任何进展。在人的生死问题上，虽然现代科学和哲学的既定方针在很大程度上承认社会伦理和人道主义因素对于个体的发展具有决定性作用，但能起这种作用的不是在正统的和顺应新的科学资料的宗教唯心主义观念的现代变种（包括最新变种在内①）那里所采取的那种形式荒谬的社会伦理和人道主义。

对于马克思主义来说，正是在其与社会和整个人类的联系中科学地认识作为个体和个性的人的社会本质以及在其发展中认识个人和历史的辩证法，才有可能科学地解决人的死亡和永生问题。马克思主义不拒绝研究这些作为哲学问题的问题（我们在客观唯心主义体系和泛种论的各种变种以及其他理论中所看到的这些问题），但只是把它们从人的个体生命和自然生物生命的领域辩证地推广到由社会因素和精神因素，包括人道主义的道德因素在内所决定的人类这一种类的生命的整个领域中去。马克思指出："死似乎是类对于特定的个体的冷酷无情的胜利，并且似乎是同它们的统一相矛盾的；但是特定的个体不过是一个特定的类存在物，而作为这样的存在物是迟早要死的"②。同时，马克思把共产主义解释为不仅是人和自然之间、人和人之间、存在和本质，自由和必然之间"矛盾的真正解决"，而且是"个体和类之间的斗争的真正解决，它是历史之谜的解答……"③。

但是，死亡和永生的问题以及与之相伴随的个体、个性与在构成历史的一定的时间延续性中的人类、社会之间的矛盾，正是最奥妙、最复杂的一个谜。当然，在这里只从类的观点看问题而把马克思主义的哲学立场仅仅定义为乐观主义，说什么个体虽然要死亡，但他在人类之中、在其后代和人类的创造成果之中、在人类文化——物质文化和精神文化之中却获得了永生，这还是不够的。

---

① 最近几年，不同派别的神学家加强了对这一问题的研究。例如，罗马教皇约翰·保罗二世1980年4月13日在都灵的谈话中，谈到面临死亡而产生的恐惧的合理的心理基础。他认为，生的愿望可以在基督教的"复活"的理论中得到满足和解决。

② 《马克思恩格斯全集》第42卷，第123页。

③ 同上书，第120页。

个性特别敏感地体验到的死与永生的问题还有另外一个方面，即个人的方面，它带有悲剧成分，而这是任何哲学、甚至最为乐观的哲学都不可能取消的。我们记得普希金的诗句：

> 到时候啦，我的朋友，到时候啦！心儿祈求平静——
> 光阴飞逝如流星，每一小时都卷走
> 我们一小片生命，而我们却在盘算
> 怎样过日子，可看哪，转眼就要化作灰烬。
> 但是：
> 一切都在遭受者死亡的威胁，
> 对于必然归于死亡的心灵来说又暗含着
> 难以言表的快乐——
> 永生，或许是抵押，
> 在风浪中搏击的人是幸福的
> 他能够获得和体验愉快。

同时，那在别人乍看起来是矛盾的东西，在诗人的个性中同任何人一样，则是结合在一起的思想和情感：

> 朋友，我不愿意死，
> 我向往生活，为了思维和痛苦……

在诗人笔下不止一次地把生活既是思维的精神愉悦同时又痛苦不堪的观念意味深长地结合起来。但是在这里我们感兴趣的是另一方面：为了替他人开辟道路，为了使生命永存，死是必要的和正当的。意识到这一点，即：个体会死去，但个性不会完全死亡，它会存在于后人的事业和记忆之中，就像普希金（他的诗：《不，我不会完全死亡》）现在并将永远活在我们心中一样，就能够使我们从精神上安于死亡，尽管伟人的个性对于所有的人都不会恢复原样。但是，毕竟不能空谈什么死是最好的选择（普希金的个人命运证明了这一点），这就是说，人要死亡这一悲剧不能用种族和个性在人类文化及其历史中的永生这种道德哲学意识来避免。所以，最需要的不是乐观主义，而是现实主义（确切地说是科学的、真正的人道主义），我们应该把它当作马克思主义看待人的死与永生问题的道德—哲学基础。

这一立场并没有给出适用于一切人或每一个人的最终的解决方法。但它明确指出了解决对于每一个人在精神和情感方面如此不同和不可重复的这些问题的一般的世界观立场和非常重要的途径，普列汉诺夫曾经指出："在现代自然科学看来，死亡没有什么神秘可言。死亡根本不是不可理解的怪物。我们可以象雪莱某个时候谈论诗人基特斯的死一样去谈论任何一具死尸：他是自然造就的（He is made one With Nature）（他与自然界连成一体①）……'同自然界连成一体'不含有任何神秘之处，但是其中有时含有许多有害的东西，特别是对于那些死去亲人的人来说更是如此"②。正是这后一种情况，而不仅是关于死亡的念头本身对于这些人来说已经不可怕这一点，在其他社会伦理和道德—人道主义方面映照出你的死亡问题。

我认为，在一般地研究死的问题时最富有成果的将不是单纯地从被情感体验所补充的"自然科学的观点"出发，或者从纯道德—哲学立场出发从而"摆脱"这些体验，而是把二者统一起来，不仅考虑到由于你的死亡（它作为一种现象是属于你的）而引起的个人体验和思考，还要考虑到他人对此将如何反应，而对于他人来说，你的去世只能引起他意识和情绪上的反应③。

当今，人们越来越注意从社会伦理和道德—人道主义的角度去研究这些问题，这不仅是因为个人对于生活的抉择越来越有意识、越来越敏感，而且因为对上述问题进行的生物医学研究取得了一系列成果。这里指的不是某些个别的遗传和医疗技术的前景，很明显，这种前景在许多方面将以新的方式向人类提出这些问题，并且要求对一系列人道主义原则做出新的规定，这不仅会引起关于人生的社会学和伦理学的变化，也

---

① 大家知道，普列汉诺夫曾把这句话作为自己的墓志铭。
② 《普列汉诺夫选集》第14卷，第90页。
③ 海德格尔和萨特引用托尔斯泰的话并强调指出：从哲学的角度来看，你的死亡与他人的死亡有着重大区别。托尔斯泰《伊万·伊里奇的逝世》中写道："……熟人去世这一事实引起所有认识他的人的注意，他们总是高兴地感觉到，他死了，我没有死。"

会给关于人的死亡的社会学和伦理学带来变化。

现在,许多学者已经提出了由死亡生物学的一些新概念作为补充的生命生物学、生命科学的问题。这里发生的问题提供了许多常常是有争议的、超出传统范围的道德—人道主义抉择,这是由于现代康复学的发展而在恢复那些处在死亡线上的人的生命方面取得了重大成就而发生的[①]。应该说,我们的哲学家、伦理学家,社会学家很少参加与人的死亡有关的社会伦理问题和道德—人道主义问题的讨论。同时,这些问题常常具有完全意想不到的形式,对于这些问题的讨论往往引起一些争议,于是就随随便便得出一些荒谬的、甚至是反人道主义的结论,这些结论常常是由西方的科学文献和哲学文献作出的[②]。例如,它们提出的"死的权力"的问题在这方面就是很典型的。在这里,两个相互对立的立场发生了冲突:一方面,承认在解决这些问题的时候人有无限的自由;另一方面它又完全受社会和国家的利益所支配。

现在,最经常采取的方法是对死,包括它的道德—哲学方面进行跨学科分析。让我们来引证已提到过的 y. 希布尔[③]的一本书。他指出,不论什么时候,"什么是死亡?""为了对付它我们能做些什么?"这类问题在人们面临的那些重大问题中间都处于特别重要的地位。迄今为止,人们对这些问题的回答是完全不同的:有的人漫不经心地忽视了这些问题,有的人则把对这些问题的解决同各种迷信和神秘的观念联系起来。死是一个犯禁的题目,迄今为止在这个领域对上述问题的真诚的、直接的研究实际上少得可怜。

希布尔认为,对什么是死进行哲学研究是同害怕死亡进行斗争的有力武器。同别人讨论什么是死的问题这一过程本身就影响着他们的疗效。面对死亡,人们开始重新评价生命。在这种情况下研究的态度能够阐明

---

① 关于这个问题可参阅 B. A 涅戈夫斯基《当代康复学的某些方法论问题》,载《哲学问题》,1978 年第 8 期。涅戈夫斯基科学地揭露了由于康复学的成就而复活的各种"死亡生活"的神话,这些神话企图"复活""灵魂不死"的概念(参阅涅戈夫斯基《论临床死亡的一个唯心主义概念》,载《哲学科学》,1981 年第 4 期)。

② 参阅 А. Д. 娜列托娃《当代美国伦理学中的个性自主问题》,载《哲学问题》,1982 年第 6 期。1973 年 5 月哥伦比亚大学以"死亡学的哲学方面"为题组织了一些专门的讨论会。

③ W. 希布尔:《死亡——跨学科的分析》,威斯康星,1974 年。

生命的主要内容并以新的方式评价由人提出的目标。研究的态度能够给人一种清晰的关于死的概念。死的本质是什么？怎样才能对付它？这些问题本身就是引起人类思考的伟大号召，忽视这些问题、否定它或编造所谓永生的神话是不配叫做人的。如果一个哲学体系不能对与死有关的问题作出诚实的、客观的回答，那它就不能算是完美的。从这个意义上可以说："研究哲学——意味着学习应该怎样去死。但是，要了解什么是死就必须搞明白什么是生。为此，同时要对下列问题有一个明确的概念：我们的语言、我们周围的环境是什么？我们自己、我们的道德观念、我们的心理学和整个科学等等是什么等等。于是，作者就得出如下结论：不仅"研究哲学就是要学会死"，而且"学会死就意味着研究哲学"。

　　希布尔在自己的著作中运用了就死的问题直接询问大学生所获取的资料。当然，这些资料并不是特别典型的，但是它们还是为分析、特别是为从哲学上研究死和永生问题提供了个人情绪方面的背景材料。希布尔强调指出，死总是同某种悲观情绪联系在一起的，而这种悲观情绪本身就常常是死的原因（休克、不幸事件等等）。因此，必须避免这种情绪。作者认为，现行的"治疗方法"（殡葬仪式）不但无助于摆脱这些悲观情绪，反而加剧了它。因此，"死的艺术"具有重大意义。作者引用了许多材料来证明这一点，例如在中世纪，人在各个方面都直接受到死的符号的包围，人经常考虑死和准备死。实际上，古代的"不要忘记死亡"（memento mori）这一格言是直接同"只要活着，就能享受生活的幸福"（carpediem）这一口号相对立的。希布尔在结束语中指出，研究死的艺术的书必须提供"正确的"、"好的"死亡方式。但是这些概念只有在应用于某种宗教的时候才有意义，它本身是没有意义的。

　　当然，看来未必应该得出这样绝对的结论，因为人如果没有宗教信仰，在许多情况下面对死亡他就找不到任何一个伦理道德支柱。显然，这是一个大问题，它要求从哲学之科学的、真正人道主义的立场出发来研究人的生和死，其中包括应用相应的、最好称之为死的文化的艺术。面对死亡，不是空妄的幻想和希望或惊慌失措的消极悲观和病态的心理恐惧，而是以诚实而勇敢的态度来对待个性之死，从而明智地把关系到自己的这些问题当作自己生命的有机组成部分而加以解决，这就是科学的、真正的人道主义所坚持的那种哲学基础。

这同样也涉及在别人去世的情况下我们的感受和行为，同时也涉及整个社会，因为，无论如何社会都要对个别人的去世作出反应。在这方面，宗教制定了一些固定的行为规范和仪式，但它们的作用越来越小。我们用什么来代替它呢？在这里是否一切都与摆脱了宗教教条、宗教神话和崇拜的人的理智和人道相适应呢？很遗憾，并非总是如此，我认为，在这里有一个重要的道德—哲学工作和实际工作要做，其目标就是发展关于死的其他方面的（包括埋葬仪式①等等）文化。

这些问题是我们生命的必要的组成部分，我们要关心生命就必须对与人的死亡有关的道德—哲学问题和实际问题给予更多的注意，用科学的、真正人道主义的态度对待这些问题。在任何一个与人有关的问题上，人们都不应该超越决定自己的智慧和人道的自身的本质。这是唯一的、无愧于人的前景，是它使每个人的个体存在和整个人类的历史发展具有了意义。

我之所以强调这一切是因为人的本质本身，以及人的前景在很大程度上是以理想的智慧和人道的形式表现出来的。列宁曾经指出："人是需要理想的，但需要符合于自然界的人的理想，而不是超自然的理想……"② 科学的哲学和以它为基础的真正的人道主义提供了这种理想，这种理想从个体、个性、全人类和社会几个方面确定了人生的意义。这种理想同时也确定了人的自然生物因素同社会因素、有限与无限、死与

---

① A. T. 特瓦尔多夫斯基不是谈到这个问题了吗？
他们珍惜每一分钟，
他们有某种救火式的习惯：
他们好像是急于去挖掘，
而不是永远地埋葬。
在两个时间片断之间他们着急地
挖掘着沙子、朽木、碎石
漫不经心地扔到小土丘上去，
为的是埋他的花圈……
但是不要侮辱那种做法，
劳动者的匆忙是无罪的：
要知道你向他提供帮助，
只是为了使时间更短。
② 《列宁全集》第38卷，第69页。

永生的辩证联系,而人则在与其本质相适应的统一体中——在人类的物质文化和精神文化之中获得了自己的完整形态。科学的哲学就是在这个意义上来确定一些理想的目标的,这些目标会使人们感觉到人的生、死、永生是一个不可分割的统一体,感觉到不可重复的、独特的个性的生命是无限绵延的、无穷的和永恒的。在人的个体生命方面、在人对待死和永生的态度方面道德的调节作用正是以此为基础的。

人类的永生存在于人的智慧和人道的永生之中。这首先强调的是人和人类的全球性使命和保护地球上的生命和智慧的责任,这将有助于克服一切来自非理性和反人道主义的威胁。在所包含的伟大智慧和人道潜能完全实现之前,看来要经历一千年的时间,这将是人的真正的历史,是在真正的人的共产主义社会中人"形成的绝对运动"(马克思语)的历史。

但是,这个问题还有另外一面,它涉及人类的、自然—生物因素的无限性和人类智慧的永生,也涉及生命和智慧的其他形式以及在无限宇宙中其他的、即地球外文明的可能性。问题的这一方面是非常有趣的,现代科学和哲学文献,包括马克思主义的文献在内[1]都在兴致勃勃地讨论这个问题。人类生活的宇宙化,人类在未来进入无限宇宙空间将会在许多方面改变我们的时间观念,大概这种观念将会同对人生意义的新的理解,同对生命的长期性、对死与永生的新的理解联系在一起。这就要求

---

[1] 除了在许多方面那些最初的、确认有人居住的世界是众多的古典哲学家(阿那克萨哥拉、卢克莱茨、Дж. 布鲁诺、М. В. 罗蒙诺索夫、伏尔泰、И. 康德等)外,除了所谓人类宇宙(антропокосмизм)的代表人物(К. Э. 齐奥尔科夫斯基、В. И. 韦尔纳茨基、А. Л. 奇热夫斯基、Н. Т. 霍洛德尼等)的奠基性著作之外,我们还可指出近些年研究这一问题的一些著作:《有人居住的宇宙》,莫斯科,1972 年;В. В. 帕林:《可能……不可能》,莫斯科,1973 年;И. С. 什克洛夫斯基:《宇宙、生命、智慧》,莫斯科,1975 年;还有他的《球外文明问题与人造智慧的生命》(载《与球外文明的联系(CETI)问题》,莫斯科,1975 年);《无限的可能性与可能的有限——控制论发展的前景》,莫斯科,1981 年;Л. В. 费先科娃:《宇宙中生命研究的方法论方面》,莫斯科,1976 年;А. Д. 乌尔苏尔、Ю. А. 什科连科:《有人居住的宇宙》,莫斯科,1976 年;А. Д. 乌尔苏尔:《人类、地球、宇宙。星际航行学的哲学问题》,莫斯科,1977 年;《探索球外文明的问题》,莫斯科,1981 年;《全苏第一次"宇宙中智慧生命探索"问题会议资料》(比尤拉坎斯基天体物理天文台,1964 年),第一次苏美与球外文明的联系(CETI)讨论会(同上,1971 年),第二次全苏与星外文明的联系问题讨论会(塔林,1981 年);Н. Б. 拉弗罗娃、Т. Л. 帕尔涅斯:《与球外文明的联系问题书目——1974—1978 年探索球外文明问题资料》;这个书目是文献目录的续集,书中包括与球外文明的联系问题。

人意识到人和人类所肩负的宇宙使命和责任，而人类的永生也就包含在它的智慧和人道的永生之中。

自然，对上述问题要进行独立的哲学研究，这种研究不是简单地从一般未来学的假设出发，而是从分析现实的科学前提出发，这些前提在极大程度上是学者运用各种各样的数学和技术方法以及研究手段建立的。虽然球外生命和智慧的存在问题本身还是悬而未决的和十分有争议的，但是，对这一问题的探索却不仅刺激了人类文明的科学技术的发展，也促进了对于人本身的唯一性、他的特点的独特性的理解，而这些特点决定了人类的智慧和人道必然会不断进步。人类中心说确信"整个宇宙是围绕着人转的"，所以人"不会过早灭亡……如果宇宙同时按照自己的使命行事而不崩溃的话"[①]，在批判人类中心说的时候，现代科学的哲学思维常常得出人类宇宙论的思想，人类宇宙的出发点是把人看作宇宙的一个有机的积极的组成部分，而宇宙包含了生命、智慧和人道的所有可能的形式。

这就迫使人们要以另一种观点来看待人类现实的永生问题，在这里应当采用这样的方法，即在谈论个体和人类、部分和整体、有限和无限问题时，要能够"从有限中找到无限、在暂时中找到永恒"[②]。科学的哲学在承认人类的自然生物存在可能是有限的同时，它不仅确信，物质在自己不断翻新的变化之中将会"在某个时候和某个地方"[③]产生出思维着的精神，而且确信在无限宇宙之中这种精神是以无限多样化的形式存在的，同时还相信人类智慧本身有进入宇宙空间的可能性。不能把这一点简单地看作是同所谓以我们宇宙的孤独为前提的人的智慧和真正的独特性（在这种意义上说它是独一无二的）不可避免地要灭亡的悲观主义观念相对立的乐观主义。这是科学的现实主义，它辩证地看待智慧和人道

[①] H. 冯·特弗茨：《我们不属于这个世界：自然科学、宗教和人类的未来》，汉堡，1981年，第137页。

[②] 《马克思恩格斯全集》第20卷，第577页。

[③] 《马克思恩格斯全集》第20卷，第379页。确实，现代宇宙学指出，由于燃烧或者冰冻宇宙可能会灭亡，但正如Ф. Дж. 代松所指出的，由于适应性规律，"生命和智慧的形式可以无损地从一个环境搬迁到另一个环境中去"，这就可以保证它们的无限性（参阅Ф. Дж. 代松《未来的意志和未来的命运》，载《自然界》杂志，1982年第8期，第70页）。

的无限进步,并把这看作实现这一进步的必要条件。尤其是在探索球外文明的时候,考虑到这种人道主义方面就可能会找到理解这一问题的一些新的方法:可以设想宇宙中不仅存在着比人类更高级的智慧形式,而且也存在着那些至今我们还不能理解,因而也就不可能与之接触的人道现象。可见,新的宇宙伦理学是必然要出现的,A.什韦伊采尔在谈到它时指出:这是生命及其高级产物——智慧和人道所崇拜的伦理学。

不过,这些议论都超越了时间这个参量,而一开始我就把这一参量也当作一个指标去描述对人的前最所作的真正有根据的未来学预测,而这种预测综合了人存在和发展的社会因素和自然生物因素。在谈到时间参量的时候,我觉得可以确信:如果人类所固有的智慧和人道取得了胜利,并将永远引导人和人类向前发展的话,那么,人和人类就可望达到美好而无限的未来。大概,时间也会改变人对自身的看法,就像迄今为止它发生的一次又一次变化一样。自然界在人身上达到了组织和调节物质现象的最复杂的程度,这在人身上具体表现为一种独一无二的模式,在这种模式中生物过程与社会过程、物质过程与精神过程达到了有机的统一。归根结底,人萌生于自然而又变为自然的研究者,意识到自己的全球性和巨大的责任以及人是越来越聪明而灵巧的管理者。这一事实的道德伦理意义确实是非常巨大的,因为它可以成为人进一步思考人生价值、人的智慧和人道的强大动因。

在 20 世纪时常听到所谓人正在丧失自身的价值、失去同社会环境的联系并最终要失去其生存意义的呼喊。这引起了一些关于精神危机的忧郁议论:科学和艺术面临着危机、整个文化面临着危机甚至文化在死亡,人类面临着野蛮和黑夜。确实,在 20 世纪人道主义文化经受着严酷的考验,而这一文化的基础是古希腊罗马和文艺复兴时代奠定的。但是,人和人类不仅没有丧失创造的普罗米修斯之火,而且也没有丧失普罗米修斯赐予他的第一美德——希望,而就其本性来说,希望是精神创造力的最重要的、非理性的表现形式之一。歌德曾经说过:"甚至在快进坟墓之时人也是抱有希望的。"希望表现着人发现前进的理想和目标的无穷无尽的能力,它是一只使自己惊奇和神往而唤起创造活动的愿望和热情的"紫啸鸫"。

创造性的创作和希望使人们对未来、历史进步、人的威力和不可战胜充满信心。海明威曾正确地指出:"人生来不是要遭受失败。人可以被毁灭,但他是不可战胜的。"勇士的这些自豪的话语经受了生活的考验,或许这种考验比起生命本身和作为生命之"王"的人所必须经历的考验还要严峻。但是,人性财富(首先是智慧和人道)的巨大发展增强着既作为个性又作为人类(Homo Sapiens)的人对于取得完全胜利的希望。

人的胜利就是在不受限制的历史前景中人的自由确立和自由发展,这也是那些"无比伟大和不确定的"(托尔斯泰语)因素的胜利,它存在于人们的心目之中并且只有宇宙的无限性才能与之相适应,而人则以其崇高的思想和行动致力于宇宙无限性的探索。人正在集中一切力量去继续探索宇宙的尚不知晓的秘密和特殊的自我的奥秘,完成着自己的宇宙使命并从根本上把自己确定为人。

在这个伟大的进程中人类创造着新的文明,这种文明是完全符合人的本质力量的,并且是无愧于人的。共产主义文明(社会主义是它形成和发展的一个阶段)标志着这样一个时代的到来,正如马克思所预见的,在这个时代人将真正全面地占有自己的多方面本质,进而成为完整的人。马克思认为,这是"人的创造天赋的绝对发挥……这种发挥,除了先前的历史发展之外没有任何其他前提,而先前的历史发展使这种全面的发展……成为目的本身"①。

因此,人的前景就是人类全面而广泛已极的进步,从其物质生活开始到科学、艺术、道德领域为止。这是基本的、主要的结论,可以用这一结论去综合地研究人发展的社会的和自然—生物的因素,研究人的生态学、人口前景、生物学、遗传学和心理生理学,研究人的存在和人的未来的科学技术的、文化的、伦理的和美学的条件,研究人的生、死和永生的意义。在作出这一结论的时候,我们对作为人的科学的哲学之道德基础的科学的、现实的人道主义原则确信不疑。这个结论包含着人的历史发展的逻辑、人的认识的真理、人的生活的意义和人对未来的期望。

---

① 《马克思恩格斯全集》第46卷(上册),第486页。

人名对照表

（按俄文字母顺序排列）

А

Аболцна Р.　阿博琳娜

Абулъханова-Славская К. А.　阿布利汉诺娃—斯拉夫斯卡娅

Александров А. П.　亚历山大罗夫

Александрова М. Д.　亚历山大罗娃

Алексеев В. П.　阿列克谢耶夫

Алексеева В. Г.　阿列克谢耶娃

Амосов Н. М.　阿莫索夫

Анаксагор　阿那克萨哥拉

Ананьев Б. Г.　阿纳尼耶夫

Андерсон Л.　安德逊

Андропов Ю. В.　安德罗波夫

Анохин П. К.　安诺欣

Антонов А. И.　安托诺夫

Анучин В. А.　安努钦

Араб-Оглы Э. А.　阿拉布—奥格雷

Арбатов А. А　阿尔巴托夫

Арбиб М　阿尔比布

Ардри Р　阿尔德里

Аристотель　亚里士多德

Арнольд У.　阿尔诺利德

Арон Р.　阿隆

Архангельский Л. М.　阿尔汉格利斯基

Асмус В. Ф.　阿斯穆斯

Астафьев А. К.　阿斯塔菲耶夫

Астауров Б. Л.　阿斯图罗夫

Ата-Муродова Ф. А.　阿塔—穆拉多娃

АузрБах Ш.　阿外尔巴赫

Афанасьев В. Г.　阿法纳西耶夫

Ахматов　阿赫马托夫

Б

Багрова Н. Д.　巴格罗娃

Барникот Н.　巴尔尼科特

Бартов В. Ф.　巴尔托夫

Бассин Ф. В.　巴辛

Батенин С. С.　巴捷宁

Батуев А. С.　巴图耶夫

Баузр Э. С　巴外尔

Белкина Г. Л.　别尔金娜

Белл Д.（Bell D）　贝尔

Беляев Д. К.　别利亚耶夫

Бенуа А. Де（Benoist A. de）　贝努阿

Беренс У.（Behrens W. W）　贝伦斯

Берг Р. Л.　别尔格

Бергсон А.　柏格森

Бернал Дж.　伯纳尔

Берталанфи Л.　贝塔朗菲

Бестужев-Лада И. В.　别斯图热夫—拉达

Бехтерева Н. П.　别赫捷列娃

Бжезиский З（Brzezinsci Z）　布热津斯基

Бидл Дж.　比德尔

Билибин А. Ф.　比利宾

Билки Л（L. Bilky）　比尔基

Биола Ги.　比奥拉

Бирнбаум Н.　比林包姆

Блок А. А.　布洛克

Бобнева М. И.　博布涅娃

Бовщ В. И.　博夫什

Богомолец А. А.　博戈莫列茨

Бойко А. Н.　博伊科

Больнов О. Ф.　博利诺夫

Бондарская Г. А.　邦达尔斯卡娅

Боноски Ф.　博诺斯基

Бор Н.　玻尔

Борисов В. А.　博里索夫

Боткин Дж（Botkin J. W）　鲍特金

Бочков Н. П.　博奇科夫

Боярский А. Я.　博亚尔斯基

Браун У（Brown W）　布朗

Брехкан И. И　布列赫曼

Брук С. И.　布鲁克

Бруно Дж.　布鲁诺

Брюнинг В.（Brünning W）　布吕宁

Брюно П.　布留诺

Будыко М. И.　布德科

Буева Л. П.　布耶娃

Буланкин И. Н.　布兰金

Бунак В. В　布纳克

В

Вагнер Ф　瓦格纳

Валентей Д. И.　瓦连捷伊

Вейн А. М.　韦因

Вейсман А.　魏斯曼

Вейцзекер К.（Weizsäcker C.）　韦茨塞克尔

Венецкий И. Г.　韦涅茨基

Вернадский В. И.　韦尔纳茨基

Вернеке А.　韦尔涅克

Винсент Д.　温森特
Вишневский А. Г.　维什涅夫斯基
Войтенко В. П.　沃伊坚科
Волков Г. Н.　沃尔科夫
Вольтер М. Ф. А.　伏尔泰
Вольтцан л.　沃利特曼
Вольф Дж.　沃尔弗
Воронин Л. Г.　沃罗宁
Вьяль П.（Vial P.）　韦亚尔
Выготский Л. С.　维戈茨基

Г

Габитова Р. М.　加比托娃
Габор Д.（Gabor D）　加博
Гаврилишин Б.（Havrylyshyn B.）　哈里利逊
Газе Г.　加泽
Гайденко П. П.　盖坚科
Галеева А. М.　加列耶娃
Галицкая Р. А.　加利茨卡娅
Галли Р.（Galli R）　加利
Гальтон Ф.　加利通
Ганди М. К.　甘季
Гаусс К. Ф　高斯
Гвишиани Д. М.　格维希阿尼
Гегель Г. В. Ф　黑格尔
Геккель Э.　海克尔
Гелен А（Gehlen A.）　格林
Геловани В. А.　格洛瓦尼
Герасимов И. П.　格拉西莫夫

Гёте И. В.　歌德
Гиппократ　希波克拉特
Гирусов Э. В.　吉鲁索夫
Гласс Б.　格拉斯
Глушков В. М.　格卢什科夫
Гобино Ж. де　戈比诺
Гойя Ф.　戈雅
Голдинг М. П.　戈尔登
Голосов В. Ф.　戈洛索夫
Гордон Ф.　戈登
Горький А. М.　高尔基
Гоулд С.　古尔德
Григорьян Б. Т.　格里戈良
Грмек М. Д.　格尔梅克
Грагг А.　格雷格
Грэм Р.　格雷姆
Гудожник Г. С.　古多日尼克
Гузеватый Я. Н.　古泽瓦特
Гулыга А. В.　古雷加
Гумплович Л.　古姆普洛维奇
Гурвич А. Г.　古尔维奇
Гургенидзе Г. С.　古尔格尼泽
Гурьев Д. В.　古尔耶夫

Д

Давиденков С. Н.　达维坚科夫
Давидович В. Е.　达维多维奇
Давыдов В. В.　达维多夫
Давыдов Ю. Н.　达维多夫
Давыдовский И. В.　达维多夫斯基

Дажо Р.　达若
Дайсон Ф. Дж.　代松
Дальберг Г.　达利伯格
Данзен А.　丹津
Дарвин Ч.　达尔文
Декарт Р.　笛卡尔
Дельгадо Х.　杰利加多
Демин М. В.　杰明
Детри ж.　杰特里
Джиоев О. И.　季奥耶夫
Дидро Д.　狄德罗
Дильман В. М.　季利曼
Диоген　第欧根尼
Дитль Г−М.　季特利
Дитфурт Г. Фон.（Ditfwrth. H. Uon）冯・狄特弗茨
Добжанский Т.（Dobzhansky T.）多布然斯基
Докинз Р.　多金斯
Донн Дж.　东
Достоевский Ф. М.　陀思妥耶夫斯基
Дриш Г.　杜里舒
Дубинин Н. П.　杜宾宁
Дубровский Д. И.　杜勃罗夫斯基
Дэвис Б. Д.　戴维斯
Дюбо Р.　杜博

Е

Есенин С. А.　叶赛宁

Ефимов Ю. И.　耶菲莫夫
Ефремов Ю. К.　耶弗利莫夫

Ж

Жакоб Ф　扎科布
Жданов Ю. А.　日丹诺夫
Жилина Л. Н.　日琳娜
Жирицкий А. К.　日里茨基

З

Заварзин Г. А.　扎瓦尔津
Загладин В. В.　扎格拉金
Зеленкин В. В.　泽连金
Зигель А.　济格利
Зинченко В. П.　津琴科
Злобин Н. С.　兹洛宾

И

Иванов В. И.　伊万诺夫
Игнатьев В. Н.　伊格纳捷夫
Ильенков Э. В.　伊连科夫
Иноземцев Н. Н　伊诺泽姆采夫
Иоанн Павел Ц　约翰・保罗二世
Иовчук М. Т.　约夫丘克
Иокояма Ш（jokoyama Sh.）　约克亚玛

К

Каган М. С.　卡甘

Какабадзе З. М.　卡卡巴泽
Калимов В. А.　卡利莫夫
Каменецкая Б. И　卡梅涅茨卡娅
Кампанелла Т.　康帕内拉
Кан Г（Kahn H.）　坎
Канг И.　康德
Каныгин Ю. М.　卡内金
Капица П. Л.　卡皮查
Кацлан А.　卡普兰
Капранов В.　卡普拉诺夫
Карлсон Э. А.　卡尔松
Карпинская Р. С.　卡尔平斯卡娅
Карпов Б. А.　卡尔波夫
Карсаевская Т. В.　卡尔萨耶夫斯卡娅
Кауфман Р.　考夫曼
Кваша А. Я.　克娃萨
Келле В. Ж.　克列
Кемеров В. Е.　克梅罗夫
Керимова А. Д.　克丽莫娃
Кестлер　克斯特列尔
Кинг А.（King A.）　金
Китс Д.　基茨
Кларк А.　克拉克
Клеман К. Б.　克列曼
Клиорин А. И.　克廖林
Клонингер К. Р.（Cloninger C. R.）　克洛宁格
Ковалев А. Г.　科瓦列夫
Ковалев С. М.　科瓦列夫
Ковальзон М. Я.　科瓦利宗

Коган Л. Н.　科甘
Колбасов О. С.　科尔巴索夫
Коломбо у（Colombo U.）　科洛姆博
Кольцов Н. К.　科利措夫
Коммонер Б.　科莫涅尔
Кон И. С.　孔
Корнеев　科尔涅耶夫
Корнеева　科尔涅耶娃
Корольков А. А.　科罗里科夫
Косолапов В. В.　科索拉波夫
Кравчснко И. И.　科拉夫琴科
Кранхольд Г－Г.　科兰霍利德
Красин А. Н.　科拉辛
Крик Ф.　克里克
Крутов Н. Н.　科鲁托夫
Крушинский Л. В.　科鲁申斯基
Кук Р.　库克
Купребич В. Ф.　库普列维奇
Курок М. Л.　库罗克
Курцмен Дж.　库茨明
Курцын И. Т.　库尔岑

Л

Лаврова Н. Б.　拉夫罗娃
Ламсден Ч（Lumsden Ch）　拉姆斯登
Ландерс Р.　兰德尔斯
Ландман М.（Landman M.）　兰德曼

Лаптев И. Д. 拉普捷夫
Ларошфуко Ф. 拉罗什富科
Ласло Э（Laszlo E.） 拉兹洛
Лебедев В. И. 列别杰夫
Леви Л. 勒维
Левин М. Т. 列温
Леви-строс К 勒维—斯特劳斯
Левит С. Г. 列维特
Ле Конт Г.（Le Compte H.） 勒·孔德
Леги Э.（Legue E.） 勒基
Легостаев В. М. 列戈斯塔耶夫
Ледерберг Дж. 勒德伯格
Лежен ж. 列任
Лейбин В. М 列伊宾
Ленин В. И 列宁
Леонардо да Винчи 列奥纳多·达·芬奇
Леонов А. А. 列昂诺夫
Леонов Л. М. 列昂诺夫
Леонтьев А. В. 列昂捷夫
Леонтьев А. Н. 列昂捷夫
Лернер Ю. М. 列尔涅尔
Лилов А. 利洛夫
Лисичкин В. А. 利西奇金
Литвинова Г. И. 利特维诺娃
Ломов Б. Ф. 洛莫夫
Ломоносов М. В. 罗蒙诺索夫
Лоренц К. 洛伦茨
Лось В. А. 罗斯
Лукач Д.（Lucas G） 卢卡奇

Лукашев В. К. 卢卡舍夫
Лукашев К. И. 卢卡舍夫
Лукрецнй 卢克莱茨
Лурия А. Р. 卢里亚

М

Майр Э 迈尔
Маклярский Б. М. 马克利亚尔斯基
Максимова М. М. 马克西莫娃
Малиновский А. А 马林诺夫斯基
Малица М（Malitza M.） 马利查
Мальтус Т. Р. 马利图斯
Мамедов Н. М. 马梅多夫
Маркарян Г. С. 马尔卡良
Марков М. А. 马尔科夫
Маркс К. 马克思
Маркузе Г.（Marcuse H.） 马尔库塞
Мармэн М.（Marmin M.） 马尔曼
Мартел Л.（Martel L.） 马捷尔
Марчук Г. И. 马尔丘克
Медведев Н. Н. 梅德韦杰夫
Медоуз Д. Г（Meadows D. H） 梅多斯
Медоуз Д. Л.（Meadows D. L.） 梅多斯

Меерсон Ф. З.　梅尔松

Межуев В. М.　梅茹耶夫

Мейлах Б. С.　梅伊拉赫

Мёллер Г.　穆勒

Мельвиль А. Ю.　梅利维利

Месарович М.　（Mesarovis M.）
　梅萨罗维奇

Мечников И. И.　梅奇尼科夫

Мешковский А.　梅什科夫斯基

Мещеряков А. И.　梅谢里亚科夫

Миллер Х.　米勒尔

Милль Дж. Ст　密尔

Михайлов Ф. Т.　米海洛夫

Моисеев Н. Н.　莫伊谢耶夫

Моисеева Н. И.　莫伊谢耶娃

Мокроносов Г. В.　莫克罗诺索夫

Молчанов В.　莫尔恰诺夫

Моно Ж.（Monod J.）　莫诺

Монтень М. де　蒙田

Мор Т.　莫尔

Морган Л. Г.　摩尔根

Москаленко А. Т.　莫斯卡连科

Мотрошилова Н. В.　莫特罗希洛娃

Мунипов В. П.　穆尼波夫

Мур Ф.　穆尔

Мчедлов М. П.　姆切德洛夫

Мысливченко А. Г.　梅斯利夫琴科

Мэттсон П.　梅特松

Н

Нагорный А. В　纳戈尔内

Налетова А. Д　纳列托娃

Неговский В. А　涅戈夫斯基

Нёрлюнд И.　尼奥尔伦德

Нестурх М. Ф.　涅斯图尔赫

Никитин В. Н.　尼基京

Никитин Д. П.　尼基京

Никольский С. А.　尼科利斯基

Ницше Ф.　尼采

Новиков Г. А.　诺维科夫

Новиков Ю. В.　诺维科夫

О

Обухова Л. Е.　奥布霍娃

Овчинников Ю. А.　奥夫钦尼科夫

Одум Г.　奥杜姆

Одум Э.　奥杜姆

Одум Ю.　奥杜姆

Ожегов Ю. И.　奥热戈夫

Оконская Н. Б.　奥孔斯卡娅

Орлов В. В.　奥尔洛夫

Оуэн Р.　欧文

П

Павлов И. П.　巴甫洛夫

Пажес ж.（Pagés J.）　帕热斯

Пакард В.（Packard V.）　帕卡德

Панцхава И. Д.　潘茨哈娃
Парин В. В.　帕林
Паркинсон С. Н.（Parkinson C. N.）帕金森
Парнес Т. Л.　帕尔内斯
Пастушный С. А.　帕斯图什内
Переведенцев В. И.　佩列维坚采夫
Пестель Э.（Pestel E.）佩斯特尔
Петленко В. П.　彼得连科
Петров Б. Н.　彼得罗夫
Петропавловский Р. В.　彼得罗巴甫洛夫斯基
Петти У.　佩季
Пехов А. П.　佩霍夫
Печчеи А.（Peccei A.）佩切伊
Пиаже Ж.　皮亚杰
Пионтковский А. А.　皮昂特科夫斯基
Платон　柏拉图
Плеснер Г.（Plessner H.）普勒斯纳
Плеханов Г. В.　普列汉诺夫
Повель Л.　鲍维尔
Полис А. Ф.　波利斯
Пономарев Я. А.　波诺马列夫
Понятовский М.　波尼亚托夫斯基
Пригожин И.　普利戈任
Пришвин М. М.　普里什温

Пробст У.（Probst U.）波罗布斯特
Протагор　普罗泰哥拉
Пушкин А. С.　普希金

Р

Рассел Б.　罗素
Ратценхофер Г.　拉特岑赫费尔
Рего Т.　列戈
Реймерс Н. Ф.　列依梅尔斯
Рейнолдс В.　列依诺尔茨
Рейх Ч.（Reich Ch）莱希
Рекардо Д.　李嘉图
Рифлекс Р.　里弗列克斯
Рихта Р.　里赫塔
Рогинский Я. Я.　罗金斯基
Рокицкий П. Ф.　罗基茨基
Ронг Д.（Wrong D.）龙
Роззак Т.（Roszak T.）罗扎克
Россет Э.　罗谢特
Ротхакер Э.（Rothacker E.）罗塔克
Рубинштейн С. Л.　鲁宾斯坦
Рувинский Л. И.　鲁温斯基
Румянцев А. М.　鲁缅采夫
Русалов В. М.　鲁萨洛夫
Руссо Ж. Ж.　卢梭
Рьюз М.（Ruse M.）留斯
Рэндерс Дж.（Randers J.）兰德斯

Рябушкин Т. В.　里亚布什金

С

Сазонова Н. В.　萨宗诺娃
Саймон Н.　西蒙
Сартр Ж. П.　萨特
Свифт Дж. Д.　斯维弗特
Селье Г.　谢利叶
Семенов Н. Н.　谢缅诺夫
Сенека　塞内卡
Сен-Марк Ф.　圣—马尔克
Сен-Симон А.　圣西门
Серебровский А. С.　谢列布罗夫斯基
Сержантов В. Ф.　谢尔然托夫
Снборг Г.　西博尔格
Сидоренко А. В.　西多连科
Сиземская И. Н.　西泽姆斯卡娅
Симонов П. В.　西蒙诺夫
Сироткин С. А.　西罗特金
Сисмонди Ж.　西斯蒙第
Сифман Р. И.　西弗曼
Скиннер Б. Ф.（Skinner B. F.）斯金纳
Слейгл Дж.　斯雷格尔
Смирнов Г. Л.　斯米尔诺夫
Смит Р. Л.　斯密特
Смолян Г. Л.　斯莫良
Смэтс Дж.　斯梅茨
Сноу Ч.（Snow C. P.）斯诺

Сови А.　索维
Согомонов Ю. В.　索戈蒙诺夫
Соколянский И. А.　索科良斯基
Сократ　苏格拉底
Соловьев В. С.　索洛维耶夫
Спенсер Г.　斯宾塞
Спиркин А. Г.　斯皮尔金
Стешенко В. С.　斯捷申科
Стреляу Я.　斯特列里亚乌
Суворов А. В.　苏沃罗夫
Суворова В. В.　苏沃罗娃
Сухомлинский В. А.　苏霍姆林斯基
Сысуев В. М　瑟苏耶夫
Сэв Л.　塞夫

Т

Тавризян Г. М.　塔夫利江
Тарасов К. Е.　塔拉索夫
Твардовский А. Т.　特瓦尔多夫斯基
Тейлор Г. Р.　捷依洛尔
Тейяр Де Шарден　泰亚尔·德·夏尔丹
Тимаков В. Д.　季马科夫
Тимирязев К. А.　季米里亚泽夫
Толстогузов В. В.　托尔斯托古佐夫
Толстой Л. Н.　托尔斯泰
Тоффлер А.（Toffler A.）托夫勒

Триверс Р.　特里维尔斯
Тугаринов В. П.　图加林诺夫
Тупыця Ю. Ю.　图佩齐亚
Тэннер Дж.　滕内尔

У

Уайнер Дж.　外内尔
Узнадзе Д. Н.　乌兹纳泽
Уилсон Э. О.（Wilson E. O.）威尔逊
Уинстон П.　温斯顿
Уитмеи У.　魏特曼
Уолцворк　乌尔普沃尔克
Уорд Б.　沃德
Уорк К.　沃克
Уорнес С.　沃内斯
Урланис Б. Ц.　乌尔拉尼斯
Урсул А. Д.　乌尔苏尔
Уэллс Г.　威尔斯

Ф

Фаддеев Е. Т.　法捷耶夫
Файнберг Л. А.　法因别尔格
Фармер Ф.　法梅尔
Фаррел Б. А.（Farrel B. A.）法勒尔
Федоров Е. К.　费多罗夫
Федосеев П. Н.　费多谢耶夫
Федотова В. Г.　费多托娃
Фейербах Л.　费尔巴哈
Фейнберг Е. Л.　费因别尔格
Феркисс В.（Ferkiss V.）费尔基斯
Фесенкова Л. В.　费先科娃
Физерстоун Дж.（Featherstone J. A）费瑟斯通
Филипченко Ю. А.　菲利普琴科
Фихте И. Г.　费希特
Фишер Д.　菲舍尔
Фогт В　福格特
Форрестер Дж（Forrester J.）福列斯特
Фрейд З.　弗洛伊德
Френкель З. Г.　弗连克利
Фресс П.　弗列斯
Фролов И. Т.　弗罗洛夫
Фролова И. Т.　弗罗洛娃
Фролькис В. В.　弗罗利基斯
Фромм Э.（Fromm E.）弗洛姆
Фрэнкел Ч.（Frankel Ch.）弗兰克尔
Фурастье Ж.（Fourastie J.）福拉斯杰
Фурье Ш.　傅立叶

Х

Хабермас Ю.（Habermas J）哈贝马斯
Хайдеггер М.（Heidegger M.）海德格尔

Хаксли Дж. （Huxley J.） 哈克斯利

Хаксли O. 哈克斯利

Харрис M. （harris M.） 哈里斯

Харрисон Дж. 哈里逊

Харчев А. Г. 哈尔切夫

Хемингуэй Э. （Hemingway E.） 海明威

Хенгстенберг Э. （Hengstenberg H. E.） 亨斯坦伯格

Хениг Р. М. （Henig R. M.） 海尼格

Хогбен Л. 霍格边

Хозин Г. С. 霍津

Холдейн Дж. Б. С 霍尔顿

Холл Г. 霍尔

Холл П. 霍尔

Холличер В. 霍利切尔

Холодный Н. Г. 霍洛德内

Холстейн В. （Hollstein W.） 霍尔斯坦

Хорни К. 霍尔尼

Хуличка Дж. М. （Hulicka J. M.） 胡利奇卡

Ц

Царегородцев Г. И. 察列戈罗德采夫

Царфис П. Г. 察尔菲斯

Целлентин Г. （Zellentin G.） 采伦廷

Циолковский К. Э 齐奥尔科夫斯基

Цицерон 西塞罗

Ч

Чавкин С. 恰夫金

Чапгли И. И. 昌格利

Чеботарев Д. Ф. 切博塔列夫

Чейз А （Chase A.） 切斯

Чемберлен Х. С. 张伯伦

Черненко Е. К. 契尔年科

Чернышевский Н. Г. 车尔尼雪夫斯基

Четвериков С. С. 切特维里科夫

Чижевский А. Л. 奇热夫斯基

Чтецов В. П. 奇捷措夫

Ш

Шаляпин Ф. И. 沙里亚平

Шаталов А. Т. 沙塔洛夫

Шахназаров Г. Х. 沙赫纳扎罗夫

Шварцман К. А. 什瓦尔茨曼

Швейцер А. 什韦采尔

Шевченко Ю. Г. 舍夫琴科

Шелер М. （Scheler M） 舍勒

Шелли М. 雪莱

Шелли П. Б. 雪莱

Шеллинг Ф. В. 谢林

Шерозия А. Е. 舍罗济亚

Шибл У. （Shibles W.） 希布尔
Шикай А. Ф. 希凯
Шиман М. 希曼
Шинн Р. Л. （Shinn R. L） 希恩
Шишкин А. Ф. 施什金
Шкловский И. С. 什克洛夫斯基
Школенко Ю. А. 什科连科
Шлафке В. （Schlaffke W.） 什拉弗克
Шмальгаузен И. И. 什马利高津
Шрейбер Г. （Schreiber H.） 什莱伯
Штайгервальд Р. 什泰格瓦尔德
Шульга Н. А. 舒利加
Шустин Н. А. 舒斯京

Э

Эдвардс Р. Дж. 爱德华茨
Эйнштейн А. 爱因斯坦
Эльманджра М. （Elmandjra M.） 埃尔曼支拉
Энгельгардт В. А. 恩格利加尔德
Энгальс Ф. 恩格斯

Эндрю А. М. 恩德留
Эразм Роттердамский （鹿特丹的）埃拉斯摩
Эренбург И. Г. 爱伦堡
Эрлих П. （EhrLich P. R.） 埃尔利希
Этинген Л. Е 埃京根
Этциони А. 埃特齐奥尼
Эфроимсон В. П. 埃弗罗伊姆松

Ю

Юнг К. 荣克
Юрченко В. В. 尤尔琴科

Я

Яблоков А. В. 亚布洛科夫
Яковлев В. П. 亚科夫列夫
Яншин А. Л. 杨申
Ярошевский Т. 亚罗舍夫斯基
Ясперс К. （Jaspers K.） 雅斯贝尔斯